城市轨道交通及地下工程建设人员培训教材

城市轨道交通瓦斯隧道施工技术与管理

本书编委会　编著

杨庭友　余仁国　段军朝　主编

中国建筑工业出版社

图书在版编目（CIP）数据

城市轨道交通瓦斯隧道施工技术与管理/《城市轨道交通瓦斯隧道施工技术与管理》编委会编著. —北京：中国建筑工业出版社，2018.9
城市轨道交通及地下工程建设人员培训教材
ISBN 978-7-112-22486-9

Ⅰ．①城… Ⅱ．①城… Ⅲ．①城市铁路-铁路隧道-瓦斯隧道-隧道施工-技术培训-教材 Ⅳ．① U239.5 ②U459.1

中国版本图书馆 CIP 数据核字（2018）第 171065 号

本书为城市轨道交通及地下工程建设人员培训教材，主要内容包括瓦斯概述、地铁瓦斯隧道安全施工组织机构与职责、地铁瓦斯隧道施工准备、地铁瓦斯地质超前探测、瓦斯自动监测及人工检测、地铁瓦斯隧道通风管理、电气防爆及设备改装、瓦斯隧道防突、地铁瓦斯隧道施工安全管理、瓦斯隧道专项应急预案、瓦斯隧道施工案例。本书为我国城市轨道交通瓦斯隧道施工管理人员、技术人员、操作人员提供了可供参考和借鉴的成功范例，也可作为院校师生的参考资料。

责任编辑：司 汉 李 阳 李 明
责任设计：李志立
责任校对：姜小莲

城市轨道交通及地下工程建设人员培训教材
城市轨道交通瓦斯隧道施工技术与管理

本书编委会 编著
杨庭友 余仁国 段军朝 主编

*

中国建筑工业出版社出版、发行（北京海淀三里河路 9 号）
各地新华书店、建筑书店经销
霸州市顺浩图文科技发展有限公司制版
北京建筑工业印刷厂印刷

*

开本：787×1092 毫米 1/16 印张：13¾ 字数：329 千字
2018 年 10 月第一版 2018 年 10 月第一次印刷
定价：**39.00 元**
ISBN 978-7-112-22486-9
（32567）

版权所有 翻印必究
如有印装质量问题，可寄本社退换
（邮政编码 100037）

本书编委会

主　　编：杨庭友　余仁国　段军朝

副主编：赵阶勇　董天鸿　董洪凯

主　　审：吴贤国

参　　编（按姓氏笔画为序）：

马重刚　王　飞　王　旭　王　斌　布占江　田桂青

曲贵阳　刘　刚　孙厚强　杜　飞　李明军　杨加勇

肖正东　何　清　何凯罡　张　敬　张利平　陈　双

林　涛　郑子光　郝付军　饶吉来　高　展　康建东

谢详兵　蔡友刚

前　言

随着国家基础设施建设的进一步加快，城市轨道交通建设也在快速发展中。近年来有些城市轨道交通瓦斯隧道在开挖过程中，瓦斯大量涌入掌子面，易造成人员窒息、瓦斯燃烧或者爆炸，严重影响了城市轨道交通隧道的安全施工；国内尚没有关于城市轨道交通瓦斯隧道安全施工的技术标准或规范，也尚未形成完整的、系统的技术与管理体系；城市轨道交通隧道瓦斯治理主要参照铁路（公路）瓦斯隧道有关技术标准、规范执行，而城市轨道交通隧道在施工工艺、开挖方式、瓦斯涌出规律等方面与煤矿和铁路（公路）隧道有较大差异。

在瓦斯隧道施工时除了一般隧道的危险源外，还存在瓦斯事故特别重大危险源，其中瓦斯事故主要表现为瓦斯突出、瓦斯爆炸、瓦斯燃烧、瓦斯窒息和瓦斯中毒五种类型。一般来说，城市轨道交通隧道施工洞内发生瓦斯灾害概率很小，但是一旦发生瓦斯爆炸或瓦斯突出灾害，后果往往十分严重，将造成重大的生命财产损失和极恶劣的社会影响。据统计，在建设瓦斯隧道时可能发生的各种事故中瓦斯事故的比例可达10%；因此，瓦斯隧道修建中需要提高安全意识，严格执行相应安全措施。

我国瓦斯隧道的建设起步较晚，目前相关的施工技术和施工管理水平还处于初始阶段。在瓦斯隧道施工方面还没有形成一套系统、通用的标准化施工管理体系，隧道建设通常借鉴煤矿的生产经验，原铁道部于2002年颁布了《铁路瓦斯隧道技术规范》TB 10120—2002，具体规定了铁路瓦斯隧道施工方面的安全技术，至今尚未正式颁布国家及行业施工新规范和新标准。

对于隧址区位于或穿过瓦斯（天然气）赋存地区的隧道来说，隧道施工关键技术在于施工通风、地质超前探测、瓦斯检测（监控）等方面，同时瓦斯隧道的预防措施和安全管理对于隧道的安全施工也至关重要。鉴于我国瓦斯赋存地区隧道建设数量不断增加、工程建设单位对隧道瓦斯灾害认识不足、瓦斯隧道建设施工不成体系、瓦斯隧道施工完整案例不足的现状，本书以成都轨道交通瓦斯隧道施工为依托，系统地阐述、分析了瓦斯隧道施工流程，对地质超前探测、施工通风、瓦斯检测、煤与瓦斯突出防治等关键技术进行详细讲解，并对瓦斯隧道的管理体系进行梳理，立体完整地呈现出瓦斯隧道施工及管理的全过程。

本书在编写的过程中，得到中煤科工集团重庆研究院有限公司赵善扬、董洪凯、康建东、何清等专家的悉心指导；华中科技大学吴贤国教授审阅了本书并提出了宝贵的意见，在此特别致以感谢；还要感谢陕西铁路工程职业技术学院郝付军博士、郑州航空工业管理学院谢详兵博士等专家的帮助和支持。在现场调研、理论分析和技术总结过程中得到了中建三局集团有限公司等单位和同仁的帮助，在此对他们表示衷心的感谢。本书在编写过程中，还参考了许多文献及研究成果，有些未能一一列出，在此一并感谢！

本书系我们初次大胆尝试，限于作者水平，书中错误在所难免，恳请广大读者批评指正。

2018年5月

目 录

绪论 ·· 1
1 瓦斯概述 ·· 2
  1.1 瓦斯简介 ·· 2
  1.2 地铁瓦斯灾害 ··· 11
  1.3 瓦斯隧道分类 ··· 21
2 地铁瓦斯隧道安全施工组织机构与职责 ··· 25
  2.1 建设单位的管理机构与职责 ··· 25
  2.2 施工单位的管理机构与职责 ··· 25
  2.3 监理单位的管理机构与职责 ··· 32
  2.4 勘察设计单位的管理职责 ·· 33
  2.5 对第三方单位的管理职责 ·· 34
  2.6 瓦斯隧道的安全风险监控工作要求 ··· 34
3 地铁瓦斯隧道施工准备 ·· 37
  3.1 施工准备阶段安全技术与风险控制 ··· 37
  3.2 地铁瓦斯隧道施工策划与组织 ··· 38
  3.3 设计文件审核 ··· 40
  3.4 实施性施工组织设计及专项方案管理 ·· 41
  3.5 现场施工平面布置及建设安全准备 ··· 43
  3.6 安全培训及人员资质要求 ·· 49
  3.7 电气设备、作业机械要求 ·· 51
  3.8 门禁系统的设置要求 ·· 51
  3.9 施工防火、防爆、消防、通信、应急要求 ··································· 52
4 地铁瓦斯地质超前探测 ·· 53
  4.1 地质超前探测意义 ··· 53
  4.2 探测主要任务 ··· 54
  4.3 探测的主要方法 ·· 54
  4.4 技术方法分类 ··· 55
  4.5 常见超前预测技术评述 ··· 61
  4.6 探测流程 ·· 62
  4.7 成果上报 ·· 63
  4.8 安全措施 ·· 63
  4.9 组织管理 ·· 63
5 瓦斯自动监测及人工检测 ·· 65

5.1 概述 ……………………………………………………………… 65
5.2 瓦斯检测一般规定 ………………………………………………… 65
5.3 瓦斯自动监控 ……………………………………………………… 66
5.4 瓦斯人工检测 ……………………………………………………… 70
5.5 信息化管理系统 …………………………………………………… 75

6 地铁瓦斯隧道通风管理 …………………………………………… 81
6.1 瓦斯隧道通风研究 ………………………………………………… 81
6.2 地铁瓦斯隧道施工通风参数控制 ………………………………… 83
6.3 瓦斯隧道施工通风方式 …………………………………………… 87
6.4 确定通风方式与方法 ……………………………………………… 91
6.5 通风设备选择 ……………………………………………………… 96
6.6 隧道施工通风检测 ………………………………………………… 101
6.7 风机管理 …………………………………………………………… 102

7 电气防爆及设备改装 ………………………………………………… 106
7.1 瓦斯隧道防爆一般规定 …………………………………………… 106
7.2 电气防爆 …………………………………………………………… 107
7.3 电缆防爆 …………………………………………………………… 109
7.4 作业机械防爆 ……………………………………………………… 111
7.5 其他防爆措施 ……………………………………………………… 116

8 瓦斯隧道防突 ………………………………………………………… 117
8.1 煤与瓦斯突出机理分析 …………………………………………… 117
8.2 煤与瓦斯突出预测方法研究 ……………………………………… 120
8.3 防突施工措施 ……………………………………………………… 123

9 地铁瓦斯隧道施工安全管理 ……………………………………… 134
9.1 安全管理保证体系 ………………………………………………… 134
9.2 瓦斯隧道施工要求 ………………………………………………… 134
9.3 施工通风与瓦斯检测管理 ………………………………………… 135
9.4 瓦斯隧道施工防火 ………………………………………………… 135
9.5 停工、复工管理 …………………………………………………… 137
9.6 安全防护管理 ……………………………………………………… 138
9.7 施工人员管理 ……………………………………………………… 139
9.8 电气设备和作业机械管理 ………………………………………… 139
9.9 各项管理制度 ……………………………………………………… 141
9.10 安全管理措施 …………………………………………………… 141

10 瓦斯隧道专项应急预案 …………………………………………… 143
10.1 编制目的 ………………………………………………………… 143
10.2 应急管理组织措施 ……………………………………………… 143
10.3 预防预警 ………………………………………………………… 146
10.4 应急响应 ………………………………………………………… 146

10.5　保障措施……………………………………………………………150
　10.6　培训、应急演练和预案评价与修改…………………………………152
　10.7　部分突发事件应急处置预案…………………………………………153
11　瓦斯隧道施工案例………………………………………………………158
　11.1　某轨道交通××号线工程土建2标……………………………………158
　11.2　某轨道交通××号线土建××标段隧道工程…………………………169
附录　瓦斯隧道施工常用记录表……………………………………………193
参考文献………………………………………………………………………207

绪　　论

　　1981年5月联合国自然资源委员会把地下空间确定为"重要的自然资源"。有人甚至把地下空间视为与宇宙、海洋并列的人类三大自然资源。许多有识之士在不同的场合呼吁开发城市地下空间的重要性，一些发达国家也都率先规划甚至大规模投资进行兴建，早在1972年莫斯科在城市规划中规定开发城市地下空间面积7200公顷，占全市总面积的30%；1974~1984年美国用于地下工程的投资达7500亿美元，占基建总投资的30%。我国人均耕地、林地占有量都远小于世界的平均水平，为了经济发展且在节约耕地的同时满足社会对基础设施的要求，开发地下空间，特别是为了解决城市交通拥挤而在近代兴起的地下轨道交通成了城市交通建设的首选。

　　随着我国经济的发展，对城市轨道交通要求也越来越高，国家对地铁等基础设施的建设力度越来越大，目前我国北京、上海、广州、深圳、天津、沈阳、重庆、青岛、成都、武汉等多个城市已经建设了地铁并投入使用。地铁是一种高效、快捷的城市客运轨道交通工具，是解决现代化大都市交通拥堵的最有效方式。近几年，随着地铁等交通设施建设的不断增加，已有不少地铁隧道需要穿越煤田或油气田等赋存瓦斯天然气的区域，而瓦斯具有易燃、易爆、高压、赋存状态难以摸清等特点，给地铁等施工带来一系列问题。隧道瓦斯燃烧与爆炸一直是困扰隧道施工安全的一大难题，也是隧道工程中常见病害的主要类型之一。从滇黔线××隧道瓦斯爆炸到四川都汶高速××隧道瓦斯爆炸，它们都给人民和社会带来了巨大的生命财产损失。瓦斯燃烧与爆炸是仅次于岩爆和突泥、突水的第三大灾害，占到隧道总病害数的15%，由此可见其对隧道施工安全威胁之大。

　　瓦斯是埋藏在地下的烃类气体总称，一般以甲烷为主，它以游离、吸附和吸收3种状态赋存在煤岩体内，其中以吸附态为主。在地铁等地下工程建设的过程中，在穿越赋存于煤系地层、油气构造、油气田或页岩气田、裂隙等区域时，区域内赋存的瓦斯会不断释放出来，如果瓦斯、氧气和点火源满足燃烧三要素的条件，就会发生人员窒息、瓦斯燃烧与爆炸、瓦斯突出等安全事故。若地铁等地下交通设施在建设过程中对瓦斯防治措施不当，会造成重大地质灾害，危及人员生命财产安全。需要特别指出的是，在油气田区，只要有断层、节理带的存在，通常就会有瓦斯溢出，因此，在富含天然气资源的油气地层中修建地铁等交通设施，有着极高的危险性。在油气田区修建地铁，必须密切关注节理、断层的位置，查明其位置、性质、产状、规模，判断其是否成为导气构造，并及时采取防治措施，保证施工安全。

　　城市地铁修建范围越来越大，穿过煤系地层、油气构造、油气田或页岩气田、裂隙等区域的工程也越来越多，安全事故时有发生。株六铁路复线的××隧道、南昆铁路的××隧道、内昆铁路的××隧道、水柏铁路的××隧道、宜万铁路的××隧道、合武铁路的××隧道、广崇高速的××隧道、都汶高速的××隧道是近几年修建的瓦斯隧道，这些隧道在修建过程中都遇到了如瓦斯窒息、燃烧、爆炸事故和瓦斯突出的危险。我国在修建大量瓦斯隧道中，既积累了丰富的经验，也吸取了深刻的教训，需要我们认真总结。

1 瓦斯概述

本章重点介绍了瓦斯的基本概念,包括瓦斯的定义、瓦斯的形成、主要气体构成、性质及赋存状态,针对地铁瓦斯隧道的特点,对围岩瓦斯向隧道空间释出的方式、瓦斯的迁移、灾害类型及特殊性、浅层天然气的影响以及瓦斯的空间分布特征进行了详细描述,最后介绍了关于瓦斯等级划分标准和规定等,并对煤系隧道和非煤系隧道的区分进行了说明。

1.1 瓦斯简介

1.1.1 瓦斯的定义

广义的瓦斯,是指从煤(岩)涌入隧道的有毒有害气体,包括隧道开挖过程中形成的气体、空气与矿物、围岩、支架和其他材料之间的化学反应、生物化学反应所形成气体的总称。各种类型的瓦斯具有不同的成因和性质,其中一部分(CH_4及其同系物、H_2、CO、H_2S)是可燃的,与空气混合可形成爆炸混合物;另一部分(CO、NO、H_2S、NH_3、含硫的气体、乙醛、汽油蒸气)是有毒的,对人体有危害;其他部分(CO_2、N_2、Ar及其同系物)属于惰性气体,只有当其浓度大大超过空气中的正常含量时才对人体有害。

1.1.2 瓦斯的形成

地层是指某一阶段(时期)形成的岩层,产油的地层即为油层,产煤的地层即为煤层,其中煤系地层是瓦斯的主要来源。成煤初期大量植物遗体堆积,在高温、高压环境中,纤维和有机质经厌氧菌作用,通过物理化学作用生成瓦斯。与成煤过程相似,生油气地层在形成油气田的过程中也会形成天然气(瓦斯)。

1. 煤层气的形成

煤层气是地层瓦斯的主要组成部分,其中,瓦斯是腐殖型有机物在成煤过程中的伴生产物。成煤的原始母质——腐殖质沉积以后,煤层气的生成过程一般经历从植物遗体到泥炭的生物化学成气时期,以及在地层的高温高压作用下从褐煤到烟煤直到无烟煤的变质作用成气时期。

(1) 生物化学成煤时期煤层气的生成

从植物遗骸到形成泥炭属于生物化学成气时期。这一时期是从成煤原始有机物堆积在沼泽相和三角洲相环境中开始的,在温度不超过65℃条件下,成煤原始物质经厌氧微生物分解成瓦斯。这个过程可以用纤维素的化学反应式来概括:

$$4C_6H_{10}O_5 \rightarrow 7CH_4\uparrow + 8CO_2\uparrow + 3H_2O + C_9H_6O$$

或 $2C_6H_{10}O_5 \rightarrow CH_4\uparrow + 2CO_2\uparrow + 5H_2O + C_9H_6O$

在这个阶段，成煤物质生成的泥炭层，上覆盖层的胶结固化不好，生成的气体通过渗透扩散容易排放到大气中去，因此生化作用生成的瓦斯一般不会保留在现有煤层内。此后，随着泥炭层的下沉，上覆盖层越来越厚，成煤物质中的温度所受的压力也随之增高，生物化学作用逐渐减弱直至结束，在较高的压力与温度作用下泥炭转化为褐煤，并逐渐进入煤化变质作用阶段。

（2）煤化变质作用时期气体的生成

从褐煤到烟煤直至无烟煤属于煤化变质作用成气时期，随褐煤进一步沉降，压力和温度作用加剧，进入煤化变质作用造气阶段。当埋深超过 1000m 时，地温升至 50～160℃，由温度产生的热分解起决定作用，这时煤化作用处于长焰煤到瘦煤的阶段，大量产生以 CH_4 为主的氢类物质，在焦煤和部分肥煤阶段，是重氢产率最高的时期。当埋深达到 6000～7000m 时，地温超过 150～200℃，贫煤转化为无烟煤，这阶段产生的气体中绝大多数是 CH_4。

在这一阶段，煤化过程中有机质分解脱出甲基侧链和含氧官能团而生成 CO_2、CH_4、H_2O 是煤化过程中形成瓦斯的基本反应，可以用反应式来表达不同煤化阶段的成气反应：

$$4C_{16}H_{18}O_5(\text{泥炭}) \rightarrow C_{57}H_{56}O_{10}(\text{褐煤}) + 3CH_4 + 4CO_2 + 2H_2O$$
$$C_{57}H_{56}O_{10}(\text{褐煤}) \rightarrow C_{54}H_{42}O_5(\text{烟煤}) + 2CH_4 + CO_2 + 3H_2O$$
$$C_{15}H_{14}O(\text{烟煤}) \rightarrow C_{13}H_{14}(\text{无烟煤}) + 2CH_4 + H_2O$$

根据计算和试验模拟，在褐煤形成阶段，即生物化学成气时期，累计产气量约为 $68m^3/t$。从长焰煤到无烟煤形成阶段，即煤化作用成气时期，累计产气量高达 $300 \sim 400m^3/t$，由此看来，成煤过程中生成的气体（瓦斯）绝大部分已经散入大气层或扩散到煤层围岩及运移至储气构造，形成煤层气田。成煤过程 CH_4 生产量见表1-1。

成煤过程 CH_4 生成量 （m^3/t） 表1-1

媒介	褐煤	长焰煤	气煤	肥煤	焦煤	瘦煤	贫煤	无烟煤
累计产气量	68	168	212	229	270	287	333	419
阶段产气量	100	44	17	41	17	17	86	—

2. 石油气的形成

石油、石油伴生的天然气一般认为是有机质演化而成的，在漫长地质时期，大量动物和植物死亡后，有机质不断分解，在高温高压和强烈的还原环境中，由复杂的生物化学作用转化形成点滴分散油珠和瓦斯，它们存在于岩石孔隙、洞、缝中，通过运移集中形成油气田。其中，油页岩通常是指主要由藻类及一部分低等生物的遗体经腐泥化作用和煤化作用而形成的一种高灰分的低变质的腐泥煤。

生物体的分泌物与死亡尸体可形成类脂化合物、蛋白质、糖类及木质素等有机组分，这些有机组分大部分通过生物再循环或物理化学作用遭到分解，仅少部分保存在沉积物（岩）中形成有机质，这种在还原环境中伴随其他矿物一起沉积、保存下来的生物残留物质即为生成油气的母质，其中以低等水生动、植物为主，特别以细菌、藻类最佳。

干酪根是直接生油的物质，也称为石油的母质，它是沉积岩中不溶于非氧化型酸、碱和非极性有机溶剂的分散沉积有机质，一般呈现黑色或褐色粉末状，是一种高分子聚合物，无固定的化学成分，干酪根通过加氢、去氧、富集碳生成石油。

据碳、氢、氧元素的组成，干酪根分为3种类型，Ⅰ型干酪根生烃能力最大，以生油为主；Ⅲ型干酪根生烃能力最小，以生气为主；Ⅱ型干酪根介于两者之间。干酪根分类见表1-2。

干酪根分类表　　　　　　　　　　　　　　　　　　　　　　　表1-2

类型	Ⅰ型-腐泥型	Ⅱ型-混合型	Ⅲ型-腐殖型
H/C	1.1~1.6	1.1~1.35	0.7~1.1
O/C	0.06~0.16	0.08~0.2	0.1~0.25
来源	藻类、水生低等微体生物	水生低等生物	高等植物
生油	潜力大,主要生成石油和油页岩等	潜力中等,主要生成石油和天然气	潜力低,主要生成天然气

海洋生物遗留下的有机质在沉积物埋藏过程中形成天然烃的混合物，沉积物所含原始有机质在成岩过程中逐步转化为石油和天然气，并运移到邻近的储集层中去。油气生成过程一般可分为生物化学生气阶段、热催化生油气阶段、热裂解生凝析气阶段、深部高温生气阶段四个阶段。

（1）生物化学生气阶段（未成熟阶段）

生物化学生气阶段发生在数百米至2000余米深度的界面范围内，沉积物一般在10~60℃条件下（最高可到100℃左右），通过细菌的生物化学作用分解有机质，产生CH_4（生物化学气）、CO_2、H_2O、干酪根、少量低熟油等产物的过程，该阶段为未成熟阶段。

（2）热催化生油气阶段（成熟阶段）

热催化生油气阶段发生在地温为60~180℃、深度范围为1500~2500m至3500~4500m的区域内，该阶段主要发生热催化作用。有机质在高地温的作用下进行热降解，使干酪根所含的侧链和支链发生断裂，形成大量低分子量液态烃、气态烃和部分湿气，热催化生油气阶段是液态石油形成的主要阶段。

（3）热裂解生凝析气阶段（高成熟阶段）

热裂解生凝析气阶段反应发生在温度180~250℃、深度为3500~4500m至6000~7000m条件下，该过程主要发生了C-C键的断裂、高分子量烃类裂解为低分子量烃类（液态烃大量裂解）的热裂解反应，生成物是CH_4及其同系物，其中以低分子量正烷烃为主（湿气为主）。

（4）深部高温生气阶段（过成熟阶段）

深部高温生气阶段是油气生成过程的最后一个阶段，该阶段的化学反应发生在高于250℃的高温、深度大于6000~7000m的高压环境中。该阶段的反应依旧为高温热裂解反应，主要反应为把热裂解生凝析气阶段产生的湿气、液态烃进一步裂解，表现为干酪根残渣的裂解和缩聚，主要产物为CH_4（干气）、固体沥青、次石墨。

3. 地层中几种常见的天然气（瓦斯）

（1）生物气

天然气按成因分类可分为生物气、油田气、煤成气、无机成因气，其中生物气是埋藏于地层浅层的沉积物经微生物分解形成的各种气体。在含氧环境下有机质被氧化分解，形成CO_2、SO_2、N_2等气体，在还原环境下，有机质在厌氧菌作用下发酵形成CH_4。生物

气的形成主要有以下两种反应:
1) 产酸阶段

$$nCH_2O(葡萄糖)+H_2O \xrightarrow{厌氧、产酸菌} CO_2+H_2+有机酸+醇$$

2) 产甲烷阶段

$$CO_2 + H_2 \xrightarrow{产甲烷菌} CH_4 + H_2O$$

(2) 页岩气

页岩气是页岩烃源岩生成的天然气,在排烃后有一部分残留在页岩层段中的天然气被称为页岩气。页岩气以及煤层气、深部(盆)气、水溶气、致密砂岩气、天然气水合物统称为非常规天然气,与常规天然气、石油、油砂、油页岩等油气资源一样,都是重要的能源资源。

页岩气主要有两种成因类型:生物成因气和热成因气,生物成因气是在早成岩作用阶段生成的,热成因气是干酪根在高温高压条件下通过化学降解作用产生的。生物成因气是富含有机质的泥页岩在缺氧、低硫酸盐、低温环境下,通过厌氧细菌的物理化学作用,经过足够的埋藏时间生成的大量气体。生物气的形成在至少 1000m 的埋深下,但是可以储存在深达 4000m 的储层中;也可以在低于 550m 的比较浅的埋深下,在成岩地质历史后期,由于氧化的地层水在岩层中循环形成。随着埋深的增加,温度、压力增大,有机质在较高温度及持续加热期间经热降解作用和热裂解作用生成大量油气即为热成因气。页岩中热成因气的形成有以下三个明显的过程:1) 干酪根分解成天然气和沥青;2) 沥青分解成石油和天然气;3) 石油分解成天然气和富碳的焦炭或焦沥青残留物。其中 1)、2) 是初次裂解,3) 为二次裂解。

页岩源岩中的天然气主要有两种赋存方式:1) 有机质骨架表面或内部的吸附气和吸收气;2) 孔隙或者裂缝内的游离气。页岩气的吸附状态主要受孔隙度的影响,在具有较大孔隙的页岩层中页岩气主要以游离方式储集在孔隙裂缝中,而在某些孔隙度较小的岩层中页岩气通常以吸附状态为主。在储层中页岩气主要以吸附状态存在,天然气可以吸附在页岩中的有机物质表面,当黏土较干时在一定程度上可以吸附在黏土的表面。此外,页岩气还可以在干酪根和沥青质中以溶解状态存在,当页岩气与石油伴生时,在地层水和石油中还溶解了一部分页岩气。

(3) 致密砂岩气

致密砂岩气是指在孔隙度低(<12%)、渗透率比较低($1\times10^{-3}\mu m^2$)、含气饱和度低(<60%)、含水饱和度高(>40%)的砂岩层中形成的非常规天然气藏,天然气在砂岩层流动速度较为缓慢。致密砂岩气藏根据致密化过程发生的不同时期分为"先成型"深盆气藏(深盆气藏是一种在致密储层中与源岩紧密相连存在的气水倒置关系气藏,成藏一般不受构造圈闭控制,微弱的构造作用是成藏有利条件)和"后成型"致密砂岩气藏。

如果储层致密化过程发生在源岩生排烃高峰期天然气充注之前,即储层先致密(要求孔隙度小于 12%,渗透率小于 $1\times10^{-3}\mu m^2$),则称为储层先期致密深盆气藏型(简称"先成型"深盆气藏);如果储层致密化过程发生在源岩生排烃高峰期天然气充注之后,即储层后致密,称为储层后期致密气藏型(简称"后成型"致密气藏)。

"先成型"深盆气藏具以下特征:1) 有利构造位置为深部凹陷、向斜中心或构造斜坡；2）含气储层段与气源相接、相连或互相包容，气源岩主要为煤系地层，气源丰富；3）储盖一体，致密储层普遍含气；4）上倾方向气水关系倒置，下倾方向无底水。

"后成型"致密砂岩气藏的储层后期致密，对早期天然气聚集起着锁闭作用，晚期构造作用形成裂缝使气藏得到活化，该类气藏的形成机理基本与常规天然气藏一样，但受后期改造作用影响大，成藏多受构造演化控制。

1.1.3 瓦斯中主要气体及性质

1. 甲烷（CH_4）

CH_4 是腐殖型有机物在成煤过程中产生的。在漫长的地质年代中，煤中的瓦斯大部分逸散和释放，据试验测定，能保存至今的煤层瓦斯含量最高值不超过 $60m^3/t$。地层内的 CH_4 一般主要来自煤层和顶底板的临近煤层和煤线，少量来自岩层。CH_4 是无色、无味，无毒的气体，既看不到、尝不出，也闻不出，所以是很危险的。要检查空气中是否含有瓦斯及其浓度，必须使用检测仪器进行检测。

CH_4 比空气轻，其相对密度为 0.5545（在标准状态下，$1m^3$ CH_4 的质量为 0.7168kg，而空气的质量为 1.293kg）。在风速低的情况下，常积聚在隧道拱部、冒落区顶部等处。CH_4 的扩散性很强，扩散速率是空气的 1.34 倍。如果从某一处涌出 CH_4，随着隧道内空气的流动，就能扩散到隧道内任何瓦斯容易积聚的位置。

CH_4 不易溶于水，在 1atm（101325Pa）和 20℃时，溶解度为 3.5%。CH_4 虽无毒，当空气中 CH_4 的浓度大于 50% 时，能使人缺氧而窒息死亡。CH_4 不助燃，有爆炸性。《煤矿安全规程》规定矿井总回风巷或一翼回风巷风流中的 CH_4 浓度不得超过 0.75%。隧道施工中对瓦斯浓度的要求多是参照煤矿的规定而确定的。

2. 重氢

重氢是煤变质过程中的伴生气体，煤的变质程度不同，其重氢含量亦有差异，以中等变质煤的含量为最多；同时，重氢在煤中的分布是不均匀的。在煤的开采过程中，部分重氢气体能够解吸并从煤体释放出来进入隧道开挖空间。

3. 二氧化碳（CO_2）

CO_2 也是成煤过程中的伴生气体，有些煤层中 CH_4 与 CO_2 混生，赋存较深的煤层，有时 CH_4 与 CO_2 赋存量均很大；地表生物圈内生物化学氧化反应产生 CO_2，溶解于地下水中并携带至煤系地层；岩浆与火山气中有大量的 CO_2，当岩浆沿断裂构造流动和上升时，因温度下降而析出 CO_2，储存于煤系地层中；碳酸盐在高温作用下（如火成岩侵入）分解出 CO_2。煤岩层中赋存的 CO_2，在开挖过程中向隧道涌出，污染隧道空气。此外有机物（坑木）等的氧化、碳酸盐的水解、内因和外因火灾，以及瓦斯和煤尘爆炸等均能产生 CO_2。CO_2 的次要来源有：人员的呼吸，人均 1h 呼出 50L CO_2；爆破工作，1kg 硝铵炸药爆炸时，产生 150L CO_2。

CO_2 对人的呼吸道有刺激作用。当肺泡中 CO_2 增多时，能刺激人的呼吸神经中枢，引起呼吸频繁，呼吸量增加。当空气中 CO_2 浓度过高时，会相对地减少氧的浓度，使人中毒或窒息。CO_2 对人体的影响与其浓度有关。

（1）浓度为 1% 时，呼吸感到急促。

（2）浓度增加到 5% 时，呼吸感到困难，同时有耳鸣和血液流动很快的感觉。

(3) 浓度达 10%～20% 时，呼吸将处于停顿状态和失去知觉。
(4) 当浓度高达 20%～25% 时，人将中毒死亡。
(5) 隧道内空气中 CO_2 最高允许浓度为 0.5%。

4. 一氧化碳（CO）

通常认为，成煤过程中不产生 CO，但是在个别煤层已经发现有微量的 CO。隧道内 CO 的主要来源是爆破工作与隧道内火灾，1kg 炸药爆炸后生成约 100L CO。CO 是无色、无味、无臭的气体，微溶于水（约 3%）。常温常压下化学性质不活泼，有爆炸性。CO 有剧毒，对人体内的红细胞所含血色素的亲和力较氧气大 250～300 倍，CO 被吸入人体后，阻碍氧与血色素的正常结合，造成人体组织和细胞缺氧，使人中毒以至死亡。

CO 对人的危害主要取决空气中 CO 的浓度和与人的接触时间，CO 浓度与人体反应关系见表 1-3。隧道内空气中，CO 最高允许浓度 0.0024%（24ppm）。

空气中 CO 浓度与人体反应的关系 表 1-3

空气中 CO 的浓度(ppm)	接触时间(min)	人体反应
50	150	国际通用标准
100	120	中度头痛,眩晕
250	120	严重头痛,眩晕
500	90	恶心、呕吐、虚脱
1000	60	昏迷
10000	5	死亡

5. 二氧化硫（SO_2）

在个别煤层中，SO_2 以巢状聚集的形式存在，并能泄入隧道空间。SO_2 的来源还有含硫矿物的氧化与自燃及其矿尘的爆炸等。SO_2 是无色、有强烈硫磺味及酸味的气体，易溶于水，相对密度 2.22，易积聚在隧道底部，易溶于水，对眼睛和呼吸器官有强烈的刺激作用。在潮湿的隧道内，能与空气中水分结合缓慢地形成硫酸 H_2SO_4，使其刺激作用更强。《煤矿安全规程》规定：井下空气中 SO_2 的最高允许浓度为 0.0005%（5ppm）。

6. 硫化氢（H_2S）

隧道内 H_2S 的来源为：有机物的腐烂；硫化矿物的水解；含硫矿物的氧化、燃烧；在含硫矿体中爆破以及含硫矿层中涌出等。H_2S 是一种无色、微甜、有臭鸡蛋味的气体，易溶于水，$1m^3$ 的水能溶解 $2.5m^3$ 的 H_2S。H_2S 有剧毒，能使血液中毒，对眼睛及呼吸系统有刺激作用。

H_2S 的毒性，即使吸入微量时也会引起头疼、目眩，中毒的进一步扩展会诱发支气管炎。此气体还会引起结膜炎和角膜炎。此外，当空气中 H_2S 的含量微量时，也会立即感觉到臭味，但在空气中停留一会就会使嗅觉麻痹，即使达到危险浓度也不会感觉出来，这一点需要特别注意。

隧道内空气中硫化氢最高允许浓度 0.00066%（6.6ppm）。

7. 二氧化氮（NO_2）

煤层瓦斯组分中不含 NO_2。炸药爆破时产生一系列的氮氧化物，如 NO、NO_2 等；NO 遇空气中的氧即氧化为 NO_2。NO_2 是褐色、剧毒性气体，相对密度为 1.57，易溶于水并生成硝酸。NO_2 对眼、鼻、呼吸道及肺有强烈的刺激作用和腐蚀作用,可引起肺水肿。

8. 氢气(H_2)

煤层中含有少量的 H_2,亦为有机质的变质过程产物;煤受热变质时,在高温下热分解能产生 H_2。隧道内发生火灾或爆炸事故时,可能产生 H_2;蓄电池充电时也有 H_2 泄出。H_2 是无色、无味、无臭的气体,难溶于水,不能供呼吸。有爆炸性,最高允许浓度为 0.5%。

9. 氮气(N_2)

煤、岩和地下水释放的瓦斯组分中,往往含有 N_2。煤层接近露头及瓦斯风化带内,由于生物化学作用,产生大量 N_2。爆破作业时,1kg 硝化甘油炸药产生 135L N_2。有机质的腐烂也是 N_2 的一种来源。

瓦斯气体的主要性质见表 1-4。

瓦斯气体的物理性质　　　　　　　　　　　　　　　　　　表 1-4

气体性质	甲烷(CH_4)	二氧化碳(CO_2)	一氧化碳(CO)	硫化氢(H_2S)	乙烷(C_2H_6)	丙烷(C_3H_8)	氢(H_2)
分子量	16.042	44.01	28.01	34.08	30.07	44.09	2.016
密度(kg/m³)	0.716	1.98	1.25	1.54	1.36	2	0.09
相对密度	0.554	1.53	0.97	1.17	1.05	1.55	0.07
沸点 K(101.3kPa)	111.3	194.5	83	211.2	184.7	230.8	20.2
爆炸下限(%)(293K,101.3Pa)	5	—	12.5	4.3	3	2.1	4
爆炸上限(%)(293K,101.3Pa)	16	—	74.2	45.5	12.7	9.35	74.2
发热量(MJ/m³,288K) 最高值 最低值	37.11 33.38	— —	11.86 21.86	23.50 21.63	64.53 58.93	96.61 88.96	11.94 10.07

1.1.4 瓦斯的赋存状态

1. 煤中瓦斯的赋存状态

从褐煤到烟煤、无烟煤,煤并不是致密的,它是一种多孔性固体。在煤的形成过程中产生的瓦斯,在一定压力下主要以游离和吸附两种状态赋存在煤体中,由于封闭不好或者受开采以后空间的影响,以及压力的降低,游离瓦斯自然散失,吸附在煤体中的瓦斯变成了游离瓦斯,这就是一个动态平衡的物理过程。在煤层赋存的瓦斯量中,通常吸附瓦斯量占 80%～90%,游离瓦斯量占 10%～20%;在吸附瓦斯量中又以煤体表面吸着的瓦斯量占多数。瓦斯在煤体中赋存状态如图 1-1 所示。

(1)游离状态

游离状态也称为自由状态,这时瓦斯以完全自由的气体状态存在于煤层中较大的裂隙、孔隙或空洞之中。游离的瓦斯可以在其中自由运动,并表现出一定的压力,煤层中游离瓦斯的多少取决于存储空间的容积、瓦斯压力及围岩温度等因素。

（2）吸附状态

由于瓦斯分子和煤固体颗粒之间的分子引力作用，瓦斯分子被吸附在煤的微孔隙表面，形成一层瓦斯薄膜。因此吸附状态的瓦斯就是滞留在煤体微孔隙表面的瓦斯，瓦斯分子不能像游离瓦斯那样自由运动，吸附瓦斯量的多少取决于煤的结构特点、炭化程度等。现有瓦斯含量中绝大部分都是吸附瓦斯。

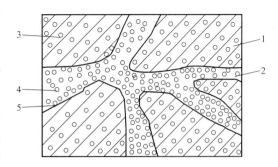

图1-1 瓦斯在煤体中赋存状态示意图
1—煤体；2—孔隙；3—吸收瓦斯；
4—游离瓦斯；5—吸附瓦斯

（3）吸收状态

瓦斯分子进入煤的分子团中，与煤分子紧密地结合在一起，成固溶体，这和气体被液体溶解的现象相似，吸收状态的瓦斯含量极少。

在煤体中，吸附瓦斯和游离瓦斯在外界不变的情况下处于动态平行状态，吸附状态的瓦斯分子和游离状态的瓦斯分子处于不断的交换之中；当外界的瓦斯压力和温度发生变化，或给予冲击和震荡，影响了分子能量时，会破坏其动平衡，而产生新的平衡状态。因此，研究认为，由于瓦斯吸附和游离分子是在不断地交换之中，在瓦斯缓慢地流动过程中，不存在游离瓦斯易放散、吸附瓦斯不易放散的问题。但是，在突出过程短暂的时间内，游离瓦斯会首先放散，然后吸附瓦斯迅速加以补充。

研究表明，瓦斯压力不高时，瓦斯分子能进入到尺寸大于或相当于瓦斯气体分子平均自由程度的孔隙或缺陷内，不能进入煤物质分子或芳香层之间的孔隙内。当瓦斯在较大压力下时，其能够楔开或进入到与瓦斯气体分子尺度相当的微裂隙，并以固溶体的形式存在而不易脱落。煤中甲烷在较大的压力作用下虽不发生毛细凝结现象，但能以准液态的紧密单分子膜存在于煤孔隙表面。不同气体的吸附性不同，这不仅与该种气体和固体分子之间的作用力不同有关，还与该种气体分子的热运动剧烈程度有关。

2. 油气的赋存状态

（1）地下油气聚集单元的划分

油气在地质上是指天然生成的存在于地壳岩石孔隙（孔、洞、缝）中的以烃类为主的可燃气体（天然气）。多数天然气是有机成因的，也有无机成因的，既可与石油伴生，也可以单独成藏，一般来说，有煤炭和石油的地方有天然气，而有天然气的地方不一定有煤炭和石油。地下油气聚集单元可以分为油气藏、油气田、油气聚集带、含油气区、含油气盆地五种类型。

油气藏：油气在单个圈闭中，具有统一压力系统的基本聚集。具有开采价值的油气藏称为工业油气藏。

油气田：受同一局部构造面积内控制的油藏、气藏、油气藏的总和。如果这个局部构造范围内只有油藏，则称为油田；如果只有气藏，则称为气田；如果既有油藏又有气藏，则称为油气田。

油气聚集带：油气田不是孤立存在的，当发现一个油气田后，经常会在其临近区域内找到一串新的油气田,油气田成群成带的出现。因为油气的运移和聚集是一种区域性的,即运移指向常常受二级构造带所控制,当这些二级构造带与油源区连通较好或相聚较近时,随着油气源源不断的供给,整个二级构造带各局部圈闭都能形成油气藏,造成油气田成群成带的出现,称为油气聚集带。

含油气区:石油工作者把具有同一大地构造单元。有统一的地质发展历史和油气生成、聚集条件的沉积凹陷,称为含油气区。在沉积盆地中,由于地壳升降的差异性,总是有相对隆起区和相对凹陷区。凹陷区长期沉降,接受细粒沉积,形成生油凹陷,有利的油气聚集带主要分布在这些凹陷中。

含油气盆地:凡是地壳上具有统一的地质发展史,发育良好的生、储、盖组合和圈闭条件,并已发现油气田的沉积盆地,均可称为含油气盆地。

沉积盆地内构造单元的划分:

一级构造:是指根据盆地基底的起伏情况划分的凹陷、隆起和边缘斜坡等。

二级构造:是在一级构造范围内再进一步划分的凹陷、凸起、长垣。背斜带和阶地等。

三级构造:也就局部构造,是在二级构造范围内的背斜、向斜和鼻状构造等等。

构造单元与油气聚集单元的对应关系见表1-5。

构造单元与油气聚集单元的对应关系　　　　表 1-5

大地构造单元		油气聚集单元
沉积盆地		含油气盆地
一级	凹陷、隆起	含油气区
二级	背斜带、长垣、凸起、凹陷	油气聚集带
三级	背斜、鼻状构造	油气田
圈闭		油气藏

(2) 油气分类

石油天然气是流体,在地下一定条件下,不断流动,现在所找到的油气藏并非其生成地方,而是经过一定距离运移而聚集起来的。在石油勘探中,常根据甲烷同系物的含量将天然气划分为干气、混气;其中甲烷含量在气体成分占95%以上,重烃气含量很少者称为干气。这种干气一般不与石油相伴生,可单独形成纯气藏。凡是气体中含重烃气较多(一般5%以上)者称为湿气,湿气多与石油相伴生。如我国的大庆、大港的天然气是湿气,而四川、陕甘宁的气田多为干气。石油伴生天然气按在其地下的赋存状态可分为:油田气、气田气、凝析气、水溶气及固态气体水合物等。

油田气(聚集型天然气)是指与石油共存的天然气,它可以溶于石油中,也可在油气藏中呈气顶存在,一般油田气中除甲烷外,还有较重的烃气;气田气(聚集型天然气)中的气体中主要为甲烷,属于干气不与油相伴生的,单一天然气聚集成气藏;当地下温度、压力越过临界条件时液态烃逆蒸发而形成的气体即凝析气(聚集型天然气),凝析气采出后,由于温度和压力降低,到地面后逆凝结为轻质油(凝析油),一般来说凝析气埋藏比较深,通常在3000~4000m以下。溶解于水中的天然气称为水溶气,水溶气属于分散型天然气,水溶气储量可以很大,但含气率很低;在特定的压力和温度条件下,气体分子天然地被封闭在水分子的扩大晶格中，呈固态的结晶化合物（也称冰冻甲烷）。

3. 浅层天然气的赋存形式

国内外对于从深部运移上来储存在浅部地层中的天然气（油型气）研究较少。虽然在1994年××隧道事故后，闫光明就提出应该成立专门研究机构开展浅层天然气对隧道工程危害研究，修订规范，填补空白。但此后多年间，国内外关于这方面的研究却停滞不前。天然气是烃源岩埋深演化过程中发生生物化学作用的产物，是一种多组分的混合气体，主要成分是烷烃，其中甲烷占绝大部分，另有少量的乙烷、丙烷和丁烷，此外一般还含有硫化氢、二氧化碳、氮和水汽，以及微量的惰性气体，如氦气和氢气等。天然气的组成受气源岩母质类型、成熟度及运聚成藏分异作用的影响。

浅层天然气指的是埋深小于1500m的天然气资源，浅层天然气藏的形成主要受生物降解和运移分馏作用的影响。浅层天然气的存储形态主要有气囊型和裂隙型：气囊型存储的天然气封闭在一个圈内；裂隙型存储的天然气存储在岩层构造裂隙中。浅层天然气聚集的必要条件为：

（1）靠近生烃洼陷，发育有利的烃源岩，是形成浅层气藏的物质基础；

（2）有效的储层和盖层纵向上相互叠置，是形成浅层气藏的必要条件；

（3）断裂活动控制了浅层气的分布与富集，断裂的多期次活动有利于气态烃向上运移，形成高含甲烷的次生气藏；

（4）根据复式油气成藏模式的特点，浅层气富集区的中深层往往伴有原生的油气藏，纵向上形成了多套油气层分布。

1.2 地铁瓦斯灾害

瓦斯灾害是地铁隧道等地下工程建设中的重大灾害之一，主要表现为窒息、爆炸、煤与瓦斯突出三种情况，其中以瓦斯爆炸最易发生且对工程及工作人员的危害最大。一般来说，地铁隧道施工洞内发生瓦斯灾害概率很小，但是一旦发生瓦斯爆炸或瓦斯突出灾害，后果往往十分严重，将造成重大的生命财产损失和极恶劣的社会影响。随着我国基础交通的建设和发展，穿越煤系地层等含瓦斯地层的地下工程越来越多，地铁隧道施工瓦斯灾害事故也在不断地增加。此外，油气在运移成藏过程中由于成藏条件，生、储、运、聚、保匹配不当等原因而未能形成工业油气藏，但是在局部地区会有油气的残留富集，一旦隧道工程穿越这些地层，或者揭露这些地段，残留的天然气就会溢出，对隧道工程造成危害。

1.2.1 围岩瓦斯向隧道空间释出的方式

长期以来，瓦斯和天然气爆炸一直是困扰隧道工程安全施工的一大难题，也是隧道工程中常见病害的主要类型之一。在既有达成铁路××隧道和都汶高速公路××隧道的施工过程中，均发生过因浅层天然气泄漏造成的瓦斯爆炸事故，造成了重大的损失。

隧道瓦斯灾害是岩层瓦斯向隧道空间释出的结果。岩层瓦斯向隧道空间释出的方式可分为三类：瓦斯渗出、瓦斯涌出、瓦斯突出。瓦斯渗出是指瓦斯缓慢地、均匀地、不停地从煤层或岩层的暴露面的空隙中渗出，延续时间很久，常常带有一种"嗤嗤"的声音；瓦斯涌出比瓦斯的渗出表现要强烈，从煤层或岩层裂隙或孔洞中放出，涌出的时间有长有短，通常具有较大的响声和压力；瓦斯的突出是指在短时间内，从煤层或岩层中突然猛烈地喷出大量的瓦斯。从表现的剧烈程度来看：瓦斯突出＞瓦斯涌出＞瓦斯渗出。但是隧道工程中出现瓦斯突出的情况极少，大多是瓦斯的渗出和涌出，而且由于瓦斯渗出的隐蔽性，经常不能及时发觉，会出现虽然瓦斯释放不剧烈，但是释放的量却很大，导致极其严重的后果。

1. 瓦斯（天然气）渗出

瓦斯（天然气）渗出是岩体内部具有一定压力的瓦斯（天然气）气体向隧道开挖所造成的低压力区渗出的过程。随着自由瓦斯不断渗出，打破了煤体瓦斯吸附的平衡（平衡状态下，瓦斯渗出速度与煤岩体瓦斯解吸速度相同），煤岩体内部的吸附瓦斯会不断解吸补充渗出部分的瓦斯，以形成新的平衡，这就会造成瓦斯（天然气）会不断地、均匀地向隧道空间渗出。瓦斯渗出是一个"自由瓦斯渗出—瓦斯压力降低—煤岩体瓦斯解吸—自由瓦斯渗出"的一个不断循环过程，这种循环不断进行，瓦斯渗出的时间可以很久。一般情况下，瓦斯（天然气）渗出的流速慢而均匀，不易被发现，而且由于瓦斯（天然气）气体比重较轻，会首先在拱顶、防水板背面等较为隐蔽的地方积聚，若通风不良，又没有监控系统及时发现，随着瓦斯越积越多，极有可能酿成瓦斯爆炸的惨剧，隧道瓦斯灾害大都是瓦斯渗出造成的。

2. 瓦斯（天然气）涌出

当隧道空间距离压力瓦斯（天然气）区域较近，且有孔隙联通的时候，高压的自由瓦斯气体可能会以较高的速度从孔隙中涌出。若瓦斯涌出速度很快，岩体深部的瓦斯来不及运移，或吸附的瓦斯来不及解吸，岩体内部的瓦斯压力迅速降低，这种高速涌出持续的时间将较短；若岩体深部的瓦斯及时运移，或吸附瓦斯的解吸速度可以维持一定瓦斯的喷射量，则瓦斯涌出的时间可以比较长。但一般情况下，瓦斯涌出是不可持续的。当自由瓦斯压力降低之后，瓦斯涌出转化成为渗出。瓦斯涌出相较瓦斯渗出而言要剧烈的多，常伴有较大的声响。因此相对来说容易被发觉而及时采取措施。

3. 瓦斯（天然气）的突出

瓦斯（天然气）的突出会在短时间内，从煤层或岩层中突然猛烈地喷出大量的瓦斯，喷出的时间可能从几分钟到几小时，喷出时常有巨大的轰响，并夹有煤块或岩块。瓦斯的突出又可分为喷射型突出、倾出型突出、压出型突出等。瓦斯突出是由于岩体内部的瓦斯压力很大，而阻止其渗透的岩板由于开挖、爆破等的作用变薄、强度降低，从而导致在岩体内部的高压瓦斯作用下突然溃决，瓦斯、碎裂的煤体、岩块等随着瓦斯流一起涌出。瓦斯突出的危险性很大，不仅仅在于其喷出的大量瓦斯有爆炸、爆燃的可能性，其喷涌而出的岩块也有很大的危险性，更有可能导致整个作业面的垮塌等严重的事故。瓦斯的渗出、涌出、突出之间是有一定的联系的，比如在岩体瓦斯与隧道空间之间的距离较远的时候，可能是渗出，随着开挖的进行，距离越来越短，遇到一些联通的孔隙，则可能发生涌出，再前进的时候岩板很薄了，则可能发生整体的倾出等突出现象。瓦斯突出在煤矿中发生概率较高，而隧道工程中极少。这是隧道瓦斯灾害和煤矿瓦斯灾害的一个重要区别。

1.2.2 瓦斯的迁移

影响瓦斯赋存及运移的最重要条件是地质构造，其次为地层岩性。一般认为，封闭性的地质构造有利于封存瓦斯，开放性的地质构造有利于瓦斯的排放逸散。泥岩等气密性较好的岩层有利于封存瓦斯，粗砂岩等气密性较差的岩层有利于瓦斯的排放逸散。

褶皱构造的类型、复杂程度也会影响瓦斯的赋存和迁移。当围岩的封闭条件较好时，背斜往往有利于瓦斯的储存，是良好的储气构造；但在封闭条件差、围岩透气性好的情况下，背斜中的瓦斯容易沿裂隙逸散。在简单的向斜盆地构造的矿区中，煤层瓦斯排放的条件往往是比较困难的，煤层瓦斯沿垂直地层方向运移十分困难，大部分瓦斯仅能够沿煤田两翼流向地表，因此瓦斯赋存条件较好；但是，在盆地边缘部分，含煤地层暴露面积大，瓦斯易于排放。在深受侵蚀的褶曲矿区，瓦斯往往易于排放，其主要原因在于矿区大部分范围内的含煤岩系中的瓦斯都流向地表。对于复式褶曲或紧闭褶曲，封闭条件良好时，煤层瓦斯赋存分布往往出现不均衡和相对的富集。据山西省资料表明：高瓦斯矿区基本上分布在向斜轴部、背斜鞍部、鼻状构造的倾斜端及"S"形背斜转折端。

断层不仅破坏了煤层的连续完整性，而且也使煤层瓦斯排放条件发生了变化。开放性断层有利于煤层瓦斯的排放，封闭性断层不利于瓦斯的排放。断层的开放性与封闭性主要受以下因素的影响：(1) 断层的性质：张性正断层属于开放性断层，而压型、压扭型逆断层则属于封闭断层；(2) 断层与地面的连通情况：一般情况下，规模较大的与地表相通的断层排放条件较好；(3) 断层与透气性岩层相连的属于开放性断层；(4) 断层的特征：如断层的填充物情况、断层的紧闭程度、裂隙发育情况等。

另外，构造的组合、应力分布情况也会对瓦斯的迁移产生影响，使得这一问题变得复杂。

1.2.3 瓦斯隧道的灾害类型

1. 瓦斯窒息

瓦斯成分比较复杂，主要由甲烷组成，同时含有其他烃类气体，如乙烷、丙烷以及二氧化碳和其他稀有气体。甲烷的比重仅为 $0.716kg/m^3$，比空气轻，且其扩散速度是空气的 1.34 倍，常常积聚在隧道顶部，形成局部高浓度瓦斯区，造成氧气含量降低。由于瓦斯无色无味，施工人员难以防范，如果进入瓦斯聚集区，吸入一定量的瓦斯与空气混合的气体（甲烷浓度大于 16%，氧气浓度小于 10%～12%），就会发生窒息事故，情况严重可导致窒息死亡。

2. 瓦斯爆炸

瓦斯爆炸是煤矿和隧道中特有的一种后果极严重的灾害。瓦斯和空气混合后，在一定的条件下发生热-链式氧化反应，并产生高温及高压。瓦斯爆炸时会出现温度和压力（压强）急剧上升的现象，温度可达 2150～2650℃，压力可达 2～10MPa，冲击波速度可达 340m/s 甚至每秒数千米，并产生大量包含一氧化碳等有毒有害气体，造成人员伤亡并摧毁隧洞设施和设备。瓦斯爆炸有时还会引起煤尘爆炸和火灾，使生产难以在短期内恢复。

瓦斯爆炸必须具备三个条件：

(1) 瓦斯浓度 5%～16%

瓦斯浓度过低（低于 5%时），氧化生成的热量与分解的活化中心都不足以发展成连锁反应（爆炸），只能燃烧，不能爆炸；而瓦斯浓度过高（高于 16%时），相对来说氧的浓度就不够，只能有一部分的瓦斯与氧气发生反应，不但不能生成足够的活化中心，而且氧化反应所产生的热量也易被其余的瓦斯和周围介质吸收而降温，也不能形成爆炸。在新鲜空气中，瓦斯浓度达9.5%时，混合气体中的瓦斯和氧气全部参加反应，化学反应最完全、产生的温度和压力也最大。

瓦斯爆炸是指火焰以火源占据的空间不断地传播到爆炸性混合气体所在的整个空间的过程。把能使火焰锋面传播到爆炸性混合气体占据的全部空间的瓦斯的最低浓度，称为爆破下限；把能使火焰锋面传播到爆炸性混合气体占据的全部空间的瓦斯的最高浓度，称为爆破上限；把最能容易（即在最低着火能量下）激发着火（爆炸），并且爆炸中能释放出最大能量的浓度称为最佳爆破浓度。瓦斯在新鲜空气中爆炸下限为5%～8%，上限为14%～16%，爆炸浓度为5%～16%。必须指出，瓦斯爆炸界限并不是固定不变的，当受到一定因素影响时（如混有其他可燃气体），爆炸界限会相应缩小或扩大。

当瓦斯浓度低于爆破下限时，遇火源不爆炸，只能在火焰外围形成稳定的浅蓝色燃烧层；当瓦斯浓度高于爆炸上限时，遇火源不爆炸，也不燃烧，如果有新鲜空气供应，则在它们的接触面上燃烧。

(2) 氧气浓度12%～20%

含瓦斯的混合气体中氧的浓度降低时，瓦斯爆炸界限随之缩小。当氧的浓度低于12%时，混合气体就失去爆炸性，这一性质对密闭的火区有很大影响。在密闭的火区内往往积存大量瓦斯，且有火源存在，但因氧的浓度降低，并不会发生爆炸。一旦有新鲜空气进入，如氧的浓度达到12%以上时，就可能发生爆炸。因此，对火区应加强管理，在启封火区时，更应格外慎重，必须在火熄灭后才能启封。瓦斯爆炸界限如图1-2所示。

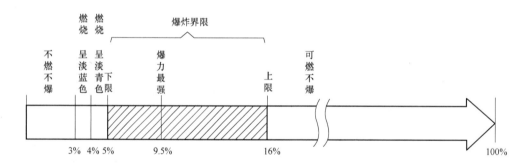

图1-2 瓦斯爆炸界限示意图

(3) 引火源（或达到瓦斯气体着火点的高温）

瓦斯的引火温度受瓦斯浓度、火源性质及混合气体的压力等因素的影响而变化，一般认为，瓦斯的引火温度为650～750℃，当瓦斯浓度在7%～8%时，最易引燃，当混合气体的压力增高时，引燃温度即降低。在引火温度相同时，火源面积越大、点火时间越长，越易引燃瓦斯。

瓦斯和高温火源接触后，并不立即引燃，而需迟延一个很短的时间，这种特性称为瓦斯的引燃迟延性，瓦斯引燃迟延时间的长短与瓦斯浓度和引火温度有关。瓦斯浓度越高，迟延时间越长；引火温度越高，迟延时间越短。这种引燃迟延现象，对隧道掌子面掘进时安全爆破有很重要意义。因为放炮时，虽然安全炸药爆炸的火焰温度高达2000℃以上，但其火焰存在仅有千分之几秒，来不及引燃瓦斯，所以瓦斯隧道不致因放炮而引起瓦斯爆炸或燃烧。但如果炸药质量不合格或炮泥充填不当时，就会使爆炸火焰停留时间延长，超过瓦斯引燃感应期而造成事故，所以放炮工作必须严格遵照《煤矿安全规程》的有关规定。

3. 瓦斯突出

瓦斯突出是指在隧道掘进过程中，大量承压状态瓦斯从煤、岩层裂缝中突然喷出的动力现象，是瓦斯特殊涌出的一种形式，其特点是在短时间内涌出大量瓦斯，瓦斯若从煤层涌出，一般伴随煤一起突出，称之为煤（岩）与瓦斯突出。由于突出的瓦斯在时间上的突然性和空间上的集中性，可能导致突出地点人员的窒息，高浓度瓦斯在流动过程中遇高温热源可能发生爆炸。煤的大量突出形成煤流，可能将人埋没其中，猛烈的动力效应可能带来隧道塌方和火灾等严重后果。

1.2.4 瓦斯灾害的特性

只有在人们认识到一种自然现象的发生并且已经威胁和危害到人类的生存和发展时，这种自然现象才被看作灾害。瓦斯灾害也不例外，只有那些已经威胁或者危害到人类生产生活的瓦斯现象（窒息、燃烧、爆炸、突出）才被看作瓦斯灾害，这是瓦斯灾害的社会属性。瓦斯灾害的发生受控于地质规律，因而也是地质灾害（geological hazard 或 geo-hazard）的一种。瓦斯灾害与其他灾害比较具有诸多共性，同时又具有其独特个性。

1. 与其他灾害相同的特性

瓦斯灾害具有与地震、洪水等自然灾害和滑坡、泥石流等地质灾害的共性：

（1）自然属性

瓦斯灾害与其他灾害一样，是自然环境和人类活动相互影响、相互作用的结果，人类改造自然的活动（如修建隧道）不可能完全避免瓦斯灾害的发生。瓦斯灾害的自然属性决定了瓦斯灾害评价与防治是一个长期不间断的过程。

（2）社会属性

瓦斯灾害和其他灾害一样，其概念的存在都是以人为中心的，若没有给人类带来风险（危害）则不能称为灾害，只能称之为现象。

人类不断拓展生存空间，大力发展地下工程，随之而来的一个结果就是隧道工程瓦斯灾害发生频率大幅增加。瓦斯灾害的发生将给人类社会造成不可忽视的负面影响，人类在进行生产活动时需要依靠自身的力量，防止瓦斯灾害的发生。

（3）系统属性

瓦斯灾害也与其他灾害一样，是一定的孕灾环境（地质环境背景）、致灾因子（瓦斯现象）与承灾环境（人类社会）相互影响相互作用下的产物，具有多层次结构、多重时间标度、多种控制参量的作用过程。瓦斯灾害不仅是一个动态发展的、非线性的、开放的灾害系统，同时也是具有不确定性和社会经济性等特征的复杂系统。因此在对其实施评价和防治时，单纯调控某一个方面都是不够的，重要的是协调灾害系统内部各子系统之间的关系。

2. 瓦斯灾害的特殊性

除了具有与其他灾害相同的几点特性外，瓦斯灾害还具有很多特殊性，明确这些特殊性，对构建瓦斯灾害危险性评价方法是有益的。这些特殊性主要有以下几个方面：

（1）分散性

瓦斯灾害的致灾因子是成点状分散分布的，不像洪水、地震等灾害受灾面积广泛。此外，点状分散分布的致因子在引起瓦斯灾害之前，工程人员对发生瓦斯灾害的规模、强度、影响范围不能预测，这也是瓦斯灾害评价较之洪水、地震灾害更困难的原因之一。

瓦斯灾害的分散性使得对其进行危险性评价变得更为重要。诸如洪水这样的灾害，除非环境条件发生剧变，一般不会在从未发生过洪水的流域发生特大灾害，因此往往无需从头进行致灾区域和受灾区域的识别，在时间预测和影响范围、灾情分析上进行预测分析就可以避免或减小灾害的影响，而瓦斯灾害危险性评价则是防治瓦斯灾害的起点。

（2）发生的不确定性

瓦斯含量是决定瓦斯灾害是否发生的决定性因素，而瓦斯的聚集则是一个复杂漫长的过程。在隧道建设过程中，一旦发生瓦斯灾害或是提前释放瓦斯，富集的瓦斯随之消亡，隧道围岩即进入下一轮瓦斯聚集过程。地层瓦斯的聚集可能会因为隧道的穿越而终止、消亡，或者含量极少达不到发生瓦斯现象的界限，在这种情况下，隧道将不再发生瓦斯灾害。若是地层中剩余瓦斯含量仍很大或瓦斯聚集的速度很快，则有可能引发另一次瓦斯灾害，如××隧道在建设过程中就发生了2次瓦斯爆炸、5次瓦斯燃烧事故。

（3）发生过程短暂、突然

地面的自然灾害在发生前往往有一些预警现象，如洪水灾害在发生之前有一个相对较长时间的雨量集中、江水回涨过程。但是，瓦斯灾害往往在很短的时间（数秒到数分钟）内完成能量释放的全过程，灾害的前兆不明显，预测预报较为困难，不会给工程人员留出预警时间。

1.2.5 浅层天然气对隧道的影响

近些年，各大城市的地铁工程陆续开工，建设过程中浅层天然气释放引起的工程事故时有发生，地层中浅层天然气对地下工程建设的影响越来越被重视。天然气具有可燃、爆炸等危险性质，其组分中可能含硫化氢、一氧化碳等对人体有害的气体，其对隧道工程的危害主要为隧道施工期间对施工作业人员的身体损害，及施工、运营期间可能发生的爆炸危害。天然气爆炸产生的高温气压，促使爆炸源附近的气体以极大的速度向外冲击，造成人员伤亡，生产设备受损，扬起大量粉尘并产生更大的破坏力，爆炸后生成大量的有害气体造成人员中毒甚至死亡。

由于隧道施工能够形成浅层天然气爆炸需要的瓦斯浓度、氧气和高温热源的环境，因此，隧道工程施工过程要特别注意对浅层天然气的防治工作。

1. 根据回风中天然气浓度计算绝对天然气涌出量

浅层天然气的生气层包括煤系地层、生油气地层，其中，油气储层特征密切关系浅层天然气的溢出量和溢出速度，也是溢出气体的直接来源区域。在计算天然气涌出量时，认为天然气在单位时间内涌出的量，即为绝对天然气涌出量。

$$Q_{绝} = \frac{Q_{风}C}{100} \tag{1-1}$$

式中 $Q_{绝}$——绝对天然气涌出量，m^3/min；

$Q_{风}$——风速×过风断面，m^3/min；

C——回风流中天然气浓度，%。

2. 浅层天然气对地铁建设的影响

浅层天然气对地铁的危害主要有两个方面：一是在施工期的危害；二是在运营期的危害。均不能小视，如：

（1）浅层天然气的局部聚集，会造成施工人员中毒、窒息。当天然气中瓦斯浓度达到9.5%并发生爆炸时，其爆炸威力最大。

（2）浅层天然气涌出或局部聚集后，当甲烷在空气中的体积分数达到5%～16%时，遇到火源就可能发生燃烧、爆炸等重特大事故。

（3）隧道施工中如果发生天然气喷发，极易引起水和砂土流失，导致地面塌陷。

（4）地铁隧道等建成运营后，如不采取有效措施，万一有天然气泄漏出来，就会不同程度地造成，影响列车高速运行安全。

3. 浅层天然气赋存地区施工防治措施

依据浅层天然气的赋存条件以及其赋存土体的岩性特征，对地铁隧道施工建议采取如下防治措施：

（1）设立专职检测人员，不间断地检测盾构推进过程中的天然气含量，并在盾构隧道及风井基坑内安装自动报警仪，必要时在盾构机前端安装自动检测天然气的先进设备。

（2）在天然气分布地区，严禁在隧道内及风井基坑内点火吸烟或燃烧其他可燃物，严禁携带火种或易燃物品进入隧道内。

（3）在隧道内安装好排风扇，确保隧道内通风。

（4）在隧道及风井基坑内电焊、气割（必要时）等作业之前，必须先检测周边的瓦斯浓度。

（5）对所有进入隧道及风井基坑内的人员，必须事先进行预防有害气体以及加强消防工作等方面的安全教育。

（6）施工现场必须配备足够的电气灭火器材。

（7）在燃气事故应急预案中，除考虑地下天然气管道可能发生的天然气泄漏事故，还应考虑地下浅层天然气的危害。

（8）施工前，在浅层天然气压力大地区的施工范围内进行气体释放。

4. 浅层天然气蕴藏区线路选线原则

通过分析浅层天然气对隧道工程建设和运营的影响，总结出浅层天然气蕴藏区线路选线原则：

（1）线路选线应尽量避开构造发育区

如果线路通过区域构造发育，则其构造裂隙也相应会比较发育，天然气就会顺着构造裂隙溢出，当隧道施工时通过裂隙，则会对隧道施工产生危害。因此，线路选线时应尽量避开构造发育区。

（2）线路选线应尽量避开沿线油气田

当线路越靠近既有油气田时，其深孔钻探显示的天然气瓦斯浓度越高，表明隧道工程受到影响越大。因此，在线路选线时，应详尽收集沿线油气田资料，避开油气田，并尽量远离油气田。

（3）线路选线时应根据地铁限制坡度的选择

在确定路线时尽可能拔高线路设计高程，降低隧道埋深，选择在非储气层岩层通过线路选线时，应根据地铁限制坡度的使用，尽量拔高线路高程，减少隧道的埋深，同时，应通过分析深孔钻探资料，尽量选择的非储气层通过，减少浅层天然气对工程的危害。

(4) 线路选线时应尽量减少隧道工程，缩短隧道长度

由于浅层天然气主要是对隧道工程线路选线产生危害，因此，线路选线时，应尽量减少隧道工程，多以桥梁、路基工程。同时，尽量缩短隧道长度，这样可以改善其通风条件，降低危害。隧道受天然气影响大小主要与隧道和油气田及含油气构造相对位置有关，隧道离油气田位置越近，受天然气影响越明显。

1.2.6 我国瓦斯的空间分布特征

我国煤炭资源丰富，瓦斯含量多、分布范围广，陆地埋深 2000m 以内的煤层瓦斯资源量为 $31.46 \times 10^{12} m^3$，其分布上大致呈现出南高北低、东高西低的特征。张祖银、张子敏等结合中国煤田地质的研究成果，系统地研究了中国煤层瓦斯的生成条件、保存条件和分布规律，按照中国的华北地区、华南地区、东北地区、西北地区划分为 20 个大瓦斯区和 88 个瓦斯带。20 个大瓦斯区中，高瓦斯区 8 个、低瓦斯区 12 个；88 个瓦斯带中，高瓦斯带 36 个、低瓦斯带 52 个。

华北地区：在大地构造上属华北板块，印支运动和燕山运动时期由于库拉—太平洋板块向华北板块俯冲，华北板块不断隆起，使得大部分石炭—二叠纪煤层上覆缺失三叠世、侏罗纪、白垩纪地层，影响了煤层瓦斯的保存条件。该区有 7 个大瓦斯区，其中高瓦斯区 3 个、低瓦斯区 4 个；有 27 个瓦斯带，其中高瓦斯带 11 个、低瓦斯带 16 个。

华南地区：在大地构造上属华南板块，主要为石炭—二叠纪含煤地层和晚三叠世含煤地层，石炭—二叠纪含煤地层形成后，长期凹陷，连续沉积了三叠纪、侏罗纪和部分白垩纪的地层，煤层瓦斯保存条件极为优越。整个华南板块北面受塔里木—华北板块挤压，西面受特提斯构造域侧挤，南面受印支板块的推挤，东面受太平洋菲律宾板块的多次俯冲作用，从印支期经燕山期至喜马拉雅期，连续的挤压变形，多期造山、多期岩浆活动，这使得华南地区是我国煤与瓦斯突出最为严重的地区。该区有 7 个大瓦斯区，其中高瓦斯区 4 个、低瓦斯区 3 个；有 35 个瓦斯带，其中高瓦斯带 16 个、低瓦斯带 19 个。

东北地区：在大地构造上归属于天山—兴安活动带，三叠纪以前几乎没有形成有价值的煤炭。印支运动以后，东北地区进入滨太平洋构造域发展阶段，燕山运动晚期至喜马拉雅运动早期，滨太平洋沟、弧、盆开始形成，挤压作用逐步被拉张所取代，在大兴安岭—太行山链以东，郯庐断裂带以西形成了众多的大小不等的地堑、半地堑式裂陷盆地，此时气候条件适宜，在裂陷盆地中广泛沉积了我国东北地区最重要的晚侏罗—早白垩纪含煤地层。在黑、吉、辽地区的东受岩浆侵入，火山作用影响强烈，煤层以中、高度变质烟煤为主，煤系地层中火山碎屑岩发育，所以瓦斯生成、保存条件较好，以高瓦斯、突出矿井居多。在大兴安岭隆起带上，煤层距地表浅、盖层薄，多为低变质烟煤，煤层瓦斯生成、保存条件较差，主要为低瓦斯矿井。该区有 2 个大瓦斯区，其中高瓦斯区 1 个、低瓦斯区 1 个；有 13 个瓦斯带，其中高瓦斯带 6 个、低瓦斯带 7 个。

西北地区：东起贺兰山、六盘山，南至昆仑山、秦岭，西界和北界为国境线。大地构造归属于天山—兴安活动带，昆仑—秦岭活动带和塔里木陆块。主要分布有早、中侏罗纪含煤地层。中、新生代以来，由于受西伯利亚板块由北向南推挤和印度板块由南向北对挤，含煤盆地大范围的隆起，使得煤层埋藏比较浅，因此瓦斯保存条件比较差。该区有 4 个大瓦斯区，全为低瓦斯区；有 13 个瓦斯带，其中高瓦斯带 3 个、低瓦斯带 10 个。中国

煤层瓦斯分区、分带见表1-6。

中国煤层瓦斯分区、分带一览　　　　　　　表1-6

地区	范围	瓦斯区	瓦斯区大地构造及含煤地层	瓦斯带
北地区（高瓦斯区3个、低瓦斯区4个）	华北地区北起阴山、燕山、长白山；南抵秦岭、伏牛山、大别山、张八岭；西起贺兰山、六盘山；东临黄海、渤海。包括京、津、晋、鲁、豫的全部，辽、吉、内蒙古的南部，陕、苏、皖的北部和甘、宁的东部	阴山、燕、辽高瓦斯区（6个瓦斯带）	该区位于华北地区的北部，大地构造单元包括华北北缘隆起带（内蒙古地轴）、燕辽中元古裂谷带和胶辽隆起的北部。含煤地层为石炭二叠系的太原组、山西组和下中侏罗统的窑坡组、石拐子组和北票组	通化、红阳高瓦斯带；北票、柳江高瓦斯带；大青山、乌拉山高瓦斯带；张北、沽源低瓦斯带；宣化、兴隆、承德高瓦斯带；蔚县、京西、京东低瓦斯带
		鲁、苏北低瓦斯区（4个瓦斯带）	该区位于鲁淮断隆和胶辽隆起的南部，含煤地层主要为石炭二叠系的太原组、山西组，下中侏罗统的坊子组和下第三系的黄县组	鲁西北低瓦斯带、鲁东北低瓦斯带；鲁西南低瓦斯带；丰沛、徐州低瓦斯带
		冀东、豫北低瓦斯区（2个瓦斯带）	该区位于山西隆起的东缘，即太行山东麓和华北新生代裂陷盆地，含煤地层为太原组和山西组	太行山东麓高瓦斯带；唐山、津南低瓦斯带
		山西低瓦斯区（4个瓦斯带）	该区属于山西隆起，含煤地层为太原组、山西组、大同组，个别地区为下第三系	浑源、五台低瓦斯带；阳泉、晋城高瓦斯带；大同、静乐低瓦斯带；太原、临汾低瓦斯带
		陕甘宁（鄂尔多斯盆地、桌子山、贺兰山区）低瓦斯区（5个瓦斯带）	该区位于华北西部鄂尔多斯中生代坳陷和边缘新生代地堑，含煤地层为石炭二叠系的太原组和山西组，上三叠统的瓦窑堡组和下中侏罗统的延安组	鄂尔多斯盆地东缘高瓦斯带；渭北低瓦斯带；华亭、黄陵低瓦斯带；东胜、陕北低瓦斯带；桌子山、贺兰山高瓦斯带
		豫西高瓦斯区（3个瓦斯带）	位于华北南缘中元古裂谷带的北侧，含煤地层北部为山西组、太原组和义马组，南部主要为山西组和石盒子组	义马、新安低瓦斯带；宜洛—荥巩高瓦斯带；临汝、平顶山、郑州高瓦斯带
		两淮、豫东高瓦斯区（3个瓦斯带）	该区位于鲁淮断隆南段和华北南缘中元古裂谷带的东段，含煤地层主要为山西组和石盒子组	淮南、潘谢高瓦斯带；濉萧、永夏低瓦斯带；临涣、宿县高瓦斯带
华南地区（高瓦斯区4个、低瓦斯区3个）	华南地区系指秦岭、大别山以南，横断山脉以东，南到国境线，东至台湾海峡的中国东南部地区，包括云南、四川的大部，江苏、安徽的南部和黔、鄂、湘、桂、粤、闽、赣、浙和海南诸省（区）的全部	滇中、川西南低瓦斯区（4个瓦斯带）	该区位于华南陆块的西南，大地构造单元位于康滇地块，含煤地层有下石炭统、上二叠统、上三叠统和上第三系，以上三叠统和上第三系为主	昭通、会泽低瓦斯带；西昌、昆明、开远低瓦斯带；渡口、楚雄、祥云低瓦斯带；盐源、大理低瓦斯带
		川南、黔北、黔西高瓦斯区（3个瓦斯带）	该区位于上扬子地块的南部和右江（印支）褶皱带的北部，含煤地层为二叠系龙潭组和宣威组	威宁、宣威、圭山高瓦斯带；六盘水高瓦斯带；川南、黔北、滇东北高瓦斯带
		四川盆地、龙门山、大巴山高瓦斯区（7个瓦斯带）	该区位于上扬子地块的四川盆地，含煤地层为梁山组、龙潭组、马鞍塘组、小塘子组、须家河组和沙镇溪组，以龙潭组、须家河组为主。龙潭组主要分布在华蓥山以东地区，在华蓥山以西龙门山以东分布的含煤地层主要是马鞍塘组、小塘子组和须家河组	华蓥山、永荣高瓦斯带；芙蓉、筠连高瓦斯带；雅荣、乐威高瓦斯带；川东低瓦斯带；龙门山高瓦斯带；广旺、镇巴低瓦斯带；荆当、秭归高瓦斯带

19

续表

地区	范围	瓦斯区	瓦斯区大地构造及含煤地层	瓦斯带
华南地区（高瓦斯区4个、低瓦斯区3个）	华南地区系指秦岭、大别山以南，横断山脉以东，南到国境线，东到台湾海峡的中国东南部地区，包括云南、四川的大部，江苏、安徽的南部和黔、鄂、湘、桂、粤、闽、赣、浙和海南诸省（区）的全部	鄂西、湘西、黔东、桂中南低瓦斯区（8个瓦斯带）	该区位于江南地块的南端，右江褶皱带的东部和钦州褶皱系的北部，含煤地层有寺门段、旧司段、梁山段、吴家坪组、合山组和下第三系	红茂、罗城、柳州高瓦斯带；川、鄂、湘边低瓦斯带；百色、德隆低瓦斯带；黔东、川东南低瓦斯带；黔淑、天柱低瓦斯带；隆林、凌乐低瓦斯带；宜山、合山低瓦斯带；南宁低瓦斯带
		赣、湘、粤、桂东高瓦斯区（9个瓦斯带）	该区位于湘中南褶皱系和武功—诸广褶皱带的西北侧和南部。含煤地层为测水组、梓山组、龙潭组、艮口群、杨梅垅组、山炭垅组、乌灶组和油柑窝组	萍乐、茶醴高瓦斯带；涟邵、兴贺高瓦斯带；赣南、翁源高瓦斯带；安福低瓦斯带、韶山低瓦斯带；广花—高要、阳春高瓦斯带；茂名、钦、合低瓦斯带；饶南、浙西低瓦斯带
		下扬子地区高瓦斯区（2个瓦斯带）	该区位于下扬子地块和浙西地块。含煤地层有高骊山组、麻土坡段、龙潭组	苏南、皖南、浙北高瓦斯带；鄂东南、赣北高瓦斯带
		浙、闽沿海低瓦斯区（2个瓦斯带）	该区位于东南沿海中生代火山断陷带。含煤地层为林地组、龙岩组、龙潭组、翠屏山组、大坑组、文宾山组、焦坑组、梨山组和嵊县组及佛县群。龙岩组和龙潭组是该区的主要含煤地层	永梅低瓦斯带；浙东、浙南、闽北低瓦斯带
东北地区（高瓦斯区1个、低瓦斯区1个）	东北地区系指华北陆块北缘断裂带以北的内蒙古中、东部，辽宁省北部、西北部，吉林省和黑龙江省的全部。大地构造归属于天山—兴安活动带（褶皱区）和完达山板片	黑、吉、辽中东部高瓦斯区（10个瓦斯带）	该区指大兴安岭以东的黑龙江东部与辽宁、吉林的中部和东部地区，含煤地层为晚侏罗早白垩世的阜新群，鸡西群，沙河子组等和早第三纪的抚顺群	三江穆棱高瓦斯带；延边低瓦斯带；蛟河、辽源高瓦斯带；营城、长春高瓦斯带；依兰、伊通低瓦斯带；抚顺、梅河高瓦斯带；铁岭、阜新高瓦斯带；元宝山、平庄低瓦斯带；大兴安岭东侧高瓦斯带；大兴安岭南侧低瓦斯带
		内蒙古东部低瓦斯区（3个瓦斯带）	该区主要分布于内蒙古东部的大兴安隆起带西侧含煤地层为巴彦花群、霍林河群和扎赉诺尔群	海拉尔低瓦斯带；锡林郭勒盟低瓦斯带；多伦低瓦斯带
西北地区（4个低瓦斯区）	西北地区东界贺兰山、六盘山，南界昆仑山、秦岭，西界和北界为国境线。包括新疆维吾尔自治区、内蒙古自治区和宁夏回族自治区的西部、甘肃省和青海省的大部分地区	准噶尔盆地低瓦斯区（3个瓦斯带）	该区位于准噶尔褶皱系和天山褶皱系的北侧，含煤地层为早侏罗世的八道湾组、三工河组和中侏罗世西山窑组	准南高瓦斯带；准东低瓦斯带；准北低瓦斯带
		天山低瓦斯区（3个瓦斯带）	该区位于天山褶皱系，包括吐鲁番、哈密、焉耆、巴音布鲁克和伊宁等煤盆地。含煤地层为早侏罗世的三工河组和中侏罗世的西山窑组	吐鲁番、哈密低瓦斯带；焉耆低瓦斯带；伊宁、巴音布鲁克低瓦斯带

续表

地区	范围	瓦斯区	瓦斯区大地构造及含煤地层	瓦斯带
西北地区（4个低瓦斯区）	大地构造归属一级构造，在北部属于天山—兴安活动带（褶皱区）；南部属于昆仑—秦岭活动带（褶皱区）；中间是塔里木陆块	塔里木盆地北、西缘低瓦斯区（2个瓦斯带）	该区位于天山褶皱系南侧塔里木陆块北缘的库车山前坳陷和昆仑褶皱系东北侧、塔里木陆块西南缘的昆仑山前坳陷内。含煤地层有晚三叠世塔里奇克组，早侏罗世阿合组、阳霞组和中侏罗世克孜勒努尔组、七克台组	塔里木盆地北缘低瓦斯带；塔里木盆地西缘低瓦斯带
		柴达木盆地北缘、祁连山低瓦斯区（5个瓦斯带）	该区位于祁连山褶皱系和东昆仑褶皱系的欧龙布鲁克隆起与达肯大坂褶皱带的南侧，含煤地层为下石炭统怀头他拉组和臭牛沟组，中石炭统克鲁克群和羊虎沟群，上石炭统太原组，下二叠统大黄沟组，下侏罗统大西沟组、窑街组、木里群、小煤沟组和大煤沟组	北祁连山河西走廊低瓦斯带；大通河中上游高瓦斯带；西宁民和低瓦斯带；靖远、宝积山高瓦斯带；柴达木盆地北缘低瓦斯带

1.3 瓦斯隧道分类

1.3.1 瓦斯隧道等级划分一般规定

1. 瓦斯隧道等级确定按照工区中最高级确定

瓦斯隧道分为微瓦斯隧道、低瓦斯隧道、高瓦斯隧道及煤（岩）与瓦斯突出隧道四种，瓦斯隧道的类型按隧道内瓦斯工区的最高级确定。

地铁隧道一般设计为单向双洞隧道，当一座隧道两端对向掘进时每个单洞隧道的一端洞口为1个施工工区，即一座单向双洞隧道划分为进、出口4个施工工区（短隧道独头掘进时有2个施工工区）。在一个施工工区内，当穿越含瓦斯地层时该施工工区为瓦斯工区，则一座瓦斯隧道可能包括非瓦斯工区和瓦斯工区。瓦斯工区可能既穿越含瓦斯地层，也可能穿越非瓦斯地层，而非瓦斯工区不穿越瓦斯地层。瓦斯隧道的类型根据各施工工区的最高级确定，如各工区中最高级为微瓦斯工区，则该隧道为微瓦斯隧道，如最高级为瓦斯突出工区，则该隧道为瓦斯突出隧道。

2. 瓦斯隧道工区等级划分

瓦斯隧道施工工区分为非瓦斯工区和瓦斯工区。瓦斯工区分为微瓦斯工区、低瓦斯工区、高瓦斯工区和煤（岩）与瓦斯突出工区。

施工工区内发现瓦斯，该工区即定义为瓦斯工区。受瓦斯形成历史、地质构造、上覆基岩厚度、地层岩性及地下水等因素的影响，一个工区内不同地段瓦斯地层中的瓦斯含量存在一定差异。为便于施工组织和安全管理，根据隧道施工工区内不同地段瓦斯地层中的瓦斯绝对瓦斯涌出量划分为不同的瓦斯工区等级。大量工程实践表明，许多瓦斯隧道仅小范围穿越窝煤、煤线或薄煤层，施工中瓦斯涌出量甚小，按常规隧道施工通风要求即可将瓦斯浓度降低至0.1%以下，而绝对瓦斯涌出量一般不大于0.5m³/min。因此将微瓦斯工区单独划分出来,从而便于现场施工安全管理,并减少工程投资,降低施工成本。划分为不同类型的工区后,可在通风管理、机电设备防爆和施工方法等方面区别对待,动态调整施工组织,从而达到简化施工和降低造价的目的。如在非瓦斯工区,可按照常规隧道组织施工,仅需采取定时检测瓦斯浓度、加强通风等安全技术措施;如进入瓦斯工区,则应按瓦斯工区的设防要求重新组织施工(如设备,通风等)。

瓦斯工区等级的不同,直接影响着施工安全设防等级和施工组织管理。由于煤层与瓦斯赋存状态的复杂性,勘察阶段勘测和钻探所提供的资料一般难以完全、准确查明隧道穿越的煤层赋存特征、瓦斯含量、瓦斯压力、瓦斯涌出形式及影响瓦斯赋存的小构造、地下水、围岩级别等信息,且瓦斯预测和推算方法目前也不尽完善,所以施工阶段通过预测、预报进一步评定瓦斯工区等级是一项重要的工作。瓦斯工区施工期间,应由业主委托具有相关资质的机构进一步评定瓦斯工区等级,并编制瓦斯工区评定文件,当瓦斯工区等级发生变化或与勘察、设计不符时,应报业主与设计单位核准,动态调整设计及施工方案。

1.3.2 瓦斯工区等级划分标准

施工阶段应依据勘察和设计文件并结合探测或揭露的煤层赋存特征、实测瓦斯地质参数、瓦斯涌出量以及工作面实际发生的煤(岩)与瓦斯动力现象等指标,分段分煤层进一步评定瓦斯工区等级,并据此调整施工组织设计。在勘测、设计阶段瓦斯工区等级划分基础上,施工阶段应根据实际揭示的瓦斯和地质情况,分段分煤层(群)对瓦斯工区等级进行评定和修正,尤其是对于煤层突出危险性的判定,应在开挖工作面进行现场预测和检验。

1. 施工阶段微瓦斯工区、低瓦斯工区和高瓦斯工区的等级应按工区内绝对瓦斯涌出量进行判定

隧道相对煤矿巷道断面普遍较大,如 V 级围岩隧道全断面开挖面积可达 $100m^2$ 以上,《铁路瓦斯隧道技术规范》TB 10120—2002 以绝对瓦斯涌出量 $0.5m^3/min$ 划分高、低瓦斯工区明显偏低。微、低、高瓦斯指标值是针对双车道隧道的线形、断面尺寸特点,并在充分考虑隧道开挖工法、通风方式、机电设备配套、施工技术管理水平等实际情况基础上,按台阶法施工(上台阶开挖面积约 $40m^2$),洞内最低风速不小于 $0.25m/s$ 时可将洞内平均瓦斯浓度降至 0.25% 以下并考虑一定安全系数折减后,确定为微、低瓦斯工区分界标准;按最低风速不小于 $0.5m/s$ 时可将洞内平均瓦斯浓度降至 0.5% 以下并考虑一定安全系数折减后,确定为低、高瓦斯工区分界标准。其判定指标应按表 1-7 进行确定。

施工阶段瓦斯工区等级判定　　　表 1-7

瓦斯工区等级	绝对瓦斯涌出量 $Q_绝}$(m^3/min)
非瓦斯	0
微瓦斯	$Q_绝<0.5$
低瓦斯	$0.5 \leqslant Q_绝 \leqslant 1.5$
高瓦斯	$Q_绝 \geqslant 1.5$

2. 瓦斯突出工区

瓦斯工区内只要有一处含瓦斯地层有突出危险,该工区即为瓦斯突出工区。施工阶段瓦斯突出工区的判定宜首先以超前探孔实际发生的顶钻、喷孔等明显动力现象特征为依据。《防治煤与瓦斯突出规定》：进行突出煤层鉴定时，应首先根据煤层实际发生的瓦斯动力现象进行鉴定。瓦斯隧道施工中应加强瓦斯动力现象的预测、预报工作。

勘察阶段按下列条件之一判定为瓦斯突出工区时，施工阶段应对每一煤组（单一煤层或临近煤层群）进行煤与瓦斯突出危险性预测，经预测确认有煤与瓦斯突出危险性时，可确定为瓦斯突出工区。

（1）对于隧址区穿越的垂深相同的同一煤层，经现场调查确认曾发生过突出事故或已鉴定为有突出危险性。

（2）勘察钻孔过程中存在瓦斯动力现象。

（3）勘察阶段采用煤层突出危险性指标进行突出煤层鉴定，实测的最大瓦斯压力、瓦斯放散初速度、煤的坚固性系数、煤的破坏类型四个指标均达到或者超过表1-8所列临界值范围，确定为突出煤层。

突出煤层鉴定的单项指标临界值　　　　　表1-8

煤层突出危险性	瓦斯压力 P(MPa)	瓦斯放散初速度 ΔP(mmHg)	煤的坚固性系数 f	煤层破坏类型
临界值	≥0.74	≥10	≤0.5	Ⅲ、Ⅳ、Ⅴ

煤与瓦斯突出是一种复杂的煤体动力现象，是瓦斯压力和地应力共同作用的结果。目前发生煤与瓦斯突出的隧道案例很少，缺乏系统实测统计资料。因此，瓦斯隧道煤与瓦斯突出鉴定主要依据《防治煤与瓦斯突出规定》并借鉴当地邻近煤矿部门曾发生过的突出事故或突出鉴定成果，如无煤矿部门资料则可参照表1-8中的临界值。判定瓦斯工区等级应考虑煤层赋存垂直深度的影响。当调查结果与隧道穿越煤层垂深差异较大时，应综合分析是否为同一煤组、瓦斯风化带下界或始突深度、瓦斯压力梯度等数据及瓦斯勘测成果，进而判定瓦斯工区等级。由于成煤历史与地质条件的差异，瓦斯风化带的下界深度差异很大，变化范围从几十米至几百米。煤层瓦斯风化带应根据邻近煤矿调查结果或按煤矿标准进行探测和测试数据进行划分。无相应标准时，可用瓦斯中CH_4浓度≤80%、瓦斯压力≤0.15MPa、相对瓦斯涌出量≤2m^3/t的标准划分。

1.3.3 按煤系隧道和非煤系隧道划分

按照是否直接穿越煤层，瓦斯隧道又可以分为直接穿越煤层的煤系瓦斯隧道和非煤系瓦斯隧道。

通过煤系地层的隧道，施工过程中发生危险的部位和时间，危险事件的种类都可以预见，因为隧道需要穿越的煤层的位置是固定不变的。所以可以有针对性地采取相应的勘测手段和工程措施，来减轻或消除灾害的影响。而非煤系地层的瓦斯涌出具有随机性、且分布部位难以完全探明，修建这些隧道时如果对瓦斯的认识不足，就可能加大非煤系地层瓦斯隧道的瓦斯灾害。

非煤系地层瓦斯隧道和煤系地层瓦斯隧道均具备瓦斯燃烧、爆炸和突出的危险性，工程施工中都必须树立"加强安全风险管理，有效控制瓦斯灾害"的理念，确保隧道施工安全。非煤系地层瓦斯隧道与常规煤系地层的瓦斯隧道有本质区别，由于非煤系地层中瓦斯赋存的随机性，在设计中要确定设防位置是不可能的。因此，有必要对非煤系地层瓦斯隧道中的瓦斯生成、瓦斯风险受塌方、涌水、运营过程中的泄漏等因素的影响，进行安全监控技术方面的研究。与煤系地层相比，非煤系地层作为油气储存介质时具有孔隙率、渗透率较大的特点，因此岩层的岩性是影响非煤系地层瓦斯赋存的一个重要因素。由于非煤系地层中瓦斯主要是通过联通与地层所在地区的其他出气地层的裂隙、断层等构造，运移至该非煤系地层，因此岩层的完整程度也是影响非煤系地层瓦斯形成的重要因素。

除此之外，岩层中由于地下水的溶蚀而形成的腔体也可能是重要储气结构。在非煤系地层中，地下水是影响瓦斯赋存和形成的重要因素，在国外瓦斯隧道相关的工程案例的研究中，有许多随着地下水涌入隧道隧洞，瓦斯涌入量也随之而增大，瓦斯浓度上升的案例。与煤矿等穿煤型瓦斯隧道相比，非煤系地层瓦斯隧道的施工过程不包括从石门工作面距煤层顶（底）板10m垂距开始至石门工作面进入煤层底顶板2m的过程（石门揭煤），因此很难有针对性地预测施工过程中哪些阶段风险较高。在非煤系地层的瓦斯隧道设计施工中存在以下技术难题：

1. 瓦斯的不可预见性，即在工程区无类似于煤炭一样的瓦斯载体。
2. 施工安全威胁是贯穿施工全程的，没有像穿煤系地层瓦斯隧道一样有重点防范区域，它的随机性造就了安全威胁的全程性。由于这种特性，在分析瓦斯风险，乃至整个瓦斯隧道施工过程的安全风险时，围岩级别、地下水等地层因素和直观监测到的瓦斯浓度具有相同的重要性。

由于以上原因，对于地铁高瓦斯隧道工区划分提出如下的建议：对于直接穿越煤层的隧道，可以参考《铁路瓦斯隧道技术规范》TB 10120—2002进行无瓦斯工区、低瓦斯工区、高瓦斯工区和瓦斯突出工区的划分；而对于非煤系高瓦斯隧道，鉴于瓦斯分布的不确定性，逸出的无预见性，应当全线按照高瓦斯工区进行设计、施工和监控。

2 地铁瓦斯隧道安全施工组织机构与职责

本章重点介绍了地铁瓦斯隧道主要单位的管理机构与职责，如建设单位、施工单位、监理单位、勘察设计单位及第三方单位（第三方监测、第三方试验检测、第三方测量等），并对瓦斯隧道的安全风险监控工作的要求进行了重点阐述，如监控指标：瓦斯浓度实时监控、隧道内通风情况实时监控、隧道开挖中的安全风险监控。

在瓦斯隧道施工前，建设单位、施工单位、监理单位应分别设置专门针对瓦斯防治的安全生产管理机构和专职专业人员，并建立健全各级领导安全生产责任制、职能机构安全生产责任制、岗位人员安全生产责任制；建立健全安全目标管理制度、安全教育与技术交底制度、安全检查制度、安全隐患排查制度、安全技术措施审批制度、通风、瓦斯检测、监控与报告制度、爆破安全管理制度、应急救援与抢险制度及各种仪器、设备、设施等的检查维修检定制度等。

2.1 建设单位的管理机构与职责

1. 在瓦斯隧道安全管理中，建设单位应结合自身管理机构成立专门的瓦斯隧道安全管理组织机构。
2. 根据所属项目安全文明施工总体策划中确定的安全文明施工管理目标及保障措施，对工程建设安全文明施工进行全过程监督检查和指导，保证安全文明施工目标的实现。
3. 委托监理单位对进场的安全设施以及安全文明施工措施情况进行检查验收，并将各种验收记录存档。
4. 按规定向施工单位支付现场安全措施费和文明施工措施费。
5. 工程建设过程中，通过安全质量隐患曝光、专项整治、奖励罚款等手段，促进参建单位做好现场安全文明施工管理，持续提高现场安全文明施工水平。
6. 负责制定瓦斯隧道建设工程有关管理制度。
7. 在瓦斯隧道施工过程中，加强监督，加密检查频次，适时组织开展安全专项检查活动，重点检查相关制度、规定、方案的落实情况。参与危险源辨识、安全专项施工方案等专家评审、开工条件验收等工作。
8. 按照相关制度，开展瓦斯隧道工程质量验收及工程移交工作。
9. 组织实施瓦斯隧道第三方监测、第三方测量、第三方试验检测工作，加强相关合同管理。
10. 定期开展分析和总结工作，及时提出改进安全文明施工水平的建议。
11. 按照有关规定，对瓦斯隧道的安全质量事故（事件）进行调查处理。

2.2 施工单位的管理机构与职责

施工生产单位在瓦斯隧道工程施工进场以后，在公司管理层面应建立公司、项目部两级瓦斯隧道管理职能机构，并完善公司、项目部两级组织机构，明确各层级、职能部门的管理职责。

2.2.1 公司管理机构与职责

1. 管理机构的建立

在公司层面应成立瓦斯隧道施工安全领导小组（公司层面管理机构如图2-1所示），并建立定期的巡查管理制度，负责对项目部瓦斯隧道施工管理机构、管理职责、施工组织、瓦斯隧道通风、瓦斯防爆以及瓦斯监测等方面提供技术指导和监督。

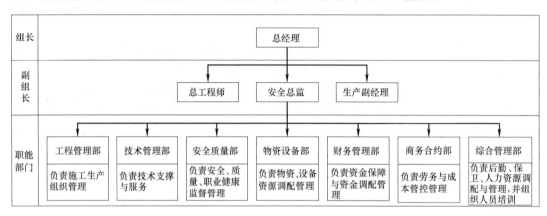

图 2-1 公司层面瓦斯隧道施工安全领导小组管理机构图

2. 安全领导小组职责

（1）按照国家、行业有关法律法规，对公司瓦斯隧道项目的安全生产全面负责，并对项目部瓦斯隧道施工安全生产管理小组提出工作目标和意见要求。

（2）按照国家、行业有关法律法规，充分结合瓦斯隧道施工管理要求，合理科学配足资源，确保瓦斯隧道项目生产安全。

（3）及时掌握瓦斯隧道项目安全生产状况，应定期或不定期组织召开领导小组工作会议，研究解决存在的问题，部署下阶段的工作。

2.2.2 项目部管理机构与职责

1. 管理机构的建立

项目部成立瓦斯隧道施工安全生产管理小组（项目层面管理机构如图2-2所示），组织上接受上级单位瓦斯隧道施工安全领导小组的领导和监督，并严格执行上级单位对瓦斯隧道项目安全生产工作的要求和指导意见。

2. 安全领导小组职责

（1）项目经理安全职责

1）保证瓦斯隧道安全生产条件所必需的资源投入和有效实施。建立健全瓦斯隧道安全生产责任制，组织制定瓦斯隧道安全生产规章制度、岗位职责和安全操作规程。

2）督促检查瓦斯隧道安全生产工作，及时消除安全生产隐患。

3）组织制定并实施瓦斯隧道安全生产事故应急预案。

4）及时并如实报告生产安全事故。

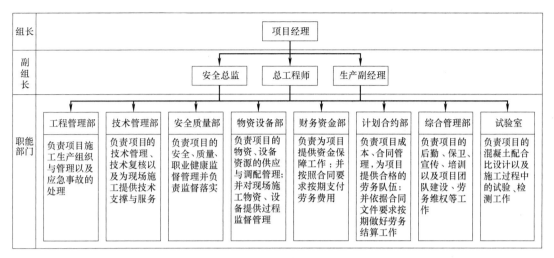

图 2-2 项目部管理机构图

（2）项目生产副经理安全职责

1）具体跟踪落实专项安全施工方案、施工工艺流程、作业指导书以及安全措施、技术交底等的执行情况。

2）负责现场突发问题的处理。

3）负责对瓦斯浓度检测记录表进行签字确认，确保真实无误。

4）负责组织瓦斯隧道全员安全技术培训、瓦检工等特殊工种取证培训。

5）负责按瓦斯隧道应急预案演练计划组织现场演练，每年不少于一次。

6）负责按施工方案要求，组织配置满足安全（防爆）性能的电气设备、机械设备、通风设备、监控检测设备等。

（3）项目安全总监安全职责

1）严格执行国家现行安全生产方针、政策、法律、法规、行业规定及上级单位有关安全生产管理制度，代表企业对项目安全生产行使监督检查职责。

2）负责组织安质部门及时制定安全生产各类管理规章制度。

3）组织项目部切实开展与安全、环保有关各项工作；督促并指导各工区全面落实安全、环保等各项工作；对各种检查发现的安全生产隐患或问题，督促及时整改到位。

4）组织协调有关部门实施抢险和处置安全生产突发事件，负责突发事件现场的安全工作；积极配合安全生产事故调查处理。

5）协助项目经理开展安全生产管理工作；履行项目部安全生产综合监督管理领导职责。

（4）项目总工程师安全职责

1）负责组织制定瓦斯隧道的专项安全施工方案、施工工艺流程、作业指导书、安全技术措施以及技术交底，并严格实施。

2）负责根据地质情况变化及时组织更新施工方案、施工工艺、作业指导书、安全技术措施和技术交底，并严格实施。

3）负责针对瓦斯隧道存在的安全风险，组织科学辨识和确定危险因素，并根据危险因素制定应急预案和防范措施。

4）负责根据瓦斯隧道安全事故应急预案，组织进行预案学习培训，并组织制定预案演练计划。

（5）项目部各部门安全职责

1）安全质量部

① 遵照国家、行业有关法律法规，按照项目部瓦斯隧道施工安全领导小组工作安排，负责及时制定安全生产各类管理规章制度。

② 切实开展与安全、环保有关的各项工作。

③ 负责对瓦斯隧道施工过程的安全生产实施监督。

④ 督促并指导各分部全面落实安全、环保等各项工作。

⑤ 针对检查发现的各种安全隐患或问题，督促相关分部及时整改到位。

2）工程管理部

① 遵照国家、行业有关法律法规，按照项目部瓦斯隧道施工安全领导小组工作安排，负责瓦斯隧道实施性施工组织设计、瓦斯隧道安全专项方案、技术方案、总体应急预案的编制、审核及报批。

② 负责组织对瓦斯隧道进行安全风险评估管理工作。

③ 负责组织编制施工方案安全技术交底、施工技术交底，并定期对交底执行情况进行检查。

④ 督促分部对瓦斯隧道项目制定工序作业指导书、技术交底、应急预案专项方案编制。

⑤ 负责组织对相关人员进行瓦斯隧道施工技术及安全管理的培训工作。

⑥ 负责对各分部瓦斯隧道技术交底管理台账是否齐全等施工技术管理控制过程，进行监督指导。

3）物资设备部

① 遵照国家、行业有关法律法规及集团公司的物资设备管理规定，负责按照专项施工方案要求，购置满足安全（防爆）性能的电气设备、机械设备、通风设备、监控检测设备等。

② 按照项目部瓦斯隧道施工安全领导小组工作安排，负责联系专门机构或专家对各种设备的安全（防爆）性能进行验收。

③ 负责检查各分部机械设备安全管理制度的建立与执行情况，通风作业是否按照规定操作、管理台账是否齐全等，并对物资设备管理控制过程，进行监督指导。

4）财务资金部

按照公司财务管理规则制度为项目部提供可靠的资料保障工作，并依据合同文件要求按期支付劳务队劳务费用。

5）计划合约部

遵照国家、行业有关法律法规，按照项目部瓦斯隧道施工安全领导小组工作安排，负责对各分部瓦斯隧道安全技术措施使用、管理台账是否齐全等控制过程进行监督指导。

6）综合办公室

遵照国家、行业有关法律法规，按照项目部瓦斯隧道施工安全领导小组工作安排，负责对各分部瓦斯隧道人员到位、安全宣传、安全教育培训、管理台账是否齐全等控制过程进行监督指导。

7) 试验室

负责气密性混凝土配合比的选定和气密性混凝土施工过程中的监督及指导。

2.2.3 操作人员岗位职责的建立

项目部必须根据瓦斯隧道施工的具体情况，制定各工区自身的具体管理职责以及通风工、瓦检工、门岗、瓦斯监控室人员、瓦斯监控系统值班员、电工、爆破工等的岗位职责，并严格实施、监督检查和记录真实有效。

1. 通风工岗位职责

（1）熟练掌握瓦斯隧道施工的相关知识，了解瓦斯浓度限值和处理措施，随时了解洞内施工状况，按照经批准的通风方案进行通风系统的安装、使用、维修、维护工作。严格按照通风机的安全操作规程作业。

（2）加强对洞口、通风机附近20m范围内环境的巡查，洞口、通风机附近20m范围内不得有火源，避免火源从风筒内进入掌子面。

（3）按照施工组织设计对通风管理的操作要求，负责对通风管道进行接长、检查、修补及更换工作。掌握通风机的使用性能，定期对通风机进行检修、保养，确保风机正常运转。

（4）保证24h连续不间断的通风，风量、风压必须满足设计要求，不得随意停风。停电时，必须在15min内接通并启动备用发电机，保证隧道正常通风。

（5）加强与洞内瓦检工及监控室的联系，接受当班瓦检工及监控室的指令实时调节风量。

（6）认真阅读每班次的瓦检报表，掌握瓦斯变化情况，并加强与洞内瓦检工及监控室的联系，接受当班瓦检工及监控室的指令实时调节风量。

（7）建立通风系统运行管理档案，认真做好各种检查记录、调试记录。

（8）严格执行停风报批制度。

（9）填写值班记录，记录中对通风机的运转及保养情况、存在问题必须进行详细描述，坚持交接班制度。

2. 瓦检工岗位职责

（1）牢固树立"安全第一，预防为主，综合治理"的思想，以高度的政治责任感和强烈的工作责任心，严格做好瓦检工作。

（2）必须具有一定的瓦斯隧道经验，掌握一定的瓦斯隧道通风知识和技能，熟悉瓦斯浓度限值和处理措施，并经专门机构培训考试合格持证上岗。

（3）必须严格执行瓦斯检测操作规程，熟悉瓦斯检测设备性能，随时注意各类瓦检设备的运行状态。

（4）当班瓦检工负责每日进行监控系统各类传感器的除尘工作，当班瓦检工进洞前必须将所用的计时工具与瓦斯自动监控系统同步。

（5）瓦斯检测工作不得发生空班、漏检、少检、假检，并做到隧道瓦斯浓度记录牌板、检查记录表、瓦斯台账三对口（检查地点、检查日期、每次检查的具体时间、班次、检查的内容和数据、检查人姓名等必须完全一致)。

(6) 严格执行洞内作业特殊工序管理制度。

(7) 严格执行瓦斯巡回检查制度和请示报告制度,认真填写瓦斯检查记录,检测结果必须记入瓦斯检测记录簿,并及时通知现场作业人员、工班长、带班人员及检测中心当班检测负责人。

(8) 负责紧跟隧道作业人员到作业面并按照瓦斯检测地点及范围要求巡回检测,必须满足"一炮三检制"(装药前、放炮前、放炮后都必须检查爆破地点附近的瓦斯,且放炮员、班组长、瓦检员都必须检查,当瓦斯浓度超过1%时,不准爆破)、"三人连锁放炮制"(爆破前,放炮员将警戒牌交给班组长,由班组长派人警戒,并检查顶板与支架情况,将自己携带的放炮命令牌交给瓦斯检测工,瓦斯检测工经检查瓦斯浓度合格后,将自己携带的放炮牌交给放炮员,放炮员发出爆破口哨进行爆破,爆破后三牌各归原主)和安全生产的要求,严禁脱岗、玩忽职守。

(9) 负责在爆破之前将瓦斯探头移至规定的安全范围之内,爆破之后再将瓦斯探头安装在规定的安全范围之内。

(10) 有权制止一切违规操作的行为,有权命令可能出现瓦斯燃烧等危险情况的工作面停工,并组织人员撤离到安全地点。

(11) 根据检测出的瓦斯及二氧化碳浓度通知监控室,由监控室通知通风工控制主风机工作档位,组织安排局部通风。

(12) 发现瓦斯异常情况、立即采取果断措施,立即停止超标区域所有作业,组织人员撤离危险区,切断超标区域电源,同时报告监控室,由监控室报告分工区调度。

(13) 保护好瓦斯检测仪器,在携带和使用过程中严禁猛烈摔打、碰撞;严禁被水浇淋或浸泡。

(14) 当班瓦斯检测记录应及时填写《瓦斯检测记录表》,按照职责分工经相关人员逐级签认后,由安质部存档保管。

(15) 当掘进工作面及其他作业地点风流中瓦斯浓度达到1.0%时,瓦斯检测工有权禁止钻孔、禁止放炮;瓦斯浓度达到1.5%时,有权禁止工作、切断电源、撤出人员,不需请示。

3. 门岗岗位职责

(1) 应熟练掌握瓦斯隧道施工的相关知识,了解瓦斯浓度限值和处理措施,随时了解洞内施工状况。

(2) 负责瓦斯隧道进洞人员的安全检查、登记工作,任何人进洞前必须将随身携带的手机、香烟、打火机等火种和电子设备、物品等保存到专用衣柜,严禁穿着化纤类衣服进入隧道。

(3) 负责对进入隧道物资的检查,进入隧道的物资(炸药、雷管等)必须由物资设备部门出具的材料清单,由押运员随同,门岗核查后,办理登记手续方可运入洞内。

(4) 负责对进入隧道机械设备、电气设备、车辆的检查,进入隧道的机械设备、电气设备、车辆必须满足防爆要求,否则禁止进入隧道。

对进入隧道的施工机械设备、电气设备、车辆实行出入登记制度,上述机械设备进入洞内,门岗必须对车辆驾驶室、驾驶员及随车人员进行检查登记,防止将火种带入洞内,否则门岗有权禁止进洞。

(5) 负责隧道洞门口的警戒工作,严禁无关人员进入隧道。

(6) 加强与瓦检工及通风工的联系,未通风及瓦斯浓度超标情况下,瓦检工进入隧道必须携带自救器及其他安全防护设备,且必须经工区经理批准,其他人员严禁入内。

(7) 严格执行进出洞人员挂牌、摘牌清点制度。

(8) 门岗实行24h值班制度,认真填写值班记录并严格执行交接班制度,保持隧道洞口清洁卫生。

4. 瓦斯监控室人员岗位职责

(1) 负责24h连续不间断值班,值班期间不得擅自离岗;并做好值班人员的交接班制。

(2) 值班人员及时与瓦检工联系,了解洞内非自动监控区域的瓦斯浓度,掌握洞内瓦斯变化情况,及时对人工检测结果与自动监控系统数据进行复核。

(3) 根据自动监控系统的监测记录及时通知通风班组调节风速,发现瓦斯浓度异常应及时通知洞内当班瓦检工,并立即停止超标区域所有作业,组织人员撤离危险区,切断超标区域电源;根据洞内当班瓦检工通知及时通知通风班组调节风速。

(4) 负责对瓦检仪的保管、日常保养及自动监控系统的维护,保证系统的性能、技术指标达到要求;负责每周一次通过人工检测数据与自动监控数据的同步校核,确定各类传感器的精度是否满足设计要求。

(5) 必须对当班瓦检工的检测记录进行复核签字,经相关人员签认后,形成记录报安质部归档。

(6) 认真填写值班记录,详细记录当班瓦斯情况及瓦电闭锁系统运行情况,存在的问题必须详细记录,并及时报作业班组长及或工区主管经理。

5. 瓦斯监控系统值班员岗位职责

(1) 严格遵守瓦斯隧道施工的各项规章制度,服从工作安排,认真完成值班任务。

(2) 努力学习操作技能,熟练掌握隧道瓦斯检测的原理及监控系统的运行方式、控制及信号电缆的走向、检测及控制对象、各种传感器的原理,运行方式并熟悉安装位置。

(3) 值班室值班人员实行24h轮换值班制度,认真做好每一班的交接班工作,交接班日志签字清楚。每天检查监控系统及通信电缆的运行情况。

(4) 负责比对便携式瓦斯检测仪的检测数据与监控系统数据的差值,大于允许误差时,应采取相应的安全措施并及时报安质部门进行处理。

(5) 保证瓦斯超限断电和停风断电功能准确可靠,定期对瓦电、风电闭锁功能进行测试。

(6) 每10天对监控系统的设备进行调校零点、显示值、报警点、断电点、复电点、控制逻辑等调试工作,传感器经过调校检测误差仍超过规定值时,必须立即更换并填写故障记录。

(7) 每天擦拭测试仪器和电脑、打印机确保不积灰尘,做好值班室内外的清洁卫生工作。

(8) 认真建立台账,并以标牌形式规范牢固设置在隧道洞口醒目位置,严格贯彻落实。

6. 电工岗位职责

(1) 做好电气设备安装、检修、维护工作,保证安全供电。

(2) 按照完好标准和电气规程要求,保质保量完成各项任务。

(3) 严格执行《煤矿安全规程》,《电气设备操作规程》以及《停送电制度》,保证安全生产。

(4) 填写好安装检修和试验记录,使用保管好工具和仪表。

7. 爆破工岗位职责

(1) 必须依照规程和爆破说明书进行装药放炮工作,有权拒绝违章放炮。

(2) 按规定使用瓦斯检定器和放炮工具。

(3) 严格执行"一炮三检"制度,按规定职责执行好"三人连锁放炮制"制度。

(4) 负责爆破材料的使用和管理、携带、存放要符合规定要求,领退、使用、存放账目清楚,账物对口,杜绝丢失浪费。

(5) 管理好局部通风机和风筒,风筒掌子工作面的距离应符合规定要求,保证正常通风。

(6) 认真填写放炮原始记录和放炮日志,严格按规定地点进行交接班。按时参加班前会和收工会。

2.3 监理单位的管理机构与职责

2.3.1 管理机构的建立

监理单位在进场后,应成立以总监理工程师为组长、总监代表为副组长、专业监理为组员的瓦斯隧道安全监督管理小组(监理单位管理机构如图 2-3 所示),对瓦斯隧道施工过程实施全程安全、文明施工、职业健康监督管理工作。

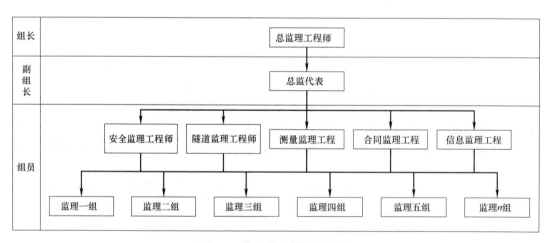

图 2-3 监理单位管理机构图

2.3.2 管理职责

1. 监理单位受建设单位委托,配备专业安全监理工程师对监理项目的工程安全和施工单位的安全文明生产工作进行现场监督管理。

2. 审查现场施工单位的资质和安全保证体系。

3. 审核施工单位安全文明生产的规章制度和责任制。

4. 对施工单位拟配备及进场的人员、专门机构、材料、机械设备、爆破器材、电力电气设施等进行审查验收，检查瓦斯检测、通风检测、爆破、电工、安全员等特种作业人员持证上岗情况，并建档管理。

5. 严格落实建设单位制定的高瓦斯隧道建设管理办法、制度等。

6. 制定瓦斯隧道监理实施细则、旁站方案，并认真落实。

7. 对瓦斯隧道施工组织设计和专项施工方案进行审查、审批，审批施工单位安全生产技术措施（主要对重要临时设施、重要施工工序、特殊作业、危险性作业等施工项目的安全技术措施进行审批）并监督其实施，同时督促隐患的整改。

8. 采取巡视、检验、旁站、专项检查等手段对施工方法、施工工艺、设备设施、质量安全、现场人员到位等落实施工组织设计、专项方案和制度的情况进行检查监督。

9. 监督安全措施费的使用。

10. 负责或参与处理施工过程中急需解决的安全问题，并监督施工单位落实必要的安全技术措施。

11. 在监理过程中，对发现存在安全事故隐患的工点，根据隐患程度提出限时整改、停工整改等措施，并向建设单位报告。

12. 负责对监理人员进行岗前培训、安全教育、安全交底、技术交底等工作。

13. 对施工单位编制的应急预案进行审查。参与事故抢险救援，根据有关规定上报事故情况和信息，参与事故调查。

2.4 勘察设计单位的管理职责

1. 勘察单位在勘探中发现有瓦斯情况后，应有针对性地加密钻探，扩大钻探范围，依据断层走向分布和节理裂隙情况，理清瓦斯分布具体范围，进一步论证分析，科学合理判定瓦斯等级并对后续设计和施工提出针对性指导和建议。

2. 勘察报告应有专篇评述瓦斯情况，以及瓦斯地质分析及对工程的影响、建议的技术措施等。成果应满足隧道设计和施工的需要。

3. 勘察、设计单位在勘测阶段应根据地质结构及有关参数，进行瓦斯隧道的瓦斯工区、含瓦斯地段的等级划分，明确瓦斯隧道等级，评判瓦斯对项目安全施工的影响。在施工中应参与地质超前预报工作，加强地质和瓦斯复查，根据施工实际揭示的地质和瓦斯情况，及时修正设计。

4. 勘察单位应充分利用邻近地铁线路瓦斯勘探成果，实现相互验证和评估，以便各线路实施单位充分掌握瓦斯分布情况和对工程的影响。

5. 对参与瓦斯隧道勘察、设计的单位，应加强瓦斯隧道的勘察、设计力量，应组织、调用或聘请有类似工程丰富经验的人员参与瓦斯隧道的勘察、设计工作，提出更具有针对性、科学合理的技术措施。

6. 应有瓦斯隧道设计专册，并通过风险评估。

7. 对于盾构法施工的瓦斯隧道，设计单位应研究增设溢出孔措施，提前释放瓦斯气体。

8. 设计单位应充分考虑运营阶段瓦斯隧道的通风、监测、监控、电力、照明、火灾探测及报警、防灾救援指挥等方面，依据相关规范及实际情况进行设计。

9. 在施工阶段，设计单位应成立专门的施工配合组，配合瓦斯隧道施工。

10. 勘察设计单位应积极参与有关专项施工方案评审工作。

11. 勘察设计单位应积极参与建设单位组织的安全质量检查。

12. 勘察设计单位应参与现场应急救援和事故调查处理工作。

13. 勘察单位应及时向设计单位进行勘察文件交底，勘察、设计单位应及时向施工、监理、监测等单位进行勘察、设计文件交底。

2.5 对第三方单位的管理职责

1. 第三方监测、第三方试验检测、第三方测量等单位应建立瓦斯隧道监测、检测、测量等制度，并进行学习、宣贯、落实。

2. 对瓦斯隧道项目人员应进行瓦斯隧道专业知识培训，未经培训不得上岗作业。

3. 必须采用瓦斯防爆的仪器设备，不得在隧道内随意搭接电缆、电线，不得在隧道内充电，不得穿戴可产生静电的衣物进入瓦斯隧道，不得有易造成瓦斯燃烧、爆炸的行为。

4. 第三方试验检测单位应根据实际情况增加二衬混凝土气密度等瓦斯隧道特有的质量检测项目。

5. 进入瓦斯隧道人员应严格遵守门禁制度、瓦斯隧道施工管理办法等，服从施工单位安全统一管理，不得携带手机、打火机等违禁物品进入瓦斯隧道。

6. 进入瓦斯隧道人员，每组人员需携带便携式瓦斯检测仪，应先进行瓦斯检测，满足工作条件后才可开展工作。

2.6 瓦斯隧道的安全风险监控工作要求

瓦斯隧道实施过程中需进行安全风险监控，主要监控指标有三个：一是瓦斯浓度实时监控；二是隧道内通风情况实时监控；三是隧道开挖中的安全风险监控。

2.6.1 瓦斯浓度与通风情况实时监控

1. 瓦斯和通风监测设备的编号

由于隧道中安设的瓦斯和通风监测仪较多，需进行编号，以迅速掌握预警位置为原则。

2. 瓦斯和通风监测数据的采集和接入

施工单位应在现场设置监控室，监控室应具备互联网接口。隧道内所有监测仪器生成的数据都应在监控室内进行集中监测和预警。

在实施监控之前，施工单位需与监控系统软件开发单位对接，提供瓦斯浓度、风量和风速的监测数据接入"业主单位及工程总承包单位的地铁工程安全风险监控系统"的数据源文件和数据解析的厂家名称,以便将监测数据接入"地铁建设工程安全风险监控系统"进行实时监控。

对于人工检测所采集的瓦斯数据,应及时填报相应的记录表格,存档备查。

施工现场的接入条件:数据采集和上传专用网络,10M带宽以上,若兼视频上传工作,则应达20M以上。

3. 瓦斯及通风监控数据的预警

地铁建设工程安全风险监控系统根据施工单位提供的瓦斯浓度及通风数据分级预警值(专家评审后的安全专项施工方案)设置相应的预警区域,在监控数据达到预警值时系统自动推送相应的信息并以短信的形式报送各相关管理单位和人员。

当发生瓦斯浓度预警时,安全风险监控人员立即以短信(或电话)的形式再次发送给相应的管理单位和人员,确保预警信息能够得到迅速处置。

2.6.2 瓦斯隧道施工的安全风险监控

瓦斯隧道监理对瓦斯安全监控系统进行远程监控,隧道内的监控设备设施、线缆等均应符合瓦斯隧道的防爆要求。

1. 远程监控视频

(1) 视频摄像头的安装:瓦斯隧道开挖期间应在掌子面后方一定距离安装监控视频摄像头,通过视频摄像头24h对隧道的开挖情况进行记录,并保存至少一个月的时间。

(2) 视频摄像头的保护:视频摄像头应安装在正常施工不能触碰的部位,施工单位派专人进行线路(含网线)维护和视频摄像头的清洁工作。在爆破施工时应采取有效措施对视频摄像头进行保护。总之,以视频不间断监控为原则(当发生警情时确需断电除外)。

(3) 视频摄像头的拆除:当施工过程中视频摄像头影响到施工或隧道施工完成等情况需要拆除时,应由施工单位通知硬件安装单位专业人员进行拆除。

2. 隧道内变形数据的监控

(1) 监测点平面图:由第三方监测单位根据安全风险监控要求进行测点编号的最终实施的平面图提前一周发送到系统软件维护人员,由软件维护人员整理后形成系统GIS图。

(2) 监测数据的上传:各类监测数据均需施工监测及第三方监测单位分别上传,上传频率为1次/天(当有加密监测时,需选填加密监测),每日定期前上传完成。

(3) 监测数据的预警:各类监测数据的预警值根据监测单位的安全专项监测方案进行设置,一旦有监测数据超过预警值时,监控系统会以相应的颜色进行预警显示。当达到红色预警值时会以短信的形式通知各相关单位和人员,监控管理人员也会以短信(或电话)的形式通知相关单位和人员,确保安全风险得到及时处置。

3. 隧道施工中的安全风险巡查

(1) 现场巡查:监控巡查人员在充分利用监控系统和视频摄像头进行监控外,还应加大对瓦斯隧道施工的现场巡查频次,巡查频次不少于每周两次,主要根据隧道安全专项施工方案对隧道爆破开挖的工序、隧道内的通风情况、隧道瓦斯浓度等进行巡查,总之,对非盾构施工隧道应坚持"短进尺,弱爆破,强支护,勤监测,加强通风,快喷锚"的原则。

（2）巡查注意事项：所有监控巡查人员在上岗前均需经过防治瓦斯劳动保护安全常识的学习培训，遵守高瓦斯隧道相关防爆安全规章制度，到现场巡查时将服从施工单位的安全管理，在施工单位的配合及协助下先接受检查和登记再进入隧道进行巡查。

（3）巡查发现的安全隐患处置：现场巡查人员发现安全隐患时应立即与施工单位相关安全负责人员进行沟通，并告之监理单位人员，督促其进行改正或加强处置。同时将有关信息通过短信的形式报知各相关的管理单位和人员，确保将安全隐患及时消除。

2.6.3　瓦斯隧道安全风险监控的注意事项

1. 施工单位注意事项

（1）提供安全风险监控所需的设计和施工资料，包括：设计施工图资料、地质勘察资料、施工组织设计资料、瓦斯隧道安全专项施工方案。

（2）现场配置监控室，提供瓦斯和通风实时监控的接入条件，并确保网络畅通和供电稳定。维护好监控系统所配置的视频摄像头、电脑、网线等。

（3）配合监控巡查人员进入隧道进行安全巡查。

（4）做好监控系统要求的数据上传工作；当第三方在监控平台中发布预警后，需将预警的处置情况及时上传监控系统。

2. 监理单位注意事项

（1）做好隧道开挖期间的安全监理和巡查工作，并根据要求每日上传工点巡查报告。巡查报告应将发现的安全隐患用重点关注进行标注，以便反映的问题能及时得到改正。

（2）根据监控系统要求做好各类预警的跟踪监理工作，将预警处置的信息及时上传至监控系统中，并最终闭合。

3. 监测单位注意事项

（1）做好隧道开挖期间的监测和数据上传工作，每日上传一次（加密监测的数据应在系统中选择"加密监测"项），施工监测和第三方监测单位均需每日上传。第三方监测单位还需每日在系统中上传巡查报告。

（2）第三方监测单位需将隧道开挖期间发布的各类监测预警信息同步发布至监控系统中。

（3）第三方监测单位负责对监测图纸的监测点布设情况进行检查和审查，并及时通知施工监测单位进行修改，并将最终监测图纸发送给监控系统管理维护人员。

3 地铁瓦斯隧道施工准备

本章重点介绍了地铁瓦斯隧道施工的各项准备,如安全技术与风险控制、施工策划与组织、设计文件审核、实施性施工组织设计及专项方案管理、现场施工平面布置及建设安全准备,以及人员的安全培训、电气设备和作业机械的要求、门禁系统的设置和施工防火、防爆、消防、通信、应急等。

3.1 施工准备阶段安全技术与风险控制

3.1.1 施工安全调查策略

隧道施工前,应核对设计文件,对工程结构物和临时工程所处的地形地貌、地质条件、社会环境、气象条件等进行调查,确保临时结构、临时工程的遗址、设计和施工的安全,确保工程结构物的安全,为制定安全规章制度等提供资料支持。

3.1.2 施工安全条件调查策略

准确掌握隧道位置、施工方案、技术难点、推广新技术项目等,尤其应注意瓦斯、岩溶、风积沙、含水砂层、富水软弱破碎围岩、岩爆、膨胀性和挤压性围岩、黄土、高原冻土等高风险隧道的工程特点。

3.1.3 水文气象资料安全调查策略

应掌握的水文气象资料包括河流分布、流量、流速、洪水期、水位变化、气温、雨量等,了解隧道地段的地表水及补给对地下水的影响,掌握冰雪融化对隧道施工安全的影响(与隧道土质有关)。

3.1.4 地形地貌及地质安全调查策略

全面掌握地形、地貌特征,地质构造(土壤类别、岩层分布、风化程度、不良地质现象和工程地质状况),地下水的水质、水量,地震烈度等,为临时便道工程选址设计与施工维护提供基础资料。

另外,要特别强调的是,泥石流、滑坡、塌方、落石等对工程结构的施工安全构成极其严重的威胁,务必做好调查。临时工程(尤其是施工驻地)选址时应进行必要的规避,尤其是要避开易发生塌方落石的地段,避开泥石流区等不良地质地段(须重视隧道钻爆法施工时震动引发地质灾害的风险)。无法规避时应制定相应的安全措施和应急预案并贯彻实施。

3.1.5　原材料安全调查策略

主要应调查钢筋、水泥等的产地、产量、质量、运距等，既要考虑经济性，又要考虑加工运输的安全性。

3.1.6　既有设施调查策略

既有设施调查的主要目的在于考虑能否及如何利用既有的电力、油料、燃料情况，交通、通信情况，当地水源和生活供应情况，可利用的民房、劳力和附属辅助设施情况等。不可忽视的是，既有设施对于工程结构物的施工安全也有较大的影响，例如邻近建筑物、邻近铁路营业线、临近既有公路、邻近高压输电线路等，若施工方案不当，可造成触电、火灾、建（构）筑物损毁等严重事故。

3.1.7　施工调查准备

1. 施工前，项目部上级单位分管领导牵头，上级单位工程管理部组织相关部门及项目部参加，必要时联合第三方具有瓦斯隧道调查资质的单位开展瓦斯隧道专项施工调查工作。
2. 专项施工调查应重点调查煤与瓦斯赋存状态、油气、断层与采空区分布、临近隧道施工或煤矿开采历史以及发生过的煤与瓦斯事故等内容，形成《施工调查报告》，经项目部上级单位分管领导审核后实施。
3. 当瓦斯专项施工调查与勘察设计文件不符时，应提交监理、设计以及业主等单位予以确认，并积极联系以尽快获得处理回复意见。

3.1.8　社会环境调查策略

掌握当地人口、土地、数量、农田水利、征（租）用土地、拆迁的政策和规定等，了解地方生活供应情况，熟悉当地人民群众生活风俗习惯、社会治安、医疗卫生防疫等情况，以免与当地群众发生矛盾甚至社会群体性事件。

3.2　地铁瓦斯隧道施工策划与组织

施工组织设计是地铁安全施工的重要内容。不同地铁的施工组织设计会有不同，主要内容包括：施工准备、施工组织设计、场地布置、进度计划等。

3.2.1　准备工作内容

1. 确定施工组织机构及人员配备。
2. 交接桩、复测及洞口投点等。
3. 对设计中需要变更与改进的地方，向建设单位和设计单位提出建议，并通过协商进行修改。
4. 编写指导性施工组织设计。
5. 根据拟定的施工方法，进行施工机械配备、建筑材料准备。

3.2.2　技术准备工作的内容

1. 熟悉、审查图纸及有关设计资料。

2. 调查研究、收集资料

(1) 社会调查。了解当地政治、经济、居民情况及风俗习惯等。

(2) 自然事件调查。

(3) 技术经济条件调查。

3. 交接控制测量的基桩资料，并做好复测和核对工作，在此基础上定出车站的中线和高程基桩。

4. 根据补充调查等重新掌握的情况，改进施工设计。

5. 编制施工组织设计和制定施工方案，改进有关施工补充设计。

6. 编制施工预算。

3.2.3 现场的基本条件及物质准备

1. 三通一平：路通、水通、电通、场地平。
2. 相关设施：如压缩空气供应系统、修理车间等。
3. 物资准备：原材料、构建加工设备、施工机具等。
4. 实施性施工组织设计

(1) 施工单位中标后，应编制实施性施工组织设计，用以指导具体施工。

(2) 实施性施工组织设计的内容与指导性施工组织设计相似，但更具体、更详细。

3.2.4 施工进度计划编制

施工组织编制要符合以下原则：

1. 认真贯彻党和国家对基本建设的各项方针和政策。
2. 严格遵守国家和合同规定的工程竣工要求及交付使用期限。
3. 合理安排工程施工顺序。

详细分析工程设计特点及类似工程的施工经验，依据相关设计要求和施工规范，充分发挥现有的施工管理、技术水平和机械设备配套能力。

具体可以分为以下几个方面：

1. 经济合理的原则

针对工程的实际情况，本着经济、可靠、合理的原则比选施工方案，并配备足够数量合适工程施工的机械设备和资源以满足施工要求；对整个施工过程实施信息化动态管理，从而达到合理组织和不断优化施工方案，确保按期、按质完成施工任务。

2. 技术先进和可靠性原则

根据工程的特点，吸收国内外类似工程设计、施工、管理的成熟技术，结合以往施工经验，针对工程地质条件选用先进和具有优异性能的施工机械，并采取可靠性高、可操作性强的施工技术方案进行施工，确保工程质量、安全、工期、文明施工等满足招标文件要求。

3. 质量保证原则

采用ISO9002标准全方位控制施工过程，建立完整的质量管理体系和控制程序，严格进行质量管理与控制，明确工程质量方针和质量目标，结合工程特点与实际工程情况，制定切实可行、有效的工程质量保证措施，确保工程质量在国内同类工程中达到领先水平。

4. 工期保障原则

根据业主对工程的工期要求，施工过程中合理安排工期、合理配置资源、科学组织施工，使工程项目的资源得以充分利用；根据总工期的安排，分解工期节点目标，编制年度计划、季度计划和周进度计划，做到各项分部工程施工有序衔接，以确保各阶段施工计划和总体施工计划的实现，从而保证工期的按期完成。

5. 环保原则

施工过程中按照ISO14000标准建立环境管理体系和控制程序，进行环境管理。（1）充分调查和重视周边环境情况，紧密结合环境保护进行施工；（2）切实做好工程环境的保护工作，建设"绿色工地"、实施"绿色施工"；（3）减少废气、振动、噪声、扬尘污染，杜绝随意排放污水、胡乱丢弃建筑垃圾等；（4）按照当地和业主的要求高度重视余泥的运输、防护和排放管理，做到合理利用、节约耕地。

6. 以人为本的原则

施工过程贯彻ISO18000标准，建立健全的消防、安全、保卫、健康管理体系和控制程序并严格执行；同时遵循以人为本的施工宗旨，维护和保障施工人员的健康与安全。

在符合上述原则的基础上，施工进度计划的编制按以下步骤进行：

（1）划分工序。
（2）计算各工序的工程量。
（3）计算各工序的劳动量。
（4）计算生产周期。
（5）安排施工进度。
（6）检查和调整进度计划。
（7）资源需求量计划及其他图表。
（8）特殊地段施工进度图。

3.3 设计文件审核

3.2.1 审核程序

1. 项目总工程师组织对设计文件进行核对和审核，形成审核记录，并报上级主管部门核备。

2. 审核中发现的问题及意见，及时报至监理、设计与建设单位予以确认，并积极联系，追踪处理回复意见。

3.2.2 图纸审核

1. 结合施工调查结果，对包括瓦斯灾害及防治等问题进行分析、整理，提出优化建议，并以书面形式报送监理、设计、业主等单位予以确认。

2. 审核主要材料、设备等的数量、规格、选型等是否满足施工要求。

3. 设计文件审核记录、图纸会审记录等有关资料应登记保存，监理管理台账，跟踪处理结果；做好文件标识和技术交底工作。未经审核或审核问题未落实的图纸，严禁用于施工。

3.4 实施性施工组织设计及专项方案管理

3.4.1 实施性施工组织设计编制

1. 编制实施性施工组织设计必须通过全面的调查研究，按照建设项目的工期要求和投资计划，有计划地合理组织和安排好工期、施工方法、施工顺序，并提出劳动力、材料、机具设备等生产资源的合理配置。
2. 实施性施工组织设计中的施工方案、进度计划、现场平面布置，应在多方案的基础上，经过技术、经济、安全、质量、工期的比较后，综合择优确定。
3. 编制实施性施工组织设计应以下列内容为依据：

（1）国家标准《建设工程项目管理规范》GB/T 50326—2017 中项目管理实施规划的要求。

（2）中华人民共和国住房和城乡建设部《危险性较大的分部分项工程安全管理规定》（住建部令第 37 号）文件要求。

（3）建设工程项目的招标文件及合同文件。

（4）设计文件、现行的相关国家标准、行业标准及企业标准等。

（5）调查资料：如气象、交通运输情况、当地建筑材料分布、临时辅助设施的修建条件，以及水、电、通信、医疗救援等情况。

（6）工程建设法律、法规和有关规定文件。

（7）企业的质量管理、环境管理和职业健康安全管理等体系文件。

（8）设计单位的技术交底纪要。

（9）企业的实际施工水平。

4. 实施性施工组织设计应包括下列内容：

（1）地理位置、地理特征、气候气象、工程地质、水文地质、工程设计文件、主要工程数量等。

（2）合同文件关于工期、安全、质量、文明施工、环境保护、职业健康等的要求。

（3）施工条件、工程特征分析（特点、重点、难点）、施工方案。

（4）施工单位关于工期、安全、质量、文明施工、环境保护的控制目标。

（5）项目部组织机构设置及岗位职责。

（6）洞口生产场地布置及临时工程规划。

（7）洞内、洞外管线布置以及风、水、电供应方案。

（8）编制各工序进度指标、施工总进度计划、单位工程施工进度计划及次级进度计划横道图、网络计划图并标明关键线路。

（9）洞口工程、进洞、洞身开挖、钻爆设计、装渣运输、初期支护、二次衬砌、施工通风、施工排水、控制测量、施工测量、超前地质预报、监控量测等工序的施工方法、工艺流程、检验标准、实施要点。

（10）机械设备配备、劳动力配备、主要材料分阶段供应计划、主要材料的采购、运输方式等。

（11）材料检验、工程计量、资料归档、成本控制、职工培训计划等各项管理制度。

（12）工程工期、工程质量、安全生产、文明施工、环境保护和雨期、冬期及高温季节施工的组织、技术、经济等保证措施及奖惩条例。

（13）施工过程中对环境的直接影响和潜在影响，对各种影响因素所采取的预防和保护措施。

（14）施工阶段风险评估和风险规避措施。

（15）隧道施工地区发生自然灾害、施工过程发生紧急情况时的应急预案。

5. 针对瓦斯隧道，施工组织设计中应加强以下内容：

（1）必须包含与瓦斯工区等级相适应的电气设备和作业机械选型和配套、劳动力配备、材料供应计划。

（2）综合考虑瓦斯超前探测、瓦斯防突、瓦斯排放及设备工效降低、窝工等影响因素制定施工进度计划。

6. 项目部工程管理部、安全质量部、物资设备部、计划合约部、综合办公室、试验室等部门管理人员应参与实施性施工组织设计的编制，以确保其实用性和针对性。

7. 在实施过程中应根据客观条件、生产资源配置的变化情况及时调整施工组织设计，并及时报送监理工程师批准，实行动态管理。

8. 瓦斯隧道施工组织设计审查审批流程如下：

标段项目部编制→标段项目部总工程师审核→标段项目经理审批→标段施工单位各部门审查→标段施工单位总工程师审批→监理单位驻地监理、总监理工程师审查审批→建设单位部门及分管领导审查→标段项目部组织专家评审→总监理工程师批准→建设单位、施工单位备案，标段项目部、监理部存档。

3.4.2 施工安全专项方案编制

1. 瓦斯隧道施工安全专项方案主要针对瓦斯安全防治工作进行编制，以便指导安全生产。编制前应熟悉勘测和设计文件，掌握含瓦斯地层的详细赋存状态及瓦斯成分分析数据等，对隧道瓦斯情况进行综合分析评价。编制过程中，应注意不同类型瓦斯隧道对专项方案编制深度的要求有所不同，如：低瓦斯工区可按通常隧道组织施工，但需要加强瓦斯预测、检测及通风管理工作，对于高瓦斯及瓦斯突出隧道应涵盖下述全部内容，因此编制专项方案时必须根据隧道穿越瓦斯地层地段的实际情况，对相关要求区别对待。瓦斯隧道施工安全专项方案应包括以下内容：

（1）隧道瓦斯情况综合分析与风险评估。

（2）作业机械配置及防爆要求。

（3）电气设备配置与供配电系统。

（4）通风系统与通风管理。

（5）瓦斯安全监测、监控系统设计与瓦斯日常管理。

（6）瓦斯地层段钻爆法开挖设计及施工作业。

（7）瓦斯地层超前地质预报与探测设计。

(8) 瓦斯防突。
(9) 防尘、防灭火和防治水等措施。
(10) 事故预防与应急救援预案等。

2. 专项方案编制应当包括以下内容：

(1) 工程概况：危险性较大的分部分项工程概况、施工平面布置、施工要求和技术保证条件。

(2) 编制依据：相关法律、法规、规范性文件、标准、规范及图纸（国标图集）、施工组织设计等。

(3) 施工计划：包括施工进度计划、材料、设备、劳动力等计划。

(4) 施工工艺技术：技术参数、工艺流程、施工方法、检查验收等。

(5) 施工安全保证措施：组织保障、技术措施、应急预案、监测监控等。

(6) 劳动力计划：专职安全生产管理人员、特种作业人员等。

(7) 设计计算书及相关图纸。

3. 瓦斯隧道施工安全专项方案审查审批流程如下：

标段项目部编制→标段项目部总工程师审核→标段项目经理审批→标段施工单位部门审查→标段施工单位总工程师审批→监理单位驻地监理、总监理工程师审查审批→建设单位部门及分管领导审查→标段项目部组织专家评审→总监理工程师批准→建设单位、施工单位备案，标段项目部、监理部存档。

4. 施工单位还应编制《通风专项方案》及《瓦斯检测与监测专项方案》，其审查审批程序同《瓦斯隧道施工安全专项方案》。

5. 监理单位应根据瓦斯隧道施工安全专项方案，制定瓦斯防治专项监理方案，明确瓦斯安全监理工作重点。

3.5 现场施工平面布置及建设安全准备

3.5.1 选址一般要求

1. 工程项目现场办公生活区、施工生产区、辅助生产区的选址必须符合《建设工程安全生产管理条例》第二十九条规定和《铁路隧道工程施工安全技术规程》TB 10304—2009、《建设工程施工现场环境与卫生标准》JGJ 146—2013 的相关规定。

2. 现场设施布置由项目经理组织相关部门人员按照相关要求进行调查评估，确定选址方案后进行策划和规划，报建设单位和上级主管部门评审、备案。

3.5.2 隧道洞口临时设施布置安全要求

瓦斯隧道洞口施工区应布置有系统监控室、安检室、应急救援物资堆放室等，大型临建设施及施工人员办公、生活驻地等应布置在洞口 200m 及轴线偏角 30°扇形范围以外。

3.5.3 办公生活区布置及建设安全要求

1. 施工现场临时用房应选址合理，并应符合安全、环保、消防、防爆要求和国家有关规定。

2. 不受洪水和泥石流威胁，避开塌方、落石、滑坡、危岩等地段。
3. 避让取土、弃土场地。
4. 避开高压线路及高大树木，与通信线路保持一定的距离。
5. 尽可能修建在离建筑物 20m、离集中爆破区 300m 以外，离林木区 1km 以上的地区。
6. 生产生活房屋应按防火规定保持必需的安全净距，锅炉房、发电机房、厨房等与其他临时房屋的距离不得小于 10m。存放易燃易爆物品的临时库房距其他施工设施和人员住房应在有关规定的安全距离之外，严禁在尚未竣工的建筑内设置员工集体宿舍。
7. 施工现场内的沟、坑、水塘等边缘必须设安全护栏。
8. 易燃易爆品仓库、发电机房、变电所，必须采取必要的安全防护措施，严禁用易燃材料修建。炸药库的设置应符合国家有关规定，并在当地公安部门履行相应手续后投入使用。工地的小型临时油库应远离生活区 50m 以外，并外设围栏。
9. 工地上较高的建（构）筑物、临时设施及重要仓库，如炸药库、油库、发（变）电房、塔架、龙门吊架等，均应加设避雷装置。
10. 对环境有污染的设施和材料应设置在远离人员居住的较为空旷的地点。污染严重的工程场所应配有防污染的设施。

3.5.4 施工现场布置及建设安全要求

施工生产区的布置应按工序有效衔接、布局紧凑等，并结合项目的内容、特点、专业划分等进行布置。

1. 洞顶天沟布置在开挖边坡线 5m 以外，延伸至路基排水沟，保证排水通畅，不回流至洞内。
2. 高压水池一般布置在隧道口侧上方，容积控制在 $30\sim50m^3$/工作面，并保证 $20\sim30m$ 高差，并可考虑同时供应生活用水。高瓦斯、瓦斯突出工区还应在洞外设置消防水池和消防用砂，水池中应经常保持不小于 $200m^3$ 储水量，并保持一定的水压。
3. 空压机房一般就近布置在隧道口旁，可以是左右边坡外或洞口侧上方的合适位置，同时应考虑在征地范围内修建。
4. 通风机应尽量布置在洞口适当位置（20m 以外），高度与安设的通风管在同一水平高度，避免错位导致管道弯折而影响通风效果。
5. 变压器、发电机房、配电房一般应靠近空压机房，也应靠近隧道口布置，保证高压供风用电和洞内照明、动力用电。
6. 洞口应设置一个不小于 $30m^2$ 的系统监控室并设置必要数量的监控探头，探头分别布置在重大危险源点及工地最高点，并根据作业面变化对监控区域进行调整。
7. 隧道洞口应至少设置安检室 1 间，室内设置隧道安全人员电子管理系统，并对进洞作业人员进行检查登记。洞口还应设置 1 或 2 间更衣室，用于检查、参观及工作人员更衣储物。
8. 施工现场设置应急救援物资仓库，库房面积不小于 $30m^2$，根据施工情况配备应急物资。

9. 洞内风水管道及电力线路采用平行布置，铺设和悬挂必须平、顺、直，管径一致，排列整齐。

(1) 供风管道：风管大小应根据瓦斯隧道截面大小、隧道长度以及设计计算而定，在延伸时风管应顺直、接头应紧密，悬挂高度控制在离底部 3.5m 以上，防止机械施工刮坏。

(2) 高压风管、高压水管、排水管：管道应使用壁厚不小于 4mm 的钢管，法兰盘连接，布置在隧道的同一侧。消防水管布置在隧道底部以上 80cm 左右，排水管布置在消防水管上面 30cm 左右，高压水管布置在排水管上面 30cm 左右，高压风管布置在高压水管上面 30cm 左右。

(3) 高压电缆、动力电线、照明线：照明和动力线布置在风、水管的另一侧边墙上，应按规定采用"三相五线制"。照明线的悬挂高度应不小于 2m，动力电线布置在照明线上方。在长隧道施工中需要采用高压进洞时，一般使用高压电缆，为确保安全，布置时应尽可能高些，可以布置在洞顶或拱部适当高度位置。

10. 洞内照明：隧道照明必须保证灯光充足、均匀，并不得耀眼，施工作业地段每平方米不少于 15W，存在不安全因素地段可适当增加，运输道路在未成洞地段每隔 6m，成洞地段每隔 10m，装设 50W 的 LED 工矿灯一个，漏水地段应用防水灯头和灯罩。在有瓦斯的隧道内，供电照明及其他电气设备必须是防爆性设施。

11. 洞内台车、台架及其他设施：应充分利用现场的自然条件、地质条件、工序衔接等因素，合理布局，既利于施工作业，又能确保安全。

12. 洞内交通：洞内运输道路平顺、整洁，不积水，并有人员定期维护。

13. 洞内排水设施

(1) 隧道施工为顺坡开挖时排水主要采取顺坡自然排水，只在开挖面与仰拱区间设抽水设备，将出露的水流抽至成形的水沟内自然顺坡排出即可。当隧道为反坡时，将掌子面通过积水池抽至后方的泵站（每隔 400m 左右设一处泵站），然后通过抽水设备将泵站的水抽至洞外排水系统，经过净化后排至指定的地点。

(2) 抽水设备功率应按最大最不利的因素进行考虑。抽水设备配置时充分考虑备用，同时配置双回路电源，防止出现停电掌子面被淹现象的发生。应派专人负责抽水设备和抽水管路的养护和维修。

14. 洞内应急通道及设施

(1) 在断层带、溶洞、突泥涌水、浅埋等地段，应设置专门的救援通道，可利用现场的风水管道。有重叠作业地段应设安全通道和各种安全警示标志、标牌。

(2) 洞内每 30m 内须安装一个应急灯，不大于 50m 应安装 1 个带灯具的安全出口警示标志，应急照明灯具工作持续时间不小于 30min，并采用防爆型灯具。

(3) 在长大隧道洞内应在适当位置考虑备有应急车辆，以备险情发生时人员撤离。斜井、横洞等参照以上内容布置。

(4) 洞内必须配备紧急联系设备和警铃，与洞外值班室连接，洞内外联络方式应保持畅通。

(5) 隧道未成洞地段每隔 50m 设置 2 具（2kg）灭火器，成洞地段每隔 100m 设置。

3.5.5 辅助生产区布置及建设安全要求

1. 搅拌站

（1）搅拌站建设应综合考虑施工生产情况，合理划分办公生活区、拌和作业区、材料计量区、材料库及运输车辆停放区等。绘制详细的现场布置图，设置明显的标志牌。

（2）选址宜在交通方便、周围无村庄、靠近工程量集中的施工项目的部位。搅拌站应根据工程情况集中设置，宜采用封闭式管理，站内设置工地试验室。

（3）搅拌站站界应用砖砌围墙封闭，材料堆放区、拌和区、作业区应分开或隔离；场内主要作业区、堆放区、站内道路应做硬化处理。

（4）应设自动计量的拌和系统，使用罐装水泥和粉煤灰；每个配料系统必须满足二级以上碎石的级配要求。所有的计量仪器必须经过标定合格后方可使用。

（5）拌和楼按全封闭设置，减少或防止灰尘污染空气。

（6）水泥（或粉煤灰）罐装必须安装避雷设施，上料斗之间加设隔板，避免上料时混杂。

（7）冬期施工时应有保温设施；夏期施工时，应有降温设备，粗细骨料场应搭设遮阳棚。

（8）搅拌站内应设置污水处理池，污水经处理后再排放或者用于场内洒水。

2. 材料加工场（棚）

（1）材料加工场应合理选择设置地点，减少进入现场的二次搬运量，同时做到加工与施工互不干扰。宜靠近隧道口、路基支挡工程量集中的部位，但可以离施工区一定距离，主要看场地大小和平整情况。

（2）在场（棚）内应悬挂各工种的安全技术操作规程。

（3）应实行封闭管理，设置明显的标志标牌。

（4）场内加工棚采用轻钢结构搭设，可根据需要设围墙或围栏防护，四周排水通畅，有防雨雪、防风、防寒设施。

（5）场内施工用电应规范管理，各作业区用电回路分开设置，加设断路器和漏电保护器。

（6）各种机械加工设备必须经有关部门检查验收合格后方可使用，并且做好验收合格记录，以备检查。

（7）场内消防设施符合防火要求。

3. 试验室

（1）根据施工需要设置试验室，经具有相应资质的施工单位授权委托。

（2）应在试验室的醒目位置，悬挂授权委托书、岗位安全操作规程、试验人员公示牌、试验人员职责、试验流程图。

（3）试验室安装完成，需要地方计量认证部门对各类检测设备进行标定。完成自检、开始运作前，需经项目管理机构组织的专业验收并同意使用的意见。

（4）试验室检验项目不得超过验收时批准的检验范围。对不能试验的项目，需委托第三方试验的，应选择项目管理机构认可的、有相关资质的试验机构。

（5）试验室一般分水泥检验室、力学试验室、土工试验室、标养室、样品室和办公室。设置专门的材料堆放场所。

(6) 试验室配备的试验检测仪器、设备应满足施工生产的需要。

(7) 试验用有毒有害液体,应执行双人保管制度,严格按照规程操作。

(8) 试验室按规定配备消防设施。室内环境经常保持整洁卫生,满足试验要求。

4. 原材料、半成品、成品存放场

(1) 设置原则

1) 合理选择设置地点和规划场地大小,应尽量靠近使用地点,确保运输及卸料方便。模板、脚手架等周转材料,选择在装卸、取用、整理方便和靠近拟建工程地方放置。水泥、砂石料等原材料应靠近拌和站放置。

2) 各种原材料应分别存放,堆放场地需要进行硬化;存放场应留有足够宽度的通道,便于装运。

3) 各种材料的堆放应做到堆码整齐,堆放高度符合要求,沙石成堆,设置标示牌。

4) 预制构件的堆放位置要考虑吊装顺序,力求直接装卸就位。

5) 材料场做到整齐干净,无砖瓦块,钢筋头等,无杂草、杂物。

6) 各种材料进场均有合格证或试验单等质量证明资料。

7) 贵重物资、装备器材要存入库内。

8) 场内消防设施符合防火要求。

(2) 水泥

1) 袋装水泥按厂家、品种、批号、标号堆垛,并挂有明显标识,且底层离开地面30cm,堆高不超过10包,离墙保持20~30cm空隙,并做到"先进先用,零星先用"。水泥库做到上不漏水,下排水畅通,满足防潮要求。

2) 散装水泥应储存于密封良好,能确保上进下出的罐体中。有夏期高温施工时,应在罐体设置降温设施。

3) 过期水泥应重新鉴定其强度等级并经现场监理同意后,方可在规定的范围内使用。结块、板结的水泥不得用于永久性工程。

(3) 钢材

1) 材料标识牌设置规范,详细标识钢材的直径、产地、用途和检验状态。

2) 钢筋与钢筋加工场要统一考虑布置,并按进场、加工和使用的先后顺序,按型号、直径、用途分门别类垫方木摆放。

3) 加工好的半成品要规范堆放,施行"工厂化"管理,即按钢筋的编号分类堆放,标明型号、品种、规格、尺寸等,且堆放整齐。

(4) 粗、细骨料

1) 砂、石等混凝土粗、细骨料堆放场地需进行硬化,并保持排水通畅。

2) 材料标识牌设置规范,详细标识材料的名称、产地、用途和检验状态。

3) 宜堆放在距离搅拌站较近的位置。

4) 夏期施工应有必要的遮挡或降温设施,保证夏期混凝土施工需要。

(5) 火工品

1) 施工现场的爆炸物品必须储存在公安机关批准并验收合格的临建炸药仓库,由取得上岗证的保管、看守员昼夜保管、守护。

2) 爆破器材临时存放仓库的设置：库房要与居民区、工厂、公共建筑保持安全距离，必须符合防爆、防雷、防潮、防火、防鼠、防盗等要求，具有良好的通风和防爆照明设备。药、管要分库设置，距离不小于 30m。要设置灭火器、砂等必要的消防器材，仓库内应设置自动报警装置。

3) 库存量不准超过公安机关批准的容量，不准混放，爆炸物品堆码应垫高 200~300mm，置放雷管时必须铺设胶质皮垫。

4) 工作人员住房和看守房必须设在库外，看守房位置、高度，以能瞭望全库和周围情况为准。爆破器材入库要严格检查验收，履行出入库手续和清点核对交接制度。对同品种、同规格的爆破器材要遵循"发零存整、发旧存新"，即先进先出的原则。实行双人双锁制度。收存、发放按制度在爆炸物品登记簿上进行登记、签字，做到账目清楚，手续齐备，账目相符。

5) 运输爆炸品的车辆，必须在排气管口装防火罩，按指定路线限速行驶；炸药和雷管应分别在两辆专车内运送，两车间距大于 50m，并派专人护送，运行中显示红旗或红灯。雷管装载量不准超过车辆额定载重的 2/3，其他爆炸品的装载量，不准超过车辆的额定重量。装运车辆必须加棚加锁或使用集装箱运输；不准他人乘坐；不准装载其他物品。

6) 爆破器材的运输过程中，要高度重视雷雨天气的防范。雷电将临时，立即停止所有炸药运输和短程搬运，所有人员立即撤至安全地点，并迅速将雷电来临和雷电已过的信息，通知爆破作业区人员。

5. 施工便道

(1) 施工现场的道路应保证通畅，并与现场的存放场、仓库、施工设备等位置相协调，应符合现行《铁路大型临时工程和过渡工程设计暂行规定》（铁建设［2008］189 号）的有关标准，满足施工车辆的行车速度、车流量、载重量等要求。

(2) 施工便道分为主干线和引入线，施工主干道线尽可能地靠近管段各主要工点，引入线以直达用料地点为原则。

(3) 应尽量避免与既有铁路、公路平面交叉。便道干线不宜占用路基，特殊地段必要时可考虑短期占用路基，但应采取短期临时过渡性措施，尽量缓解干扰。

(4) 根据施工便道与建筑物、城市道路等的关系，在转角、视线不良地段需设置醒目的警示装置。

(5) 在跨越河道便桥上，要根据计算承载力和宽度设置限高、限重、限速标志牌，便桥两侧设置防坠落护栏，其高度符合相关要求。

6. 弃土场选址

瓦斯隧道弃土场的选择较为重要，因为瓦斯隧道开挖出来的弃渣一般不是纯净的岩石，而是煤、煤与矸石的混合物。首先，弃土场的煤、矸石暴露在空气中加快了煤体、煤矸石内瓦斯的释放，若距离隧道洞口过近，风向的改变会致使污浊空气被倒吸入洞内，以使风机效益降低，同时加大洞内危害和危险程度；其次，大量岩石、煤、煤矸石的堆积堆压、暴露，会造成矸石堆加快氧化，雨水冲刷产生大量的热能，热量不能及时释放而引发自燃，自燃将产生大量的污染空气的废气，同时自燃后弃渣堆松散，容易诱发崩坍、流失；若弃土场矸石堆自燃排放的废气被吸入洞内，危害更大，同时对现场临时驻地、周边社区环境影响极大，对周边生态植被破坏严重；弃土场不能按照传统观念设置在低洼、冲沟、深沟中，天然水源或雨水将加速矸石堆的氧化反应,同时若在自然冲沟中设置弃渣场,水流进过弃渣堆后将严重变质,水流所到之处将破坏土地、植被、地下水资源,危害更大。

因此,弃土场的选址应尽可能避开水源点、低洼地带、自然深沟、河流、湖泊等位置,宜选择在开阔无水源、远离洞口、远离人口聚集地带,同时弃渣之前充分考虑和制订治理方案,否则弃渣后的环境影响因素增多,治理难度和费用加大。

3.5.6 其他施工准备

(1) 施工单位应在开工前,熟悉、核对勘察设计文件,对包括瓦斯灾害防治等在内的问题进行归类,以书面形式报送监理、设计、建设等单位。

(2) 配备与瓦斯工区等级相符合并经检定合格的瓦斯检测、测风仪器、仪表或瓦斯自动监测报警系统。

(3) 安装可靠的双电源供电系统或备用发电机组。

(4) 根据瓦斯隧道通风专项设计,配置可靠的主风机和备用风机,设两路电源,进洞风机装设风电闭锁、瓦斯电闭锁装置,风机性能满足设计要求。

(5) 建立完善的人员、设备进洞管理制度,洞口设立值班室,严格进洞管理人员值班制度。

(6) 按计划配备进洞作业人员安全防护用品、应急救援物资和消防设施。高瓦斯工区及瓦斯突出工区施工应与附近有资质的矿山救护队签订服务协议。

(7) 施工现场标志、警示标牌设置在工地醒目处。

(8) 依据喷射混凝土和衬砌结构混凝土的瓦斯防渗等级要求,进行气密性混凝土的配合比设计和试验。

(9) 设计、加工衬砌模板台车应优化台车支撑体系,减小回风阻力,保证通风风管平顺通过。模板台车加工完毕,应按程序报监理验收。

3.6 安全培训及人员资质要求

1. 瓦斯隧道开工前,参建单位应组织相关人员进行瓦斯隧道施工专项安全培训,并经考核合格后方可上岗。参加培训的范围:

(1) 建设单位

参与工程管理的建设单位工程管理、安全质量监督部门主管人员。

(2) 监理单位

参与工程监督管理的监理单位:总监理工程师、总监代表、安全监理工程师、隧道主管工程师以及主管瓦斯隧道的其他监理工程师、监理人员。

(3) 施工单位

参与工程实施的施工单位:项目经理、技术负责人、项目副经理、安全负责人、工程技术人员、安全质量人员、劳务(专业)分包负责人、劳务(专业)分包队伍管理人员、班组长、爆破员、电工、瓦检员、通风员以及所有进洞作业人员。

2. 瓦检员、爆破员、电工、焊工等特种作业人员必须经有资质的机构培训,经考核合格方可持证上岗。

3. 瓦斯隧道施工前的安全培训主要内容为：有关防治瓦斯灾害知识、瓦斯隧道安全施工技术及技术交底、特殊材料、设备的应用、维护与管理、瓦斯灾害的预防、处置和抢险等。

4. 人员安全培训按《煤矿安全培训规定》（国家安全生产监督管理总局第52号令）和《安全生产培训管理办法》（国家安全生产监督管理总局第44号令）执行。

5. 施工单位在开工前应对管理人员及操作人员进行安全培训和身体检查，聘用经考核、检查合格的人员从事瓦斯隧道施工及管理。监理单位应对施工单位的安全培训和身体检查记录进行检查，作为施工单位开工条件检查项之一。

6. 安全教育培训的形式

安全生产教育有九种形式：新工人"三级安全教育"；转场安全教育；变换工种安全教育；特种作业安全教育；班前安全活动交底；周一安全活动；季节性安全教育；节假日安全教育；特殊情况安全教育。

（1）施工单位项目经理、项目副经理、技术负责人必须经施工单位的安全技术培训，其安全教育和培训时间不得少于48学时，经考试合格后方准上岗。每年接受安全生产教育和培训的时间不得少于16学时。

（2）施工单位项目基层管理人员、劳务（专业）分包负责人、劳务（专业）分包队伍管理人员必须经项目经理部的安全技术培训，其安全教育和培训时间不得少于64学时；考试合格后，必须在有安全工作经验的管理人员带领下满4个月后经考核合格，方可独立工作。每年接受安全生产教育和培训的时间不得少于24学时。

（3）操作人员必须经项目经理部的安全技术培训，其安全教育和培训时间不得少于72学时；考试合格后，必须在有安全工作经验的操作人员带领下满4个月后经考核合格，方可独立工作。每年接受安全生产教育和培训的时间不得少于20学时。

（4）施工现场管理人员及操作人员除进行安全技术培训外，还需进行身体健康检查，存在以下病症之一者，不得进洞作业：

1）活动性肺结核病及肺外结核病。

2）严重的上呼吸道或支气管疾病。

3）显著影响肺功能的肺脏或胸膜病变。

4）心、血管器质性疾病。

5）风湿病（反复活动）。

6）严重的皮肤病。

7）癫痫病和精神分裂症。

8）高血压、心脏病、深度近视。

9）经医疗鉴定，不适于从事粉尘工作、井下工作的其他疾病。

另外，瓦斯隧道施工安全风险极高，经常不遵守规章制度和安全管理规定的人员不得进入瓦斯隧道施工。

（5）从事特种作业的人员必须经过专门的安全技术培训，经考试合格取得操作证后方准独立作业。轨道交通工程瓦斯隧道特种作业类别包括：瓦检员、爆破员、电工、焊工等。对特种作业人员的培训、取证及复审等工作严格执行国家、地方政府、《煤矿安全培训规定》（国家安全生产监督管理总局第52号令）和《安全生产培训管理办法》（国家安全生产监督管理总局第 44 号令）的有关规定。对从事特种作业的人员要进行经常性的安全教育，时间为每月 1 次，每次 4h。教育内容为：

1）特种作业人员所在岗位的工作特点，可能存在的危险、隐患和安全注意事项。
2）特种作业岗位的安全技术要领及个人防护用品的正确使用方法。
3）曾发生的事故案例及经验教训。

3.7 电气设备、作业机械要求

1. 高瓦斯工区和瓦斯突出工区电气设备、作业机械必须是隔爆型；作业机械隔爆改装，必须委托有相应资质单位实施改装，改装后必须进行隔爆试验和验收。
2. 瓦斯隧道电气设备的选择应满足现行国家、行业、部门相关法律、法规、规范和标准的要求。
3. 临时用电及电气设备安装，必须经企业技术负责人组织专业电气工程师实施验收。
4. 严禁高压馈电线路单相接地，严禁配电变压器中性点直接接地；低压馈电线路上必须装有自动切断漏电线路的检漏装置。
5. 高压固定电缆和开挖工作面的电缆必须采用铜芯；电缆与电气设备必须使用齿形压线板或线鼻子连接，且接线盒内必须填充绝缘物。
6. 开挖工作面必须采用 ExdⅠ型矿用防爆照明灯，移动照明必须使用防爆矿灯。
7. 所有进洞线路，包括动力电缆、照明电缆、瓦斯监控系统电缆及通信电缆均必须在洞口安装避雷器。

3.8 门禁系统的设置要求

1. 洞口建立门禁监控室
（1）应制定专人负责进洞管理工作，对出入隧道的人员、机具、设备、物资等实施 24h 管控。
（2）严禁携带火种、电池电源、移动通信设备、非防爆相机、穿着产生静电的服装进入瓦斯工区。
（3）进入高瓦斯、瓦斯突出工区人员必须携带隔绝式自救器。
（4）未经防爆改装并验收合格的车辆及设备不得进入瓦斯工区。
（5）应建立进洞人员登记台账，确定进洞人员姓名、工作性质。
2. 洞口设置值班室。值班室内应配置瓦斯自动报警器和有线座机电话，随时保持与洞内联系，并传达施工情况和安全紧急报警。
3. 洞口应设置更衣室，进洞人员更换纯棉质等非静电工作服后才能进入。
4. 洞口应设置静电消除器。进洞人员必须经过门禁系统时手触静电消除器消除随身静电。
5. 洞口应配置手持金属探测器。对进洞人员应进行扫描检查，违禁物品严禁进洞。
6. 洞口人员应配置定位仪。进洞人员必须携带定位仪，以确定其洞内位置。

3.9 施工防火、防爆、消防、通信、应急要求

1. 防火防爆设备、设施应由项目部物资设备部门按照施工组织设计的要求、标准统一采购，并建档管理。

2. 防火防爆设备、设施安装完成后，项目部应组织检查验收，合格后方可投入使用。

3. 项目部每月应由项目生产副经理或安全总监带队组织一次防火、防爆、消防设备设施检查，工区负责人每天应对防火防爆设备进行巡视检查，发现问题及时处理。

4. 严禁带电检修、搬迁电气设备，防爆电气在进洞前应由设备管理部门进行安全检查，合格后方可使用。

5. 洞内施工应严格遵守动火管理制度。

6. 瓦斯工区内应按要求设置消防管路，每100m设置消防水阀；在盾构、模板台车、作业区、动火地点应配置灭火器和消防水管。

7. 掌子面和洞口值班室应设置有线防爆联络电话，确保洞内外信息畅通。洞内领工员和洞口值班人员应配置状态良好的防爆对讲机。通信线路应在隧道洞口处装设熔断器和避雷器。

8. 编制瓦斯隧道工程施工阶段安全评估报告，制定风险控制措施以及瓦斯灾害突发事件的预警和应急预案；做好应急预案准备，瓦斯工区施工前应开展应急演练。

4 地铁瓦斯地质超前探测

本章重点介绍了地铁瓦斯地质超前探测的意义、任务、方法,特别对超前地质探测的不同方法进行了详细阐述,如地质调查法、物探(地质雷达、TSP 等)、超前钻探及其他方法等的原理、探测流程、成果上报、安全措施及组织管理。

4.1 地质超前探测意义

当前,我国每年在基础设施建设尤其是隧道建设方面投入了巨大资金,特别是在我国中西部地区,在这些地区建设隧道工程常常需要穿越不良地质构造区如断层、破碎带、岩溶、富水构造等区域,而这些不良地质构造给隧道施工建设增加了安全隐患,延缓了施工进程。在地形条件差和地质构造复杂的地区,地下水丰富,断层带、褶皱、节理裂隙等构造比较发育,隧道围岩所处的工程地质条件较差,增加了隧道施工难度和危险。在这些地区修建隧道经常会出现隧道开裂、侧移、塌方冒顶、突泥、涌水、诱发山体滑坡、岩爆等工程地质灾害。隧道在开挖的过程中,对隧道掌子面前方围岩性质的预测不准确以及工程防治措施不当将会导致很严重的地质灾害(隧道掌子面突水突泥、溶洞等)和工程安全问题(隧道掌子面塌方、初期支护坍塌等),这不仅会延误隧道工期还会影响到隧道安全施工甚至造成安全事故,带来巨大的经济损失;然而过多的不必要防护又会使施工成本成倍地增加。随着经济的快速发展,新建隧道也将越来越多,面临的地质问题也越来越复杂多变,对隧道建设施工的安全要求也越来越高,超前地质预报在隧道建设过程中起到的作用也越来越大。为保证隧道工程施工质量、工期和人员设备安全,隧道超前地质预报已成为保障施工的重要环节,隧道地质超前预报工作必不可少。

在地铁隧洞施工中掌握工程建设影响范围内的工程地质环境是非常重要的,对施工区域前方地质的掌握程度是影响工程建设顺利进行的决定性因素。尽管施工前勘察设计单位做了大量的地质勘察工作,但对施工区域的地质情况只是停留在表面的地质调查和深层钻探,而钻探又只是"一孔之见",且费用极其昂贵,不可能面面俱到,所以设计资料所提供的地质资料与实际施工所遇到的地质情况可能差别较大。隧道在掘进的过程中,经常可以遇到勘察时没有探出的不良地质区域,而正是各种不确定的不良地质体,给施工单位造成突然袭击,出现安全问题,在很大程度上影响了隧道安全施工。为了确保隧道能够安全顺利地进行施工,隧道施工中预防地质灾害成了开挖隧道的重中之重,在一定程度上隧道超前地质预报已经成了隧道甚至整个地下工程施工过程中的一个重要的组成部分。

隧道超前地质预报通过对隧道内的地质勘察、开挖面的地质描述、隧道开挖时所反映出来的洞内围岩变化趋势、洞外的地形构造的分析，结合物探技术对隧道开挖掌子面前方以及隧道掌子面四周的地质情况进行探测，掌握掌子面前方的地质信息，合理采取开挖及支护方式和应急措施，防止地质灾害的发生。具体来说，隧道超前地质预报可对隧道掌子面前方的断层破碎带的展布状态、岩体完整性、含水状况等影响正洞施工的不良地质体做出详细的描述，是对勘测设计资料的补充和完善。施工单位及设计单位等相关单位根据隧道超前地质预报的结果可以进行以下施工活动：（1）变更及优化与勘测结果不符区段的隧道设计；（2）指导正洞的正确施工，避免发生塌方、突泥突水等灾害；（3）指导制定正确的隧道施工组织，做到事先心中有数，缩短或不推迟施工工期等。

我国作为一个多山多城市的国家，隧道交通是市内交通及城市与城市交通的重要组成部分，在某种程度上，隧道建设可以说是城市发展的咽喉，隧道工程建设的质量和数量在一定程度上代表了国家的发展速度。引用王梦恕院士曾经说过的一句话："如果20世纪是桥梁和地面发展的黄金时代，那么21世纪就是隧道与地下空间迅速腾飞的年代，不仅山区公路隧道和城市公路隧道与铁路隧道的总里程会继续急速增加，而且以往埋深较浅的单座隧道也朝着埋深大、里程长的趋势发展"。由此可见，隧道在21世纪社会发展中具有重大意义，隧道超前地质预报的工作也就任重而道远了。

4.2 探测主要任务

根据隧道的地质特点和灾害的性质，地质超前预报任务如下：

1. 断层、节理构造带及导气构造的地质超前预报

通过超前物探探测出掌子面前方的断层、节理构造带等地质构造情况，然后再通过超前地质钻探验证物探异常，从而预报掌子面前方岩性、地质构造情况，为及时采取安全施工措施创造必要的条件。

2. 天然气（瓦斯）赋存情况的预报

对掌子面前方可能的瓦斯赋存地质体（砂层、构造破碎带等）的瓦斯情况进行探测；通过对超前钻孔内涌出瓦斯情况，结合测压及瓦斯浓度检测，初步确定瓦斯赋存情况。

3. 地下水的预报

地下水的大量存在，可以软化、恶化围岩，这一点在隧道区域将表现得尤为突出。因为，隧道不仅含有围岩软弱、破碎，以泥岩夹砂岩为主，而且富含亲水性矿物质，致使岩石具有膨胀性。围岩强度对地下水很敏感，必须做好构造含水情况的预报。

4.3 探测的主要方法

基于以上对于隧道地质条件的分析和各种物探方法原理的阐述，隧道地质超前预报设计见表4-1。

4 地铁瓦斯地质超前探测

隧道地物整合地质超前预报方案设计表　　　　表 4-1

序号	方法	内　　容	备　　注
1	地质调查与分析	分区域和隧道两个层面,前者在对区域地质资料、勘察资料等数据分析的基础上,结合现场踏勘,对可能地质缺陷的性质、规模、大致的位置做到心中有数。作为施工过程中地质超前预报的工作基础。 后者围绕隧道施工,在前述工作的基础上,利用物探和地质编录、超前钻孔所揭示的地质信息,进一步分析不良地质体的性质,实施精确预报。成果体现在各次地质超前预报报告中	初期宏观预报与施工过程中预报
2	地质描述	隧道施工过程中及时调查、记录围岩地质、构造信息,修正宏观预报结论和物理探测解译标志,提高预报精度	此项结合隧道施工监控量测一起做
3	TSP	岩体软弱破碎地段单次探测 80~100m,搭接 10m;岩体完整地段单次探测 100~120m,搭接 10m	全线满布式探测
4	地质雷达	断层破碎带、软弱夹层等地质异常体,跟踪循环探测 30m,搭接 5m	断层破碎带、软弱夹层布置
5	超前钻探	全隧道覆盖,根据 TSP 探测结果,正常地段,不少于 3 个钻孔,异常地段 5 个钻孔。探测瓦斯赋存、含水、构造等	跟踪循环探测(施工过程中视地质条件变化,对超前水平钻的频次和数量进行调整。即当遇到地质破碎带断层时,加强;当围岩完整时,适当减少)

4.4 技术方法分类

4.4.1 地质分析预测法

地质分析预测法主要是依靠工程地质调查、地质编录与推断进行隧道地质超前预报;地质分析预测法的主要工作是通过地表和隧道内的工程地质调查、编录与分析,了解隧道所处地段的地质结构特征,推断前方的地质构造发育情况。工程地质调查的内容包括地层与岩性的产出特征,断裂构造与节理的发育规律,岩溶带发育的部位、走向、形态等。工程人员根据地质调查结果结合施工开挖断面揭露的地质信息,预测隧道开挖面前方可能出现的不良地质的类型、部位、规模,以便隧道施工中采取合理的工艺与措施,避免事故发生。在隧道埋深较浅、构造比较简单的情况下,这种预报方法有很高的准确性,但对于构造比较复杂的地区和隧道深埋的情况,该方法工作难度较大,准确性难以保证,必须借助于地球物理方法才能取得较好的效果。

1. 地面地质调查法

地面地质调查法是隧道地质预报中使用最早的方法。该方法是通过调查与分析地表工程地质条件,了解隧道所处地段的地质结构特征,推断前方的地质情况。其调查的内容包括地层与岩性的产出特征、断裂构造与节理的发育规律、岩溶带发育的部位、走向、形态等,预测隧道掌子面前方的不良地质体可能的类型、出露部位、规模大小等,以便隧道施工中采取合理的工艺与措施,避免事故。这种预报方法在隧道埋深较浅、构造不太复杂的情况下有很高的准确性,但是在构造比较复杂地区和隧道深埋较大的情况下,该方法工作难度较大,准确性较差。

2. 地质素描法

在设计勘探阶段由于时间、人员、资金和自然条件的限制，一般很难细致地掌握围岩实际的工程地质和水文地质情况，也不可能对隧址区进行密密麻麻的钻孔勘探，这就注定了勘探成果与实际开挖区地质情况存在一定的差异，需要通过掌子面岩层鉴别、量测、描述和对比。地质素描法以地质理论和作图法为理论依据，将隧道开挖时掌子面处的地质构造情况、地层岩性现象、地下水出露点位置及出水状态、结构面产状、出水情况、煤层情况、是否存在溶洞等准确地记录下来并绘制成图表，将其与现有的勘测资料相结合，来对隧道掌子面前方地质情况的预测预报，重新判别围岩的类别。

地质素描法具有设备比较简单，只需要地质罗盘仪，且操作方便，占用隧道施工时间较少，资料提交及时，还能为隧道整条线路提供完整的地质情况资料，不需要较高的费用。但实用性也很局限，当不整合面对与隧道交角较大时，就不容易观察出不良地质情况，容易忽视前方地质异常区域，因此对于地质描述法，人员必须要有较强的地质知识水平和丰富的经验，最好是地质专业人员。

4.4.2 物探探测方法

地球物理的超前预报方法多种多样，目前应用较多的主要有地质雷达法、TSP 地震波反射波法和瞬变电磁探测技术等技术。后一种则是新近引入隧道的超前预报方法，并且作为对水体敏感的超前预报技术也是两种有相当的发展前景的岩溶地质环境的隧道施工期超前预报新技术。

1. 地质雷达探测技术

地质雷达（Ground Penetrating Radar，简称 GRP）是目前国内外普遍推崇的先进物探设备。它与对空雷达在原理上十分相似，是一种基于地下介质的电性差异对地下介质或物体内不可见的目标或界面进行定位的电磁技术。地质雷达是目前工程地球物理方法中分辨率最高的探测方法之一，在工程质量检测、场地勘察中被广泛采用。

地质雷达探测通过发射天线将高频电磁波以宽频带脉冲形式定向送入地下，经存在电性差异的地下地层或目标体反射后返回地面，被接收天线所接收。高频电磁波在介质中传播时，其路径、电磁场强度和波形将随所通过介质的电性特征及几何形态而变化。故通过对时域波形的采集、处理和分析，可确定地下界面或目标体的空间位置及结构，可探测确定掌子面前方构造断裂、软弱夹层、岩溶洞穴等的分布位置以及探测确定隧道洞周以外岩溶洞穴的分布位置。探地雷达是通过定向发射和接收高频电磁波来实现探测目的，其工作原理是电磁波在不同岩土介质中传播时，由于介质的电磁波阻抗不同，遇到波阻抗界面发生反射，根据接收到的反射波走时信息可推断和确定界面的位置。介质的波阻抗大小主要取决于介电常数（与介电常数的平方根成反比）。空气是自然界中介电常数最小、电磁波速最大的物质，介电常数为 1，电磁波速为 0.3m/ns。各类干燥的岩石与土的介电常数界于 3～9 之间，电磁波速为 0.1～0.2m/ns。水是自然界常见的物质中介电常数最大、电磁波速最低的介质，介电常数为 81，电磁波速约 0.03m/ns。水和空气与岩土介质的介电常数差异很大，电磁波在它们的接触界面会产生较强的反射，所以岩体中的饱水带、破碎带、溶洞很容易被地质雷达探测发现。

地质雷达探测能较好地识别开挖面前方的围岩变化、构造带特别是饱水破碎带和空洞,在隧道深埋、富水地段和溶洞发育地段,探地雷达是一种较好的预报手段。但是,目前地质雷达探测的探测距离较短,一般在 20～30m 以内,对于长隧道的预报只能进行短距离的分段预报,同时雷达探测易受隧道侧壁、金属构件、机电设备、车辆、机具、电线等产生的反射干扰,在处理分析中要特别注意剔除干扰和波相识别。

2. TSP 超前预报技术

TSP(Tunnel Seismic Prediction)超前预报系统是 20 世纪 90 年代初由瑞士 Amberg 测量技术公司开发的隧道超前预报技术,在美国、欧洲、亚洲都有广泛应用,中国也先后引进了该公司的 TSP202、TSP203、TSP200 等超前预报系统。TSP 是一种隧道内地震反射预报方法,它采用地震方法对隧道地质情况进行探测,属多波多分量高分辨率地震反射波探测技术。

TSP 探测方法的工作原理是通过少量炸药产生激震波,激震波在岩石中传播,当这种球面波到达地质缺陷(如地层层面、破裂面、破碎带、溶洞等)时,就会返回一个反射波,同时,在隧道内布置有高灵敏度的地震检测器,以接收到这种反射信号。根据波的基本特性,反射信号的返回时间与从震源到反射面处的距离有关,而且还可通过分析反射信号的强度来判断断裂面的方向、性质、大小,并据此推断隧道前方断裂面的物理力学参数与断层参数。TSP 超前预报技术与常规地震反射波探测技术不同之处,在于该系统采用地震波反射原理,能长距离地预报隧道施工前方的地质变化,包括软弱岩层的分布、断层及其影响带、裂隙发育带、含水情况、岩溶等,其预报范围大于 150m。

TSP 系统的处理分析软件为 TSPwin,能对接收到的反射纵波 P、横波 SV、横波 SH 进行分离后分别处理。TSP 的接收传感器是一个三分量检波器,埋入隧道侧壁岩体中 1.5～2.0m,激发点布置在隧道同侧边墙岩体内 1.5m 等间距排列,激发点与接收点布置在一条平行于隧道轴线的直线上(TSP 探测方法工作原理如图 4-1 所示)。在资料处理方法上,TSP 技术与"负视速度法"有本质的不同,TSP 不采用读取走时曲线数据反演方法,而是使用了深

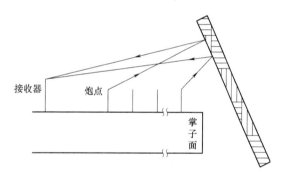

图 4-1 TSP 法工作原理示意图

度偏移成像方法,在偏移成像之前进行二维 Radon 变换,利用视速度的差异消除了与隧道走向近乎平行界面的反射波。

TSP 技术的最大特点是资料处理采用了地震偏移成像技术,这使 TSP 探测技术具有直观性好,操作方便,强弱反射震相都参与成像计算,适合复杂地质条件,实用性较好的特点。TSP 方法的不足之处也很明显:(1)呈一字形的观测方式过于简单,不利于波速确定和分析扫描,因而影响到反射面的定位精度不够;(2)在应用 TSP 超前预报进行纵横波分离时需要假定岩体的泊松比,这在很大程度上依赖于工程人员的经验和对围岩所处地质条件的了解,参数选取的是否合理、正确将直接影响横波速度分离和分析的效果。目前,国内使用 TSP 系统在铁路、公路和水利水电领域的隧道工程施工中全程进行超前地质预报,结合地质调查和地质雷达等方法进行综合预报取得了较好的地质效果。

3. 瞬变电磁探测技术

瞬变电磁探测法最早由加拿大地球物理学家提出,苏联研制出第一台实体装置,最早

在地球物理勘探领域应用于矿产勘察，近年来应用到隧道超前地质预报领域。瞬变电磁探测法是一种采用阶跃电磁脉冲激发，利用不接地回线向掌子面前方发射一次场，在一次场断电之后，测量由介质产生的感应二次场随时间的变化，来达到寻找各种地质目标的时间域电磁法超前预报方法。它的测量原理是利用不接地回线（或电偶源）向掌子面前方发送一次脉冲磁场或电场，即在发射回线上供一个电流脉冲方波，方波后沿下降的瞬间，将产生一个向前传播的一次瞬变磁场，在该磁场的激励下在地质体内产生涡流，其大小取决于该地质体的导电能力，导电能力强则感应涡流强。在一次场消失后，涡流不能立即消失，它将有一个过渡过程衰减过程，该过渡过程又产生一个衰减的二次场向前传播。用接收线圈接收二次磁场，该二次磁场的变化，将反映地下介质的电性情况，在接收机中按不同的延迟时间测量二次感应电动势，得到二次场随时间衰减的特性。

在隧道内运用瞬变电磁法探测时通过控制与隧道施工开挖面耦合的一个大线圈（发射线圈）产生电磁波，隧道前方含水构造或富水带受此电磁波感应而产生感应涡流，接收线圈接收感应涡流产生的感应电磁场，通过分析感应电磁场的变化推断前方围岩含水情况，前方含水构造或富水带在剖面图上呈现低电阻反映。由于隧道内的探测是在全空间环境下进行，不同于在地表勘探的半空间情况，所以，隧道内的探测必须采用全空间条件下的理论与方法。在目前的瞬变电磁法探测中，处理解释使用的等效导电平面法就是建立在全空间理论基础上的，是根据视纵向电导曲线的特征值直观地划分地层的一种近似的分析解释方法，因此等效导电平面法又称"视纵向电导解释法"。该方法可以形象地理解为随着时间 t 的增减，等效导电平面以 $1/\mu_0\sigma$ 速度在上下"浮动"，所以又称"浮动薄板解释法"。瞬变电磁探测法对低阻、导电的薄层反应比较灵敏，有利于探测富水断层和饱水破碎带。

4.4.3 超前钻探预测法

超前钻探预测法根据钻进速度的变化、钻孔取芯鉴定、钻孔冲洗液颜色、气味、岩粉及遇到的其他情况来预报开挖面前方的地质情况。超前钻探预测法可以反映岩体的大概情况，比较直观，施工人员可根据钻探结果进行下一步施工组织，是施工预报比较有效方法之一。超前钻探预测法探测垂直隧洞轴线的地质结构面预报效果较好，探测与隧洞轴线平行的结构面预报较差；需占用较长的施工作业时间，费用较高。目前国内采用这种方法进行隧道施工期地质超前预报主要在水工隧道工程中，国外已经较为普遍，英吉利海峡隧道、日本青函海底隧道更是大量采用了超前钻孔进行施工期地质超前预报。在实际工程中超前钻探预测法可以分为深孔钻探和加深炮孔探测。

1. 深孔探测

隧道超前钻孔是利用钻机在隧道施工掌子面进行水平地质钻孔以获取隧道掌子面前方围岩地质信息的一种超前地质预报手段。深孔探测可较为直观地观察钻孔所穿过部位的地层岩性情况、裂隙度、岩体完整程度、溶洞大小、有无涌水突水，根据出水量的多少也可测出水压高低等。当隧道穿越煤系地层时也可以通过钻孔进行煤与瓦斯参数测定，了解实际情况，采取相应的防治措施，防治煤与瓦斯危害。隧道超前钻孔与物探方法相比，具有较为客观和直观具体的特征，避免了物探手段的不确定性和多解性的缺点。但是隧道超前钻孔费用较高、占用施工时间长。从理论上讲，当超前钻孔用于预测溶洞时，由于溶洞发育的多变性、复杂性，有限的几个钻孔也很难准确地将隧道掌子面前方的岩溶提前预报出来。

2. 加深炮孔探测

加深炮孔探测是运用风钻和掘岩台车在掌子面钻水平浅孔（一般比隧道爆破钻孔长 3～5m，钻孔数量在 5% 左右，因实际情况而定）来获取地质信息的一种手段。加深炮孔探测一般是作为探测断层破碎带、岩溶发育区、突水涌水段的一种补充手段，其数量可根据实际情况而定，有时探测效果非常明显，但是加深炮孔探测的探孔孔浅，且不能取岩芯，不能判断岩性。

4.4.4 其他方法

1. 超前导坑法

超前导坑法可分为超前平行导坑和超前正洞导坑。平行导坑的布置平行于正洞，断面小而且和正洞之间有一定的距离，在施工过程中对导坑中遇到的构造、结构面或地下水等情况作地质素描图，通过做地质素描图对正洞的地质条件进行预报。采用超前平行导坑进行预报比较直观、精度高、预报的距离长，便于施工人员安排施工计划和调整施工方案。平行导坑超前的距离越长，预报也越早，施工中就有充分的准备时间，可以增加工作面，加快施工进度，还可以起到排水减压放水，改善通风条件和探明地质构造条件的作用。

超前正洞导洞（坑）法则是先沿隧道正洞轴线开挖小导洞（坑），探明前方的地质情况，再将导洞坑扩为隧道断面，其作用与平行导坑相比，效果更好。但是采用超前导坑法进行预报也有缺陷：一是成本太高，有时需要全洞进行平导开挖；二是在构造复杂地区准确度不高。国内采用正洞导坑法的并不多见，北京京藏高速公路隧道部分地段的施工过程中采用了超前正洞导洞（坑）法。

2. 红外辐射测温法

地球上部岩体的温度主要受地球地热场的影响，地热场的平均变化为每公里深度增加 30℃，而在水平方向，地热场的平均变化远远小于该量，因此，隧道开挖深度的岩体，可视为位于一均匀温度场中。当开挖掌子面前方存在含水地层（溶洞、裂隙水等）且该含水层与岩体存在温差时，岩体中将产生热传导和对流作用，温度场不再为恒温场，而将产生温度异常场，在一定的距离和观测精度条件下，利用红外辐射测温方法测定掌子面上存在着温度差异，这种温度变化差异可为含水层的超前预报提供依据，这就是红外辐射测温超前预报含水层的物性基础。因此，研究岩体含水层温差引起的温度异常场的分布规律，对该方法的探测能力、资料解释都是极其重要的，红外辐射测温法在渝怀铁路圆梁山隧道超前地质预报中取得了较好的效果。

3. 红外线探水预报

地质体向外发射红外辐射时必然会把其内部的地质信息以红外电磁场的形式传递出来。红外探测法就是通过接收和分析开挖面前方、侧壁、拱顶、隧底围岩红外辐射信号进行超前地质预报的一种物探方法。

当隧道开挖面前方和隧道外围介质相对比较均匀且不存在隐蔽灾害源时，探测所获得的红外探测曲线具有正常场特征。当隧道开挖面前方或隧道外围空间 30m 范围存在隐蔽灾害时，隐蔽灾害源产生的灾害场就一定会叠加到正常场上，使正常场中的某一段曲线发生畸变即红外异常，根据红外异常曲线就可以推断含水带的位置和大致范围。

任何物体都会发射出不可见的红外线能量，形成一个红外能量场，其能量的强弱取决于物体的发射率大小，也就是与物体的表面特征和岩性有非常大的关系。当一个稳定的地质体被作为探测对象的场源时,由地质体产生的红外场的强度与探测到的场强基本一致,所测得的红外场为正常场。如果地质体中含有地下水,那么地下水场源产生的红外场会影响地质体场源所产生的红外场,使其场强发生变化,地质体及所含地下水产生的红外场强可用红外探水仪进行探测。在红外探水法超前地质预报中,主要通过探测围岩红外场强的变化来预测掌子面前方或洞壁四周是否有隐状含水体,通过测量围岩场强沿隧道开挖段纵向的变化规律来推断掌子面前方是否有隐伏含水构造体,避免突泥突水造成伤亡事故的发生。

红外探水法超前地质预报现场测试方法主要有两种:一种是在隧道掌子面上,分成上、中、下及左、中、右共6条测线,在测线的交点处测取9个数据,然后比较这9个数据差值的大小,如果差值较大,一般可判前方有水,如图4-2所示;另一种是在已挖地段从掌子面向外按左边墙、拱顶、右边墙的顺序每隔5m或3m测取一组数据,共测取50m或30m,将所测红外辐射数据绘制成曲线,然后根据所绘曲线的起伏趋势来判断掌子面前方是否含水,如图4-3所示。

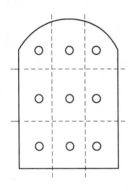

图4-2 掌子面上红外探测点分布图　　图4-3 沿纵向红外探测点分布图

如果在掌子面上读取的9个数据的最大差值大于$10\mu W/cm^2$,依据规范可初步判断掌子面前方有水;如果沿洞壁探测数据绘制的红外辐射场强曲线稳定,可判定掌子面前方无水,如果曲线呈上升或下降趋势,可以判断前方有水。红外探水法超前地质预报是可以对隧道整个空间进行全方位的探测,外业操作非常简单、效率较高,对于隧道外围空间及掌子面前方30m范围内的隐伏含水构造均可以探测,占用时间少,可在施工间歇期间测试。但红外探水法只能判定掌子面前方有无水,对水量大小、水的赋存状态及水的赋存体的具体里程位置不能定量解释。

4. TRT反射地震层析成像方法

TRT(True Reflection Tomography)技术是在20世纪末由美国NSA工程公司研究开发的,其全称是"真正反射层析成像",21世纪初在欧洲、亚洲开始应用,TRT技术进行隧道超前预报的第一个实例是Blisadona隧道。TRT层析扫描超前预报系统是用来指导隧道现场施工、地层岩层绘图、描绘地下水情况以及地质内填埋物的探测、判断地下软弱夹层之类的不良地质的具体位置的最新研发出来的超前地质预报系统。

TRT是以层析扫描技术为基础,层析扫描技术可以同时采用多种震源点为震源,发射出沿隧道开挖方向或者沿采矿口传播的地震波信号,可以根据地震波在岩体内性质发生改变的地方而产生的反射信号形成三维结构图,这个结构图包括了距离隧道开挖面前方一定距离以及隧道开挖面处围岩四周一定距离的各种地质情况。TRT 的观测系统布置呈空间分布，采用空间多点激发和接收，充分获得空间波场信息，提高了波速分析和不良地质体定位的精度。在观测系统的布置和数据资料的处理方面有明显的改进。TRT 资料处理分析的主要技术环节是速度扫描和偏移成像，不需要读走时进行反演。这种探测方法对围岩中反射界面位置和岩体波速的确定都有较高的精度，应该说较其他地震反射法都有较大的提高和改进。

TRT 层析扫描超前地质预报系统的两大特点：（1）运用了业界内独有的层析扫描成像。（2）使用简单的榔头就能发出足够强度的地震波。TRT 仪器所发射的绝大部分信号被最大限度地保留了下来，因为用炸药爆破作为震源点所产生的高能量对炸药周围的围岩挤压会导致信号大幅度地减弱，因此用榔头锤击就会降低信号的衰减提高数据采集的准确性，操作性和准确性也大大地提高了，通过这种方式所接收的波的准确性更高，分析出来的数据更加准确。同时 TRT 应与现场地质勘察调查相结合，通过对掌子面揭露出的围岩来判断其主要岩性，通过对岩石的锤击和观测破碎、风化程度来综合划分岩石的坚硬程度；通过对岩体的节理组数和主要结构面间距、类型和结合程度的观测来划分岩体的完整程度；通过对支护结构是否开裂和渗水等来判断围岩的变形情况。

最初 TRT6000 与 TSP 超前地质预报技术一样都是使用炸药爆炸作为震源，随着 TRT6000 探测技术的改进，风镐或挖掘机、电磁波发生器等都先后作为震源，为了进一步减少探测所需要的成本，研究人员发现用锤击的方式作为震源不仅操作方便而且收集到的数据也是非常的准确，目前把锤击作为 TRT6000 探测系统震源。在数据处理软件上，TRT6000 发展成 3D 立体成像，弥补了 2D 平面成像不能清晰的观察出异常体的具体位置的缺陷，使勘测的结果更加全面、精确、直观，人们也更容易判断出异常体的大小及具体位置。目前，TRT6000 型隧道反射层析扫描成像超前预报系统成功地运用在了各种地质勘察中。

TRT 技术在该隧道的超前预报试验表明，在坚硬的结晶岩地段采用 TRT 技术预报长度可达 100～150m，在软弱土层或破碎岩体地段可预报 60～90m。TRT 技术成功应用另一的例子是在奥地利阿尔卑斯山的铁路双线隧道，隧道全长 1076m，隧道施工中全程进行了超前预报，对岩性变化界面和断裂破碎带进行了成功预报，预报结果与施工揭露的地质情况基本一致。

4.5 常见超前预测技术评述

将常用的地质超前预报方法的典型特征总结于表 4-2 中。

超前预报技术功能评价表　　　　　　　　　　表 4-2

技术名称	观察方式	波场分离	速度分析	质料处理	理论基础	评价等级
TSP203	垂直剖面	无	零偏移距/不准确	偏移成像	反射理论	中级
TGP206	垂直剖面	无	零偏移距/不准确	偏移成像	反射理论	中级
陆地声呐	表面敲击	无	无	看图解释	零偏移距	非专业级
负视速度法	垂直剖面	无	无	VSP 法	反射理论	初级
SHP 水平剖面法	阵列式	无	无	走时同相轴	反射理论	初级
TST	阵列式	F、K 方向滤波	不同偏移距/准确	偏移成像	散射理论	高级

4.6 探测流程

1. 隧道地质超前预报负责人负责地质超前预报的安排、联络工作。
2. 地质超前预报单位指定联络员与隧道负责人联系,掌握隧道掘进情况,安排地质超前预报工作。
3. 隧道现场探测,包括现场地质条件的观察、现场数据的采集。
4. 内业整理,包括数据的处理与报告的编写。
5. 若掌子面前方存在重大可疑地质灾害源,除在报告中重点指明外,还要提前通知技术主管,以便及时采取必要的措施。
6. 对于重大可疑地质灾害源,在采用 TSP 探测后,待掌子面掘进时,要利用超前钻孔钻探实施进一步探测,并提供措施建议。
7. 地质超前预报工作流程如图 4-4 所示。

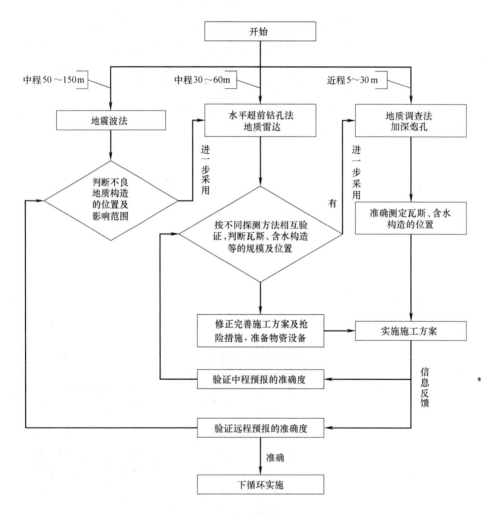

图 4-4 地质超前预报工作流程图

4.7 成果上报

地质超前预报是隧道施工过程中对地质条件再认识的重要手段，其解译成果是指导隧道施工的重要依据。所以，必须建立预报成果的适时报送制度。

现场预报数据采集工作结束后24h内形成报告电子版，盖章的纸质报告在一月内报送至建设方、监理方。

4.8 安全措施

针对现场地质超前预报工作，成立专职预报队伍，由专门隧道、地质、监测技术人员组成，负责具体的超前预报工作。

由于隧道施工具有空间狭小、工序复杂、车辆的往来频繁和工作面的爆破作业干扰大等特点，使得地质超前预报工作具有一定的危险性。所以，在预报作业中必须时刻具有安全意识并做好防护措施，主要包括如下几点：

1. 熟悉隧道施工现场的环境，明了各施工作业的环节。
2. 在进行地质超前预报操作时，严防洞顶落石、工作面飞石、车辆碰撞和施工机具的刮碰。
3. 注意保护测点和仪器设备。
4. 配备必要的安全器材、安全帽、手套、工矿靴等防护用品。

4.9 组织管理

1. 组织工作

（1）项目部成立由主管领导负责，工程管理部牵头、工区技术负责人参加的地质超前预报领导小组，建立项目定期巡查制度，定期深入现场了解情况，及时解决和处理地质超前预报过程中的重大事项。

（2）地质超前预报人员应具有良好的职业道德和专业技术水平，具备一定的组织协调能力，能独立解决现场出现的一般性专业技术问题。

2. 工作要求

项目部引进专业超前地质预报技术服务单位，定期对各个掌子面进行地质超前预报工作，技术服务单位派任工作组入驻现场。

（1）超前预报单位在编制地质超前预报方案及实施大纲前，收集设计勘察钻探资料、区域性工程地质分布情况资料，并进行地表踏勘，掌握初步的地质情况。

（2）超前预报单位须根据设计地质风险等级、设计要求预报手段，收集结果及设计文件、施工图、现场地质复查等依据编制地质超前预报实施大纲，实施大纲明确隧道地质超前预报的方法、预报内容、预报频次、实施计划、组织机构、资源配置、仪器设备操作要求、信息判释、数据采集与处理、预报成果报告编制等技术要求。

（3）项目部应召集相关专家或对地质超前预报有丰富工作经验的工程师，依据设计判别的地质风险等级、要求地质预报的手段等，对超前预报方案、实施大纲审查确认。

（4）预报单位根据投标承诺及实施大纲要求，配备专业的预报技术人员和预报仪器设备，对隧道地质情况进行准确预报，预报手段至少两种或以上，当探测发现前方出现异常时，适当增加预报手段和探测频度，并综合分析各种探测结果，相互验证，做到预报准确。

（5）各预报单位所提交的预报成果必须是综合性的成果，成果中含有上次预报情况与实际开挖揭示地质情况的比对情况及当次预报明确性的结论，成果报送时间满足隧道安全施工需要的时间，但发现有重大地质异常情况时，在第一时间向项目部报告，停止施工掘进，以便共同会商，及时采取措施，使隧道掘进安全始终处于可控状态。

（6）项目部接到异常地质超前情况通知后，立即组织有关人员（必要时邀请有关专家）研究处理方案，当险情超出项目部的处理能力时，立即研究建议变更处理方案并启动变更申报程序。

（7）当建设单位、监理、设计地勘经过专家会审形成处理方案后，项目部组织人员按照批复的方案，对险情加以妥当处治，并经监理单位确认安全后方能继续施工。

5 瓦斯自动监测及人工检测

本章重点介绍了瓦斯自动监测及人工检测的意义、一般规定及方法等，分别从瓦斯自动监控的原理、系统布置以及人工检测的人员、设备、检测流程、瓦检范围、频次、方法、要求等进行了详细描述，并对隧道视频监控、人员定位、人车分离、设备定检管理、通风机在线监控等信息化管理系统进行了介绍。

5.1 概述

地铁瓦斯隧道工区应该采用人工检测与自动监控相结合的方式，配置瓦斯自动监控报警系统，对各作业面和回风流中甲烷等有毒有害气体浓度进行连续监测。

瓦斯自动监控系统应具备甲烷断电仪和甲烷风电闭锁装置的全部功能，必须具有断电状态和馈电状态监测、报警、显示、存储和打印报表功能，实现风、瓦斯、电闭锁和声光报警。瓦斯浓度达到报警值时，传感器应发出声、光报警信号、断电仪发出光报警信号，计算机发出声音报警信号。瓦斯浓度超过断电值时，断电仪可自动切断超限区的电源，而自动检测系统仍正常工作。

隧道洞口应建立瓦斯监控中心，配置经安全培训并考核合格的瓦斯监控员，并建立24h连续值班制度。瓦斯监控员应严格遵守瓦斯检测操作规程，熟悉微机操作和瓦斯自动监测设备性能，随时注意各类瓦检监测设备的运行状态，填写瓦斯隧道安全监控系统运行记录表。值班人员严禁擅离职守、脱岗、离岗。

严禁任何人随意更改甲烷等气体传感器的预设参数，发现各类传感器数据显示异常时，应及时上报项目技术负责人，对监控系统进行校核、检验，并采取处理措施。

每班人工瓦斯检测结果应及时上交瓦斯监控中心，由值班瓦斯监控员对人工检测结果与自动监控系统相应位置、时间的自动监控值进行比对，并填写光学瓦斯检测仪与甲烷传感器对照表，两种方式相互验证，发现异常应及时查明原因。瓦斯检测和监测记录应保持连续性、完整性，分类建档，专人负责。

5.2 瓦斯检测一般规定

1. 瓦斯检测是为了通过检测瓦斯浓度、瓦斯压力、瓦斯含量、空气中氧气的含量、洞内温度、风速和各种有害气体如 CH_4、CO_2、CO、H_2S、NO_2 等指标，了解瓦斯涌出、积聚情况，掌握其变化规律，进而制定瓦斯治理措施对瓦斯进行治理，预防瓦斯事故的发生。瓦斯隧道重点检测及监测项目为 CH_4 浓度、CO 浓度、CO_2 浓度、进风流风速、总回风流风速等。

2. 施工单位应建立瓦斯隧道自动监控系统总站，同时监控隧道各工区自动监控系统分站，并将实时监控数据汇集，通过互联网上传至工程总承包单位及业主瓦斯监控中心，与业主安全风险监控系统联控。上传数据应至少包含 CH_4 浓度、CO 浓度、CO_2 浓度、进风流风速、总回风流风速等实时数据。施工单位同时还应将当班人工检测 CH_4 浓度、进风流风速、总回风流风速等数据，以表格记录形式，扫描上传至工程总承包单位及业主监控中心存档备案。

3. 瓦斯工区应采用瓦斯浓度、风速/风量双指标进行安全施工组织管理。

4. 微瓦斯、低瓦斯工区应采用人工检测的方式。大范围穿越低瓦斯地层时，宜采用人工检测与自动监测相结合的方式。高瓦斯、瓦斯突出工区应采用人工检测与自动监测相结合的方式。

5. 施工单位必须建立瓦斯检测制度和专门机构，配置专职瓦检员，编制瓦斯巡回检测图表，开展瓦斯巡检或根据需要随时测定瓦斯浓度，并悬挂记录牌。

6. 瓦检员应严格遵守瓦斯检测仪器仪表操作规程，熟悉仪器仪表，加强日常管理和维护，按规定校正。当不具备条件时，应送有资质的临近煤矿或当地煤炭部门进行校正。按检定计划定期检验，做好送检记录。

7. 瓦检员发现事故隐患，有权指挥当班班长组织人员及时进行整改处理，瓦斯超限时有权责令现场人员停止作业，组织人员撤离到安全地点。

8. 施工单位应按程序要求对瓦斯检测工作自查，并报监理单位备案和检查。每班自查内容应包括：

（1）瓦检员上岗资格、到岗及交接班情况。
（2）瓦斯检测仪器是否在检定期内、是否定期校正、使用前是否校对。
（3）现场瓦斯循环检测图表是否符合规定要求。
（4）瓦斯检测记录牌信息是否及时更新。
（5）人工或自动监控瓦斯日报表和瓦斯台账是否准确、完整、连续。
（6）自动监控报警系统安装是否符合要求，传感器是否悬挂在规定位置。

9. 监理单位应设置专职瓦斯监理工程师和监理员，配备瓦斯检测仪，对施工单位瓦斯检测工作进行监督检查和定期平行检验，填写瓦斯平行检验表。

10. 开展瓦斯评定或检测的第三方单位，应具备有效资质资格。

5.3 瓦斯自动监控

5.3.1 监控系统

根据隧道瓦斯自动监控需求，拟采用 KJ90NA 瓦斯自动监控系统，该系统技术成熟，设备运行稳定，应用广泛，符合隧道瓦斯自动检测需求。KJ90NA 自动监控系统采用分部式网络化结构，一体化嵌入式设计，具有红外遥控设置，独特的三级断电控制和超强异地交叉断电能力，可实现计算机远程多级联网集中控制和安全生产管理。在检测到瓦斯浓度超过标准限值时，措施（如报警、切断电源实施瓦电闭锁）将自动启动。瓦斯自动监控系统结构如图 5-1 所示。

5 瓦斯自动监测及人工检测

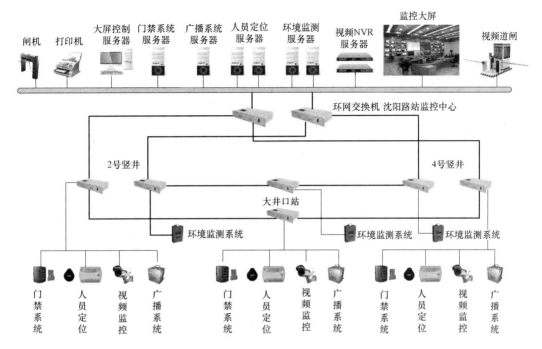

图 5-1 某地铁 KJ90NA 隧道瓦斯自动监控系统结构示意图

5.3.2 系统工作原理

自动监控系统由监控中心站、分站、输入、输出设备构成。监控中心站与分站之间通信，接收分站内的信息，可以对分站发出指令。对接收的信息进行处理、显示、报警。通过外围设备可以将信息进行打印、上传、发送等。分站接收由输入设备采集到的信号，通过逻辑变换，输出控制信号，通过断电器对控制对象进行通、断电控制。

系统通过在洞内安装的 CH_4 传感器、H_2S 传感器、风速传感器、CO 传感器、CO_2 传感器、温度传感器等测定洞内瓦斯参数，并将此信息回馈主控计算机分析处理，对洞内瓦斯、风速、风量和主要风机实施风电瓦斯闭锁及风量控制，瓦斯超标自动进行洞内传感器和洞外监控中心自动声光报警，再通过设备开停传感器、馈电断电器对被控设备自动断电。系统可及时准确地对洞内各工作面的瓦斯状况进行 24h 全方位监控，达到隧道安全生产的目的，系统工作原理如图 5-2 所示。

5.3.3 系统详细布置

针对瓦斯隧道施工，开挖掌子面瓦斯易溢出，对掌子面施工作业人员危害较大的情况，以及在二衬台车附近，施工作业工序多，易造成瓦斯积聚，回风流中瓦斯浓度能反映整个隧道瓦斯溢出量的情况，因此有必要进行回风流中瓦斯的监控。

隧道内综合参数监控设置按每个工作面进行配置，每个工作面安装 3 组传感器；在开挖掌子面安装一组传感器，在二衬台车上安装一组传感器，在距离回风流中一定距离安装一组传感器，根据掌子面进尺可移动或调整传感器的位置。

1. 中心机房设在隧道口的监控值班室，机房设备有监控主机、数据接口、电源避雷

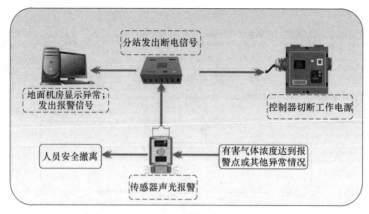

图 5-2　KJ90NA 系统工作原理示意图

器、UPS 电源和主机配 KJ 监控软件。为了更好地保护监控设备，在监控中心机房和隧道口各设信号避雷器一台。

2. 根据传感器的数量及种类按控制要求，配置远程断电仪。
3. 传感器布置如图 5-3 所示。

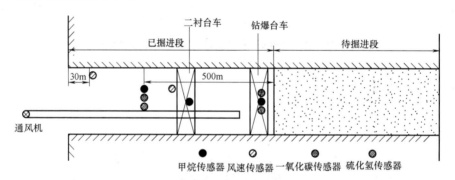

图 5-3　传感器布置示意图

各种传感器对应布置位置见表 5-1。

传感器布置位置对应表　　　　　　　　　　　　　　　　　表 5-1

名称	安装地点	安装位置	要求及标准
CH_4 传感器	掌子面、二衬台车、回风流 20m 处	掌子面的操作台车上、二衬台车、洞顶	甲烷传感器的吊挂离顶部不大于 30cm，离隧道两边不小于 20cm，其迎风流和背风流 0.5m 内不得有阻挡物。吊挂处顶板完整，支护良好，无滴水处
H_2S 传感器	掌子面、回流风处	掌子面操作台车、洞底部	掌子面操作台车下方的左侧或右侧 1.5m、洞顶下部悬挂不大于 30cm
CO 传感器	掌子面、回流风处	掌子面操作台车、洞顶	掌子面操作台车上方的左侧或右侧、洞顶下部悬挂不大于 30cm
风速传感器	回风流二衬台车背后、交叉位置处及洞口 30m 范围内	隧道中部净高的 1/3 处	隧道顶以下的 1/3 位置，迎向掌子面方向安装
CO_2 传感器	掌子面、二衬台车	掌子面、二衬台车	掌子面操作台车下方的左侧或右侧 1.5m、洞顶下部悬挂不大于 30cm
温度传感器	掌子面、二衬台车	掌子面、二衬台车	掌子面操作台车下方的左侧或右侧 1.5m、洞顶下部悬挂不大于 30cm

4. 断电仪和传感器设置

(1) 断电仪断电范围设置

结合隧道的实际情况，如选用 KJ90NA 型瓦斯自动监控系统（隧道进口工区和出口工区各安设一套该系统）。掌子面断电瓦斯浓度为 1.0%，衬砌台车附近 20m 范围内所有的用电设备断电瓦斯浓度为 1.0%，衬砌施工完成段的用电设备断电瓦斯浓度为 1.0%，断电控制范围如图 5-4 所示。

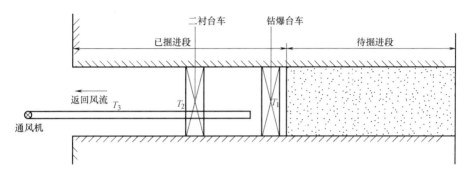

图 5-4 压入式通风瓦斯自动监测断电控制范围布置图

断电浓度：$T_1 \geqslant 1.0\%$；

$T_2 \geqslant 1.0\%$；

$T_3 \geqslant 1.0\%$。

断电范围：T_1：开挖工作面及其附近 20m 内全部电气设备；

T_2：衬砌台车附近 20m 范围内全部电气设备；

T_3：回风流中的全部电气设备。

(2) 传感器报警设置

1) CH_4 传感器预警设置

CH_4 传感器预警范围可参考表 5-2。

CH_4 传感器预警范围表　　　　　　　　　　　　　　　　　　　　表 5-2

设置地点	报警浓度	断电浓度	复电浓度	断电范围
掌子面	$\geqslant 0.5\% CH_4$	$\geqslant 1\% CH_4$	$< 0.5\% CH_4$	隧道内全部非本质安全型电气设备
衬砌台车	$\geqslant 0.5\% CH_4$	$\geqslant 1\% CH_4$	$< 0.5\% CH_4$	隧道内全部非本质安全型电气设备
开挖施工完成段的回风流中	$\geqslant 0.5\% CH_4$	$\geqslant 1\% CH_4$	$< 0.5\% CH_4$	隧道内全部非本质安全型电气设备

2) H_2S、CO 传感器预警设置

H_2S、CO 传感器预警设置可参考表 5-3。

H_2S、CO 传感器预警设置表　　　　　　　　　　　　　　　　　　　表 5-3

H_2S、CO 设置地点	报警浓度	采取措施
掌子面、二衬台车、开挖施工完成段	$H_2S \geqslant 6.6 ppm$	加强通风，停工、撤人
	$CO \geqslant 24 ppm$	加强通风，停工、撤人

（3）洞口 LED 显示屏布置

洞口需要设置一个 LED 显示屏实时刷新显示隧道内瓦斯状况，并能根据瓦斯浓度智能报警，为方便观看，采用点阵面板进行显示，采用红光 LED 面板制成显示可以方便对施工瓦斯显示监控，除了显示瓦斯数据外，还可根据要求在指定位置，更改显示数据。LED 大屏幕显示板显示信息可参考见表 5-4。

LED 大屏幕显示板示意表 表 5-4

××标段××位置瓦斯监测点检测数据		
年　月　日　点　分		
测点编号	安装位置	监测值

洞口监控信息见表 5-5：CH_4 浓度，H_2S 浓度，CO 浓度，CO_2 浓度、温度等信息可在 LED 显示屏上滚动显示。

隧道有毒有害气体自动监测样例 表 5-5

有害气体	报警浓度	实时浓度	单位	部位	年　月　日
CH_4	0.50		%	进口工点	星期
H_2S	6.6		ppm		开挖进尺：　m
CO	24		ppm		二衬进尺：　m
CO_2	1.5		%		施工天数：　天
温度	26/30		℃		

5.4　瓦斯人工检测

人工检测由瓦斯检查员执行瓦斯检查，瓦斯检查员必须经专门培训，考试合格，持证上岗。根据《铁路瓦斯隧道技术规范》TB 10120—2002 及有关规定，专职瓦斯检查员必须使用光干涉式甲烷测定器检查瓦斯，同时检测 CH_4 和 CO_2 两种气体浓度。主要检测位置如下：

1. 盾构法施工

（1）盾构机中盾顶部油缸。
（2）盾尾内管片顶部。
（3）螺旋机出渣口。
（4）二次风机上部。
（5）台车中部。
（6）台车范围内每 20m 检测一个断面（主要断面上半部）。

2. 新奥法施工

（1）掌子面瓦斯检查点的设置
1）掌子面风流、掌子面回风流。

2）高冒处、躲避所（有瓦斯喷出地点）。

3）串联通风时，被串联局部通风机吸风口外20m范围的风流中。

（2）下台阶瓦斯检查点的设置

1）下台阶掌子面风流、下台阶掌子面回风流。

2）高冒处、躲避所（有瓦斯喷出地点）。

3）串联通风时，被串联局部通风机吸风口外20m范围的风流中。

（3）其他须设置的检查点

各处动火作业点，特别是掌子面顶端处，必须现场蹲守检查瓦斯。

5.4.1 人员配备

针对隧道进口工点、出口工点同时施工的特点，每个工点成立人工瓦斯检测站，分别驻在各洞口施工区。

人工瓦斯检测工作实行24h三班轮换制，每班配备不少于2名瓦检员，日常瓦检每班瓦斯检测不少于3个巡回，每个工作面配备8名瓦检工。

5.4.2 瓦检设备

人工瓦检员检测采用光干涉瓦斯测定器和便携式甲烷检测报警仪，光干涉瓦斯测定器是根据光的干涉原理制成的，除了能检查CH_4浓度外，还可以检查CO_2浓度，检测瓦斯浓度在0~10%时，使用低浓度光干涉甲烷测定器；特殊情况下，瓦斯浓度在10%以上时，使用检测范围是0~100%的高浓度光干涉式甲烷测定器。当地层富含H_2S、CO、N_2等有毒有害气体时，还应配备相应的多气体测定器。

光干涉式甲烷测定器属机械式瓦斯检测仪器，具有使用寿命长、经久耐用的特点，但受环境和人员操作等多种因素的影响。为了能保证检测结果准确有效地指导施工、防止安全事故的发生，使用光干涉瓦斯测定器时必须注意以下事项：

1. 使用前，须检查水分吸收管中的硅胶和外接CO_2吸收管中的钠石灰是否变质失效、气路是否通畅、光路是否正常；将测微组刻度盘上的零位线与观察窗的中线对齐，使干涉条纹的基准线与分划板上的零位线相对齐，取与待测点温度相近的新鲜空气置换瓦斯室内气体。

2. 检测时，吸取气体一般以捏放皮球5~10次为宜。

3. 测定甲烷浓度时，要接上CO_2吸收管，以消除CO_2对CH_4测定结果的影响。

4. 测CO_2浓度时，取下CO_2吸收管，先测出两者的混合浓度，减去已测得的CH_4浓度，即可粗略算出CO_2浓度。

5. 干涉条纹不清，是由于隧道中空气湿度过大，水分不能完全被吸收，在光学玻璃管上结雾或灰尘附着所致，只要更换水分吸收剂或拆开擦拭即可。

6. CO_2吸收管中的钠石灰失效或颗粒过大，CO_2会在测定CH_4浓度时混入瓦斯室中，使测定的CH_4值偏高，所以要及时更换钠石灰，确保仪器测量准确。

7. 空气不新鲜或通过瓦斯的气路不畅通，对零地点的温度、气压与待测点相差过大，均会引起零点的漂移，所以必须保证在温度、气压相近的新鲜气流中换气对零。

5.4.3 检测流程

人工瓦斯检测流程如图5-5所示。

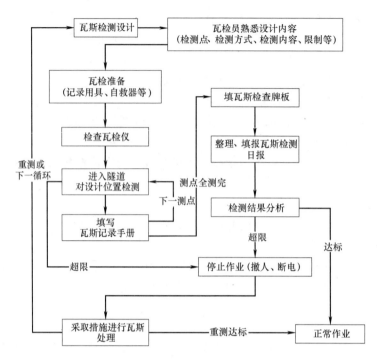

图 5-5 瓦斯检测流程图

5.4.4 检测范围

专职瓦检员严格执行瓦斯巡检制度，按时到岗，跟班作业，不得擅自离岗空班、漏检和假检，根据瓦斯巡检要求和频率进行瓦斯巡检工作。每次检查结果记入瓦斯检测日报表和检测位置悬挂的瓦斯记录牌。测定 CH_4 浓度重点在隧道风流的上部，测定 CO_2 浓度重点在风流下部。无作业台架处配置辅助工具。巡检范围包括：

1. 隧道内各工作面（掌子面超前钻孔、掌子面开挖、掌子面初期支护、仰拱开挖、仰拱混凝土施工、防水板挂设、二次衬砌立模、二次衬砌混凝土浇筑、隧道加宽段、顶部凹陷处等）。每个断面至少检查 6 个点，即拱顶、两侧拱脚、两侧墙脚和仰拱底中点各距坑道周边 20cm 处，在该 6 点对坑道风流中瓦斯和 CO_2 均应检查。对导气构造应进行瓦斯压力检测。

2. 瓦斯可能产生积聚的地点（二衬台车部位、加宽带、加宽段、联络通道及预留洞室上部、塌腔内、局部超挖具有明显凹陷的地点等）。

3. 隧道内可能产生火源的地点（电机附近、变压器、电气开关附近、电缆接头的地点）。

4. 瓦斯可能渗出或异常涌出的地点（地质破碎地带、地质变化地带、裂隙发育的砂岩、泥岩及页岩地带及其他瓦斯异常涌出点）。

5. 在隧道进行水平钻孔时，水平钻孔处。

6. 被批准允许洞内电气焊接作业地点、内燃机具、电气开关、电机附近 20m 范围内。

7. 爆破地点附近 20m 范围内风流中。

8. 其他通风死角处。

5.4.5 瓦检频率

1. 正常情况下低瓦斯工区，人工瓦检日常频率每班不少于2次。高瓦斯工区人工瓦检日常频率每班不少于3次。测定完毕，及时填报瓦斯巡检表。

2. 高瓦斯工区的开挖工作面及瓦斯涌出量较大、变化异常区域时，固定专人随时检测瓦斯。

3. 瓦斯工区经审批进行焊接等动火作业时，瓦检员必须跟班作业，随时检测动火点前后20m范围内的瓦斯浓度，确保动火作业区域瓦斯浓度小于0.5%。瓦斯浓度大于0.5%时，严禁隧道内一切动火作业。动火点附近采取消防措施。

4. 瓦斯工区停风或停电，恢复送电和启动洞内风机时，按规定进行瓦斯检测工作。

5. 适当增加对洞内死角，尤其是增加隧道上部、坍塌洞穴、避人（车）洞等各个凹陷处通风不良、瓦斯易积聚地点的检测频率；对各种通风死角每班进洞检测一次，对瓦斯浓度超过0.3%的地段，必须加强检测，在瓦斯浓度超过1.0%时，立即采取措施处理，断电、撤人。瓦斯浓度的测定在隧道风流的上部。

6. 以下作业环节，瓦检员跟班作业，随时检测瓦斯：

（1）瓦斯工区钻爆作业时，坚持"一炮三检制"，即装药前、爆破前、爆破后，均应进行检测，坚持"三人连锁爆破制"即放炮前后爆破员、专职瓦检员、安全员应同时检查开挖工作面附近20m范围内的瓦斯浓度，并填写一炮三检记录表，见表5-6。

（2）瓦斯超前探测钻孔、焊接动火、塌腔及采空区处理等作业时。超前探孔瓦斯检测根据岩体破碎情况，需检测一次瓦斯浓度，并做好钻进深度、瓦斯浓度等的相关记录。在瓦斯工区内瓦斯浓度限制值及处理措施可参照表5-7。

隧道一炮三检记录表　　　　　　　　　　　　　　　　表5-6

工程名称：　　　　　　工区：　　　　　　资料编号：

期	次	炮地点	装药前			放炮前			放炮后			瓦检员签字	爆破员签字	安全员签字
			时间	CH_4	CO_2	时间	CH_4	CO_2	时间	CH_4	CO_2			

瓦斯工区内瓦斯浓度限制值及处理措施　　　　　　　　表5-7

序号	瓦斯工区	地点	限值	处理措施
1	高瓦斯	局部瓦斯积聚（体积大于0.5m³）	1.0%	超限处附近20m停工、撤人、断电，及时进行处理，加强通风
2		开挖工作面风流中	1.0%	停止电钻钻孔，超限处停工、撤人、切断电源，加强通风，查明原因等
3		回风巷或工作面回风流中	0.5%	非防爆设备停止工作
			0.5%	停工，撤人，处理
4		放炮地点附近20m风流中	1.0%	严禁装药和放炮作业
5		含油气构造地层段放炮后工作面风流中	1.0%	继续通风、不得进人

续表

序号	瓦斯工区	地点	限值	处理措施
6	高瓦斯	局部风机及电气开关附近10m范围内	0.5%	停机、通风、处理
7		电动机及开关附近20m范围内	1.0%	停机、撤人、断电、进行处理
8		竣工后洞内任何处	0.5%	查明渗漏点,进行整治

5.4.6 瓦斯检测方法

人工瓦检由瓦检员利用瓦斯测定器对开挖掌子面、初支作业面、防水板安装处、仰拱混凝土浇筑、二衬混凝土浇筑位置等隧道重点部位实施24h动态监测。瓦检员配合隧道掘进各个工序,在隧道内进行实时瓦斯浓度及有毒有害气体浓度检测。

1. 专职瓦检员和其他作业人员进入瓦斯工区携带的瓦斯检测仪器、仪表符合下列规定:

(1) 专职瓦检员配备光干涉式甲烷测定器。高瓦斯工区除配备低浓度光干涉式甲烷测定器外,尚须配备高浓度光干涉式甲烷测定器。

(2) 洞内工程技术人员、施工班组长等主要管理人员需配备便携式甲烷检测仪。

2. 人工检测时,由于待检区气体种类及浓度等均未知,对检测人员自身的危险性增加,除了常规安全防护措施外,尤其要注意以下安全要求:

(1) 测定是由外向内、由高到低逐步进行检测。

(2) 瓦检员在检测瓦斯时,头部不能超越检查的高度,避免缺氧窒息。

(3) 检查停风处、密闭空腔时,只可以在确定的安全区域内检测。

(4) 佩戴好自救器和应急照明设施,携带便携式甲烷报警仪,2人以上同时进行,前后保持3~5m,后者负责监护。

(5) 时刻留意拱顶、拱墙、掌子面的稳定情况,发现有异常立即撤出;时刻注意不要引起坚硬物体的撞击产生火花。

(6) 人工监测作好监测记录,包括监测地点桩号、时间、有毒有害气体类型、浓度等内容。

5.4.7 人工检测要求

1. 专职检查员定时监测有毒有害气体浓度。检测段内瓦斯浓度在0.5%以下,每班检查不少于3次;0.5%以上时,需及时报告,并采取有效措施保证施工过程安全;当发现瓦斯浓度在1%以上时,加强通风并采取相措施。

2. 隧道内不得随意进行烧焊作业,烧焊作业必须报现场管理人员、安全部门,经项目部批准,现场采取必要的措施后,方可动工,并且瓦检员要随时对每个检查点进行瓦斯浓度的检查。

3. 排放有毒有害气体前,至少组织2人对被排放的通道进行有毒有害气体检查,瓦斯浓度超过3%时由救护队进行检查。

4. 隧道贯通地点及回风流每次放炮前至少检查1次有毒有害气体。

5. 处于回风流中停止运转的电气设备及开关在每次启动前，在其附近进行瓦斯等有毒有害气体的检查。

6. 隧道开挖工作面在放炮地点 20m 范围内，在每次装药前、放炮前、放炮后必须进行 1 次瓦斯等有毒有害气体的检查。

7. 当洞内有毒有害气体逸出时，对气体进行成分分析，根据分析结果，通过加强通风等措施对监测项目、频次进行动态调整。

8. 当发现瓦斯动力现象时，立即停止作业，另行制定专项措施。

9. 当 2 台瓦斯检测仪对瓦斯浓度检测结果不一致时，以浓度显示值高的为准。瓦检员在 8h 内将瓦斯检测仪器送技术室校准。瓦检员应当加强瓦斯检测仪的维护管理工作，使用前必须检查瓦斯检测仪的零点是否漂移过大和电压欠压。不符合要求的瓦斯检测仪，不得使用。零点漂移过大的瓦斯检测仪需及时送试验组校准。

10. 当人工检测员携带的瓦斯检测仪报警或检测出瓦斯及有毒有害气体超限时，则立即通知该工作面施工负责人，该处立即停工，并及时通知通风人员加强通风。

11. 人工检测及预警范围

（1）CH_4 预警设置

人工瓦检 CH_4 浓度预警设置见表 5-8。

甲烷报警范围表　　　　　　　　　　　　　　　　　　　表 5-8

CH_4 检测地点	报警浓度	采取措施
掌子面、防水板安装、二衬台车、回风流 20m、隧道加宽带、联络通道、设备洞室、洞内施工完成段、其他瓦斯易积聚点	$CH_4 \geqslant 0.5\%$	加强洞内通风、停止动火作业

注：瓦检人员根据洞内实际情况可增加测点位置。

（2）CO_2 预警设置

人工瓦检时，采用光干涉甲烷测定器进行 CO_2 浓度的测定，CO_2 预警设置可参照表 5-9。

CO_2 预警设置表　　　　　　　　　　　　　　　　　　表 5-9

CO_2 检测地点	报警浓度	采取措施
掌子面、二衬台车、防水板安装点、衬砌施工完成段	$CO_2 \geqslant 1.5\%$	加强通风，停工、撤人

注：瓦检人员根据洞内实际情况可增加测点位置。

5.5 信息化管理系统

5.5.1 隧道视频监控系统

隧道视频监控系统是地铁瓦斯隧道安全生产的重要组成部分，该系统可对瓦斯隧道重要生产环节、安全场所、重要岗位、主要大型设备运转情况等进行实时监视并录像。通过该系统，地面监控人员能直观的监视和记录井下工作现场的安全生产情况，及时发现各监控点的违章作业情况，防患于未然，也能为安全生产分析提供第一手的图像资料，为安全生产保驾护航。

系统依托功能强大的视频综合处理平台为基础，可同时实现网络摄像仪、模拟摄像仪的混合接入。视频监控系统如图5-6所示。

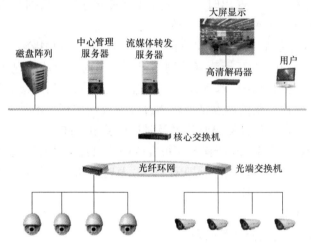

图 5-6 视频监控系统示意图

5.5.2 人员定位系统

隧道内作业人员流动性大，一旦发生事故，就无法知道他们所在的位置，给救灾工作带来极大的困难。人员安全监测系统的功能就在于：能够借助它实时了解隧道内人员的流动情况、了解当前隧道内人员的准确数据及分布情况，查询任一指定作业人员当前或指定时刻所处区域，查询任一指定人员本月或指定日期的活动轨迹。当放生事故时，救援人员也可根据隧道人员定位系统所提供的数据，迅速了解有关人员的位置情况，及时采取相应的救援措施，提高应急救援工作的效率。

人员定位系统遵循"高起点、高技术、高质量、高效率、开放性"原则，结合隧道实际情况进行。所采用的技术和设备安全可靠、先进实用，确保今后能平稳升级、扩展；以满足隧道人员跟踪定位及考勤管理整体的需要。人员定位系统工作原理如图5-7所示。

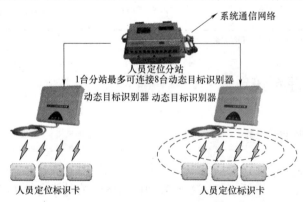

图 5-7 人员定位系统工作原理图示意图

人员随身携带的标识卡进入读卡器工作区域后,即将人员编码加密信息发射出去;读卡器接收到标识卡发来的无线信号,经分站接收处理后,提取人员编码相关信息,经数据接口送至地面监控计算机,将接收到的包含时间信息、位置信息和动目标特征码的数据进行处理,形成可供用户随时查询的多种应用文件或图表,如某一区域的人员分布情况表、某个特定人员的活动轨迹图、隧道内人员的考勤结果表等,实现对隧道作业人员的位置监测功能以及多种实用的报警功能。瓦斯隧道人员定位设备布置可参照图 5-8 所示。

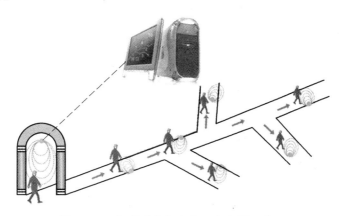

图 5-8　瓦斯隧道人员定位设备布置示意图

人员随身携带的标识卡进入读卡器工作区域后,即将人员编码加密信息发射出去;读卡器接收到标识卡发来的无线信号,经分站接收处理后,提取人员编码相关信息,经数据接口送至地面监控计算机,完成隧道人员自动跟踪定位管理和考勤。

人员定位系统主要由监控计算机、系统软件、人员定位分站、读卡器、人员标识卡等组成。

1. 监控主机:负责整个系统设备及人员检测数据的管理、分站实时数据通信、统计存储、屏幕显示、查询打印、画面编辑、网络通信等任务。

2. 系统软件:完成人员信息编码采集、识别、加工、显示、存储、查询和报表打印。

3. 检卡器:用于出入井口检测人员标识卡是否完好。

4. 人员定位分站:通过与读卡器的有线通信,实时获取人员编码数据(可本地显示)。

5. 读卡器:接收标识卡发出的无线人员编码信号、向信号覆盖区域内的所有标识卡进行"群呼"及向信号覆盖区域内的某张标识卡进行"寻呼"(双向通信功能)。

6. 人员标识卡:承载唯一的人员编码信息,当被无线信号激活后,将编码数据发送给读卡器。设计紧急呼叫按钮,在紧急情况上可以向地面监控中心发射紧急求救信号。

5.5.3　人车分离门禁系统

人行门禁单个隧道洞口设置为进出一体机,人行门禁系统与隧道人员定位系统共用识别卡,人员定位识别卡和门禁卡共用方便管理,减少卡的使用量,识别卡识别范围2~5m(可通过调节安装位置调整识别距离)。当携带识别卡的人员经过人行门禁时,门禁装置读卡器会读到携带识别卡的人员,给翼闸装置一个开关信号即会实现门禁的开关控制。

车行门禁安装智能广告道闸、检测线圈、车辆检测器、蓝牙读卡器及支架和车辆用玻璃吸盘卡实现车行门禁管理功能,车辆玻璃上的吸盘卡距离蓝牙读卡器检测距离 3~15m 可调,由于需进出检测,安装2套蓝牙读卡器用于进出检测;车行门禁自带2套遥控装置。

人行门禁和车行门禁均可在调度室实现开关控制常开或常闭。

隧道各工区应分别设置一间安检室,人员必须经安检室,检查登记后由门禁通道进入洞内,进入隧道时采用人车分离,施工机械由安检室旁施工机械通道进入洞内。安检室分别配置置物架、物品储物柜、门禁系统。

1. 负责瓦斯隧道进洞人员的安全检查、登记工作,任何人进洞前必须将随身携带的手机、香烟、打火机、火种、电子设备等物品保存到专用衣柜,严禁施工人员和现场管理人员穿着化纤类衣服进入隧道。

2. 负责对进入隧道物资的检查,进入隧道的物资(炸药、雷管等)必须有工区机物部门出具的材料清单,由工区安全员、机物部人员及押运员随同,门岗核查后,办理登记手续方可运入洞内。

3. 负责对进入隧道机械设备、电气设备、车辆的检查,进入隧道的机械设备、电气设备、车辆必须满足防爆要求,否则禁止进入隧道。

4. 负责隧道洞门口的警戒工作,严禁无关人员进入隧道。

5.5.4 设备点检管理系统

系统通过手持式PDA对预装在设备上的无源地址标示卡以及传感器进行自动点检作业,准确掌握设备状态,采取早期防范设备劣化的措施,实行有效的预防计划维修,维持和改善设备的工作性能、减少故障停机时间,延长机件使用寿命,提高设备工作效率,降低维修费用。隧道设备点检管理系统如图5-9所示。

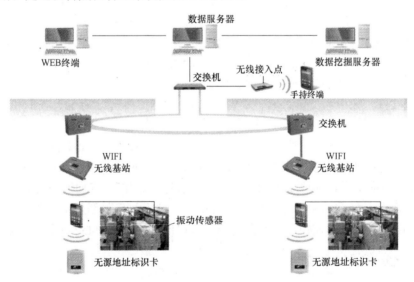

图 5-9 隧道设备点检管理系统示意图

5.5.5 多作业点监控联网系统

瓦斯隧道作业点多分布较广,所以要求新一代监控系统网络管理模式,建立一个安全、高效、先进的远程网络监控体系。

隧道联网智监控系统主要分三个方面：远程纠违视频查看、现场财产安全保障、紧急情况指挥处理。主要的要求是：

1. 通过监控联网，更好地实现监控利用，查看员工操作行为，及时发现违章现象和安全隐患，实现风险防范关口前移，利用科技手段加强对基层机构的检查、监督和指导，加强安全管理力度，提高检查工作效率，防范内部风险和案件的发生。

2. 通过监控联网建设，加强安全防护设施的管理，整合、完善安全防护设施功能，提升安全保卫的科技含量，切实提高安全防范能力，及时发现隐患、堵塞漏洞，实现"科技创安"。

3. 通过监控联网建设，将视频监控进行更高效利用，保障现场安全。

为进一步满足社会经济发展与安全生产的高标准要求，创造一个安全、高效的生产环境，并根据各种不同作业区的需要，从项目的具体实际出发，做到配置合理，留有扩展余地，技术先进，性能价格比高，确保系统性能高质量、高可靠性。

5.5.6 通风机在线监控系统

通风机在线监控系统不仅可实现对通风机的在线实时监控、及时掌握通风机的各运行参数及运行状态，还可按需求实现通风机的远程控制，提高通风机的自动化管理水平，有力地保障通风机经济、可靠、安全的运行，同时为设备的管理和维护提供可靠的科学依据。通风机在线监控系统如图 5-10 所示。

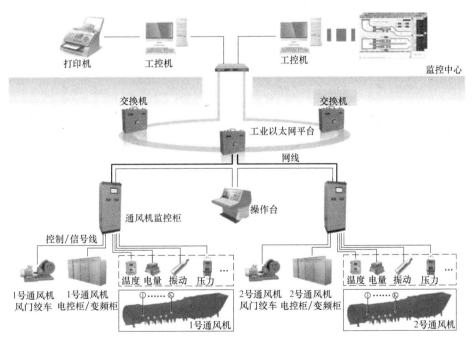

图 5-10 通风机在线监控系统示意图

5.5.7 隧道压力分析与动态监测系统

该系统以施工监控量测的信息源作为监控对象，主要应用于隧道覆岩离层、锚杆/索轴力和接触应力、围岩深部应力变化和破坏范围、隧道表面位移量和移近速率、桩顶位移、支护结构内力、地表沉降、地面建筑物沉降、倾斜及裂缝、管线沉降、隧道拱顶下沉及水平收敛、地中土体垂直位移、地中土体水平位移等参数实时监控。通过对区间施工过程中的周边环境与工程自身的影响进行有效地监控量测工作,形成专业分析曲线、报表和图谱,为现场技术和管理人员提供多参量联合分析结果和可靠的反馈指导,可有效避免安全事故的发生。同时,应配备有专业技术服务人员在监测方案设计与施工、监测数据分析、危险应对策略方面给予参考意见,为隧道围岩应力应变和运动破坏规律的研究提供技术支撑。隧道压力分析与动态监测系统如图5-11所示。

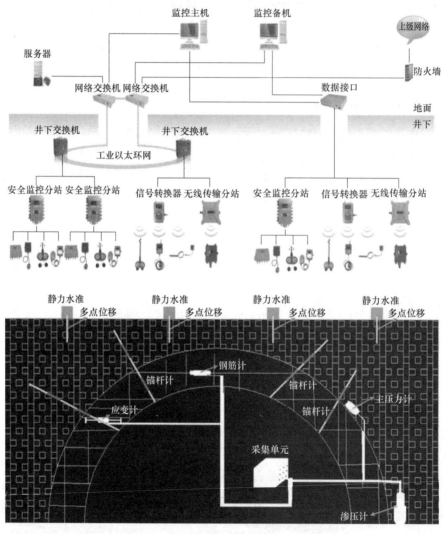

图5-11 隧道压力分析与动态监测系统

5.5.8 隧道分布式光纤测温系统

该系统利用光纤拉曼散射原理和OTDR技术,实现以光纤为传感载体实时监控环境温度场的系统。可用于地铁瓦斯隧道等场所的温度测量和火灾监控,电力设备、电缆状态监测,电缆隧道及电缆夹层火灾监测。

6 地铁瓦斯隧道通风管理

本章重点介绍了地铁瓦斯隧道通风的国内外研究现状、通风方式、通风方法及通风管理等，分别从地铁瓦斯隧道施工通风参数控制、确定通风方式与方法、通风设备选择、隧道施工通风检测、风机管理以及局部性停电停风等进行了详细描述，良好的通风设计、通风方案、通风专业化管理是防止瓦斯聚集、降低瓦斯浓度、保障瓦斯在安全浓度范围内的关键手段，通风管理对瓦斯隧道的施工安全意义重大。

6.1 瓦斯隧道通风研究

6.1.1 研究现状

1. 技术研究

西南交通大学的雷升祥和高波是我国最早比较系统地对瓦斯隧道进行研究的学者，他们结合华蓥山瓦斯隧道的工程实际和施工过程的瓦斯预防措施实践经验，从瓦斯的基本属性、瓦斯爆炸的基本理论、煤与瓦斯突出和涌出规律等方面着手，研究了瓦斯的监测预报及防突的相关措施，总结了瓦斯隧道施工通风风量计算、有效通风长度、防止瓦斯超限与积聚原因及措施、通风管理等瓦斯隧道通风技术，制定了有效实用的瓦斯隧道施工组织，详细地介绍了揭煤施工流程工艺和瓦斯隧道塌方处理技术、瓦斯隧道衬砌结构施工工艺、瓦斯隧道地质超前预报技术、瓦斯隧道危险源辨识与应急预案，同时还提出了切实可行的瓦斯隧道安全预防与控制综合措施。他们的研究成果应用在华鉴山隧道安全施工中，并取得了比较好的效果。

在瓦斯隧道的工程实践研究方面，各大设计院和工程局在结合大量工程实践经验的基础上，研究了松卜岭隧道、中梁山隧道、洪福隧道、圆梁山隧道、紫坪铺隧道、云台山隧道、家竹箐隧道、乌蒙山一号隧道、刘家排隧道、乌鞘岭隧道等瓦斯隧道，研究内容主要包括了瓦斯隧道的施工工艺、爆破技术、通风技术、瓦斯的监控技术及其预防措施、施工的设备使用与管理等方面的内容。这些研究促进了我国瓦斯隧道安全施工技术的发展，并且给隧道工程实际以极大的借鉴价值。比如张开鑫从家竹箐隧道的煤尘特点和工程概况出发，系统地论述了家竹管隧道通风系统，从容许浓度和最低风速两个方面来讨论瓦斯隧道通风标准的主要问题，从瓦斯隧道的通风要求、瓦斯涌出量计算、风量计算、风压计算等方面论述瓦斯隧道通风的计算方法；陆茂成、罗占夫等设计了一种新的通风模式，首次在隧道的施工通风中运用于运营通风的射流通风技术，该技术通过射流风机来增大隧道横通道内的风速，使得隧道无轨运输出渣成为现实，而且还极大地节省了施工成本；赵军喜结合圆梁山隧道的工程概况和地质条件，针对隧道在非煤系地段施工中出现瓦斯、SO_2、H_2S 等有害气体的情况，详细地介绍了这一地段的施工通风系统、改善后的通风方案、瓦斯治理技术措施及其效果，这为非煤地系隧道的瓦斯治理提供了一定的工程经验和依据；聂树民、邝树华等结合凉风垭隧道的工程实际，论述了其利用借鉴于煤矿巷道循环通风的双（多）洞大循环通风模式在小间距、大断面、长大双（多）线隧道施工时应用无轨道运输方案的强大优势，改进了隧道中有瓦斯涌出区域的施工通风系统设计，收到了比较好的效果；高伟、罗占夫等针对在青山隧道施工中碰到的多工作面同时施工、揭煤瓦斯突出、无轨运输时的掘进速度慢等不同的技术难题，研究了一种新的射流通风模式，并将其应用于该隧道工程通风中，使得这些问题得到了有效地解决，取得了良好的通风效果，保证了隧道的快速施工，节省了工程成本。

近年来，随着计算流体力学（CFD）的出现和发展，使得很多复杂的流体力学问题的数值求解变为可能。由于其具备的快捷、方便、成本低等强大优势，CFD技术被大量地应用于隧道通风的研究，利用CFD技术能对各不同情况的隧道工程的通风进行数值模拟，这给瓦斯隧道通风的研究带来了极大地发展。

2. 相关规范

20世纪90年代之前，我国瓦斯隧道还比较少，这方面的工程实践也较少，因而瓦斯隧道的施工技术发展比较缓慢，这直接表现在相关标准规范的缺失。从1991年起，铁道部建设司组织相关单位参与整理和编写《铁路瓦斯隧道施工技术暂行规定》，并在1994年定稿并颁发，填补了我国瓦斯隧道施工技术方面相关标准的空白，这极大地推动了我国瓦斯隧道技术的发展。但是该规定不足之处在于它只对一般的瓦斯突出隧道有适用性，对于瓦斯突出危险比较严重的隧道则没有具体有效的解决办法和参考价值。

随着我国大批瓦斯隧道的兴建和瓦斯隧道技术的极大发展，相关单位与专家在参考《铁路瓦斯隧道技术暂行规定》并总结前人的技术经验的基础上，2002年铁道部颁布并实施了我国第一部比较完整的专门的瓦斯隧道技术规范《铁路瓦斯隧道技术规范》TB 10120—2002。

相对于铁路，国内对公路瓦斯隧道的研究要滞后很多，尚缺乏系统研究，相关的规定也是只是在某些公路隧道标准规范中略有提及，比如《公路隧道设计规范》JTG D70—2004和《公路隧道施工技术规范》JTG F60—2009等规范中对瓦斯隧道的施工技术和要求都有涉及，但是都比较笼统。时至今日，国内还没有出台专门针对公路瓦斯隧道的技术标准规范，只是建议要加强对瓦斯隧道的施工危险的注意，有瓦斯危险的隧道工区应该根据《煤矿安全规程》、《铁路瓦斯隧道技术暂行规定》、《公路隧道设计规范》、《公路隧道施工技术规范》等有关规定进行施工，但是并没有对公路瓦斯隧道准确的定义和分类标准、安全施工技术、瓦斯的监测及预防措施等方面进行具体的研究。

我国铁路行业关于瓦斯隧道的技术标准主要包括：《铁路瓦斯隧道技术规范》TB 10120—2002和《铁路隧道工程施工安全技术规程》TB 10304—2009。2010年12月8日，原铁道部针对高速铁路隧道发布了《高速铁路隧道工程施工技术指南》（铁建设[2010]241号）。2015年2月16日，中国铁路总公司发布了企业标准《高速铁路隧道工程施工技术规程》Q/CR 9604—2015，取代了原技术指南。

由于隧道瓦斯的巨大危害，国内外包括铁路、公路、煤矿等行业都对煤系地层的瓦斯溢出现象进行了深入研究，形成了比较完整的监测、预报和防治等设计施工系统，只要掌握隧道掌子面前方煤系地层赋存的位置，采取适当的施工措施，就可以有效保证施工安全。但对非含煤含气地层的隧道施工，尚缺乏系统性的研究，尤其是对该类隧道的瓦斯溢出规律认识不够。与煤层瓦斯相比，非煤系地层瓦斯的赋存、运移规律具有较强的偶然性和不确定性，为非煤系地层瓦斯隧道的施工安全带来很大困难。

6.1.2 研究意义

在我国高速发展的交通事业中隧道工程的建设一直都处于一个极其重要的位置，同时随着我国经济和交通事业的快速发展及地质情况，我国的瓦斯隧道必然会越来越多。不管是因为客观上的工程条件或者地质条件，还是瓦斯隧道的施工技术限制或人为的原因，在瓦斯隧道建设过程中所面临发生安全事故的形势也必将遭遇严峻的考验。从近年来瓦斯隧道施工安全事故可以看出，瓦斯是引发事故的最主要的客观因素，如何尽量消除或减小瓦斯对工程的影响，将瓦斯浓度控制在允许的安全范围内，已经变成瓦斯隧道工程建设中急需面对并解决的问题。而良好的通风设计、通风方案、通风专业化管理是降低瓦斯聚集、降低瓦斯浓度、保障瓦斯在安全浓度范围内的关键手段。因此，确定合理的通风方案，对通风方案进行优化设计研究对瓦斯隧道的施工安全意义重大。

6.2 地铁瓦斯隧道施工通风参数控制

根据国内外瓦斯隧道安全事故统计分析，瓦斯爆炸是瓦斯隧道最常见的事故，瓦斯突出的可能性比较小。要有效减少甚至杜绝瓦斯灾害事故，应重点防止瓦斯爆炸，针对瓦斯爆炸的发生条件采取相应的防治技术措施。发生瓦斯爆炸需要三个条件：一是存在的瓦斯达到一定浓度；二是要有火源；三是要有足够的氧气。三者缺一不可，目前防止隧道瓦斯爆炸的技术措施主要通过控制前两个条件实现。

要减少甚至杜绝隧道中的火源难度比较大，因为隧道施工中的某些工序（如焊接、爆破、装渣等）必然会产生火花，即使隧道内使用防爆型的电气设备和作业机械，所以从这点入手很难从根本上实现瓦斯爆炸的防治。使用合理有效的通风方案稀释瓦斯浓度直至低于爆炸的下限，是目前瓦斯隧道工程上最有效常用的手段。合理有效的通风能够将隧道中的瓦斯及时的疏散稀释，把瓦斯浓度控制在安全允许范围内，使得瓦斯隧道按照一般的隧道施工组织即可，这样能提高瓦斯隧道的施工进度，缩短施工工期，极大地节省了施工成本。因此，施工通风能有效地减少甚至消除瓦斯爆炸的危险，是最为有效的安全措施和手段。

6.2.1 隧道施工通风控制原则

隧道中人员的呼吸作用、物质的氧化作用以及其他气体的生成都会影响隧道中氧气的含量；地层中溢出或者作业中生成有害气体和粉尘等固体颗粒都会影响隧道中空气的质量，危害隧道内人员的身体健康和安全；还有隧道内因天气或施工改变空气的湿度、温度、压力，这也会给人员的健康带来不利影响。

通风是保证瓦斯浓度不超标的根本措施，是保障隧道施工人员安全健康的最有效的方法。现行的《铁路隧道工程施工安全技术规程》TB 10304—2009 和《高速铁路隧道工程施工技术规范》Q/CR 9604—2015 对隧道瓦斯工区的施工通风做出了明确规定。施工组织设计应编制全隧道及各工区的施工通风设计，其设计应符合各工区在贯通后的风流调整和防爆要求。隧道施工的任何作业面都不应存在通风盲区。瓦斯隧道的各掘进面应保证独立通风，其通风方式均应选择压入式，严禁在任何两个工作面之间串联通风。在施工期间，瓦斯通风检监控机构应测定包括气象、风速、风量、瓦斯浓度等在内的参数。瓦斯隧道的需风量，应根据同时工作的最多人数、同时作业设备、爆破排烟以及瓦斯绝对涌出量等参数分别计算，然后采用其中的最大值，并按允许风速来进行检验。在瓦斯易于积聚处应实施局部通风，施工期间应连续通风。当因停电、检修等原因停风时，须切断电源、撤出人员。在恢复通风前，应先检查瓦斯浓度，在符合规定后方可启动机器。瓦斯工区的通风机应该装设风电闭锁装置，同时设置两路电源，当其中一路停止供电时，另一路电源应在15min内接通，以保证风机正常运转。此外，还应准备一套同等性能的通风机备用，并保持状态良好。应采用抗静电、阻燃风管。在隧道贯通后，仍应继续通风，以防止局部瓦斯积聚。

需要注意的施工通风设计原则如下：

1. 安全第一、预防为主的原则。通过提前了解隧道施工中可能存在的安全隐患，设置合理有效的设备设施来施工，防患于未然。

2. 经济适用原则。考虑到经济问题，在能满足施工要求标准的基础上，可以尽量使用已有设施节省施工成本，使用功效较高的设施来降低能耗。

6.2.2 隧道通风设计原则及标准

1. 设计原则

（1）遵循铁路隧道现行有关规程、规范，参考公路隧道现行有关规程、规范。

（2）设计的隧道施工通风系统安全、稳定、可靠、经济，各用风地点风量配备应合理，风量、风速、瓦斯及其他有毒、有害气体浓度应符合要求。

（3）尽量采用变频、双级或多级调速轴流式通风机，并选取较大直径的通风管道。当需要风量大时，采用双级或多级运转，通风机以高转速运行；当需要风量较小时，采用单级运转，通风机以较低转速运行。

（4）同一工点各工作面配置的通风设备型号、规格不宜过多、过杂，轴流风机数量亦不宜过多。进洞风机、局扇应采用防爆型。

（5）隧道施工通风设计应根据隧道长度、断面大小、施工方法、施工设备配套等综合考虑。选择通风方案时，应充分考虑隧道高瓦斯、作业面多、无轨运输等特点。

（6）坚持"以人为本、改善环境、确保安全、节约能源、节约投资"的设计原则。

2. 通风设计标准

隧道在整个施工过程中，依据《铁路隧道工程施工技术指南》TZ 204—2008，作业环境应符合下列职业健康及安全标准：

（1）空气中氧气含量：按体积计不得小于20%。

（2）粉尘容许浓度：每立方米空气中含有10%以上的游离SiO_2的粉尘不得大于2mg；每立方米空气中含有10%以下的游离SiO_2的矿物性粉尘不得大于4mg。

（3）瓦斯隧道装药爆破时，爆破地点20m内，风流中瓦斯浓度必须小于1.0%；总回风道风流中瓦斯浓度应小于0.75%；开挖面瓦斯浓度大于1.5%时，所有人员必须撤至安全地点。

(4) 有毒、有害气体最高容许浓度：CO 最高容许浓度 $30mg/m^3$，在特殊情况下施工人员必须进入作业面时，浓度可为 $100mg/m^3$，但工作时间不得大于 30min；CO_2 按体积计不得大于 0.5%；氮氧化合物（换算成 NO_2）为 $5mg/m^3$ 以下。

(5) 隧道内气温不得高于 26℃。

(6) 隧道内噪声不得大于 90dB。

(7) 隧道施工通风应能提供洞内各项作业所需的最小风量，每人应供应新鲜空气 $4m^3/min$。

6.2.3 瓦斯隧道内的主要污染物及通风控制标准

1. 有害气体

瓦斯隧道施工中会产生瓦斯、CO、CO_2、NO_2、NO、SO_2、H_2S 等有毒有害气体。隧道中的煤层会溢出瓦斯，爆破会产生 CO、CO_2、NO_2、NO、SO_2、H_2S 等，其他施工作业等同样会产生这些有害气体。相关标准规范对隧道中有害气体的浓度做出了一些要求，但是不同的标准有不同的要求。《铁路隧道工程施工安全技术规程》TB 10304—2009 和《铁路隧道工程施工技术指南》TZ 204—2008 中规定：CO 最高容许浓度为 $30mg/m^3$，在特殊情况下，施工人员必须进入开挖工作面，浓度可为 $100mg/m^3$，但是工作时间不得大于 30min；CO_2 按体积不得大于 0.5%；氮氧化物（换算成 NO_2）浓度应在 $5mg/m^3$ 以下。《公路隧道施工技术规范》JTG F60—2009 规定：CO 最高容许浓度为 $20mg/m^3$，短时间（15min）内接触容许浓度为 $30mg/m^3$；CO_2 最高容许浓度为 $9000mg/m^3$；SO_2 和 NO_2 的最高容许浓度为 $5mg/m^3$。

2. 粉尘

(1) 施工中的粉尘

在施工中存在的粒径小于 $100\mu m$ 的烟尘、岩粉、焊尘以及水泥灰尘等颗粒物就是通常所说的粉尘。粉尘的产生一般是伴随在施工中各工序作业之中，爆破、出渣、隧道机械掘进、机械扬尘、混凝土搅拌与喷射等作业都会产生粉尘。

(2) 粉尘的危害

一般大于 $10\mu m$ 的粉尘能够在空气快速沉降下来，但是大多数细微的颗粒会悬浮在空气中，隧道内的人员吸入这些粉尘，身体健康将受到极大的影响。大于 $10\mu m$ 的粉尘将吸附在鼻腔和上呼吸道中，能够直接被人体机能排出体外；大于 $5\mu m$ 小于 $10\mu m$ 的粉尘能够进入并吸附在支气管深部；大于 $0.5\mu m$ 小于 $2\mu m$ 的粉尘则将直接深入人的肺部，导致硅肺病，其将诱发其他并发症甚至引起人员死亡。

(3) 粉尘的限制标准

《铁路隧道工程施工安全技术规程》TB 10304—2009 中对于粉尘的控制有以下规定：空气中粉尘（游离 SiO_2 含量>10%）的最高容许浓度为 $2mg/m^3$；空气中粉尘（游离 SiO_2 含量<10%）的最高容许浓度为 $4mg/m^3$。《公路隧道施工技术规范》JTG F60—2009 中对隧道内空气中的粉尘规定：白云石粉尘、大理石粉尘、石膏粉尘、石灰石粉尘、珍珠岩粉尘的最高容许浓度为 $8mg/m^3$；沉淀 SiO_2、沸石粉尘、硅灰石粉尘、重晶石粉尘最高容许浓度为 $5mg/m^3$；滑石粉尘（游离 SiO_2 含量<10%）、石墨粉尘、煤层、水泥粉

尘的最高容许浓度为4mg/m³；蛭石粉尘的最高容许浓度为3mg/m³；尘矽、萤石混合性粉尘的最高容许浓度为1mg/m³。

3. 瓦斯

根据《铁路瓦斯隧道技术规范》TB 10120—2002中的相关条例，隧道内瓦斯浓度限值及超限处理措施应符合表6-1的规定。

隧道内瓦斯浓度限值及超限处理措施　　　表6-1

序号	地点	限值	超限处理措施
1	低瓦斯工区任意处	0.5%	超限处20m范围内立即停工，查明原因，加强通风监测
2	局部瓦斯积聚（体积大于0.5m³）	2.0%	超限处附近20m停工、断电、撤人，进行处理，加强通风
3	开挖面工作风流中	1.0%	停止电钻钻孔
		1.5%	超限处停工、撤人、切断电源，查明原因，加强通风等
4	回风巷或工作面回风流中	1.0%	停工、撤人、处理
5	放炮地点附近20m风流中	1.0%	严禁装药放炮
6	煤层放炮后工作面风流中	1.0%	继续通风，不得进人
7	局扇以及电气开关10m范围内	0.5%	停机、通风、处理
8	电动机及开关附近20m范围内	1.5%	停止运转、撤出人员、切断电源、进行处理
9	竣工后洞内任何处	0.5%	查明渗漏点进行整治

与《公路隧道施工技术规范》JTG F60—2009的规定略有不同，该规范中规定：开挖工作面风流中，瓦斯浓度限值为1.5%；放炮点附近20m风流中及开关附近20m范围内的瓦斯浓度没有作要求；局扇及电动机开关的距离范围不是10m，而是在20m内。

4. 洞内作业环境气候参数及卫生标准

根据《铁路隧道工程施工技术指南》TZ 204—2008、《公路隧道施工技术规范》JTG F60—2009以及相关规范对隧道内的作业环境卫生及安全标准做出了如下规定：

（1）洞内气候参数

1）温度。反映空气冷热程度的物理量。隧道内影响温度的因素有：各类施工机械释放的热量、隧道埋深、地热、混凝土的硬化热等。通常在气温为15～20℃，湿度为40%～50%的环境中，作业最舒适。然而作业人员对气温有一定的调节，加之配合衣物，气温应控制在28℃以下。

2）湿度。湿度主要受洞内涌水或滴水、洞内施工作业用水和洞外空气湿度的影响。相对湿度低于30%为低气湿，超过80%称为高气湿，过低或过高均会对作业人员造成影响，一般控制在40%～50%较为合适。

3）风速。隧道内的风速是把由机械排放的气体、粉尘、爆破后气体等稀释到安全浓度所需风量决定的。国际隧协的最小风速规定为0.17m/s，其他一些国家为0.2～0.3m/s。特别应注意，当有瓦斯气体时，风速应大于0.5m/s，不然很难排出积聚的CH_4气体。

（2）O_2含量在作业面应保持在19.5%以上，隧道通风时严禁使用纯氧。

(3) 粉尘浓度，空气中超过 10% 以上的游离 CO_2 的粉尘浓度不得大于 $2mg/m^3$。

(4) 爆破时，爆破点 20m 内风流中瓦斯浓度必须小于 1.0%；回风道中瓦斯浓度应小于 0.75%；当开挖工作面瓦斯浓度大于 1.5% 时，所有工作人员必须撤至安全地点。

(5) 噪音在隧道内小于 90dB。

(6) 有害气体最高容许浓度：CO 最高容许浓度为 $30mg/m^3$；在特殊情况下，施工人员必须进入工作面时，浓度可为 $100mg/m^3$；但工作时间不得大于 30min；CO_2 按体积计不得大于 0.5%；氮氧化物（换算成 NO_2）为 $5mg/m^3$ 以上。

6.3 瓦斯隧道施工通风方式

施工通风的对象主要是施工产生的有毒有害气体以及洞内气候参数、烟雾以及异味等，其目的是：对有害气体进行冲淡、更换，保障洞内工作人员的身心健康，改善其劳动环境条件；对隧道施工钻孔、爆破、装渣、运输、喷锚作业过程中产生的粉尘进行稀释；稀释烟雾确保洞内行车和施工作业安全；对湿度、温度和异味进行稀释，降低温度和湿度，提高隧道内作业人员的舒适性，保证施工的安全和提高生产效率。为了能达到上述目的，需满足以下要求：为隧道内的施工人员提供足够的新鲜空气；将有害气体和粉尘稀释到安全浓度以下，并将其排出；将隧道内的温度、湿度降低到有利于工作人员能够高效工作的适宜条件；当隧道内发生突发性灾难时，如火灾、有毒有害气体突然冒出等，要能够限制灾难的蔓延，并为后续工作创造条件。

目前，瓦斯隧道通风在施工方面主要面临的问题有 3 个方面，即开挖面处的高浓度的瓦斯、施工机械热机废气排放以及作业后炮烟有害成分。此前瓦斯隧道通风设计方案多来自于煤炭部门科研单位的多年瓦斯处理经验，但煤炭矿井瓦斯通风不用考虑反复爆破中围岩抛射对设备的损坏，大断面开挖中通风损失等隧道特点。经多年交通隧道和水工隧道部门的实践和发展，目前，主要将风管式通风和巷道式通风应用于实际工程中，根据已有经验和规范规定，较长且高瓦斯隧道一般推荐巷道式通风，低瓦斯隧道和短隧道应用风管式通风已能较好地满足安全要求。

6.3.1 隧道施工中瓦斯浓度影响因素

瓦斯隧道的瓦斯浓度和隧道本身的瓦斯涌出量有关，瓦斯涌出越多，一般隧道内的瓦斯浓度越高，而且隧道瓦斯的涌出量也会影响隧道的风流场，瓦斯的涌出量越大，对风流场影响也越大。由于隧道的瓦斯排放主要靠通风措施，所以隧道的通风方式、通风机的风量也是影响隧道瓦斯浓度的重要因素。同时，除了风机外，风筒是隧道施工中的主要通风设备，隧道内瓦斯的浓度分布和运移扩散也会受到风筒的影响，主要影响风筒的因素有：风筒直径、风筒距掌子面距离以及风筒悬挂位置。

1. 风筒直径

风筒的直径选取至今并没有具体的公式和标准可以参考。由相关理论分析可知，风阻越小，风管漏风率也越小，则风机的送风距离越大。而依据流体力学的有关理论，风筒直径的五次方与风阻和风机功率均成反比，所以，可以通过选取直径大的通风风筒来降低风阻。但是，风管直径过大，会使风筒投资费用增大，也会影响隧道的施工；如果风筒直径减小，可以降低风筒的投资费用，但是风筒直径减小又会导致通风阻力和风机能耗增大，会使通风系统运行费用增加。所以，风筒直径的选取会影响隧道瓦斯的浓度。

2. 风筒口距掌子面距离

由前文分析可知，隧道风流流场主要分为涡流区、涡流影响区和稳定区。不同的风筒口距掌子面距离，也会影响隧道的风流流场。而风流流场的改变直接影响着隧道瓦斯的运动和扩散，进而影响隧道瓦斯浓度的变化。

3. 风筒悬挂位置

在隧道施工中，风筒的悬挂位置通常分为拱顶、拱腰、下拐角。由于风筒位置不同，导致风流场的射流和回流受到影响，进而影响隧道瓦斯的扩散，最终导致隧道瓦斯浓度的不同。

6.3.2 通风设计条件与参数

1. 瓦斯等级：根据地勘资料和瓦斯等级鉴定结果，确定隧道瓦斯等级。在瓦斯隧道进、出口和工区工点均按高瓦斯工区设置。

2. 根据《铁路瓦斯隧道技术规范》TB 10120—2002，隧道施工通风应能提供洞内各项作业所需的最小风量：每人应供应新鲜空气 $4m^3/min$；采用内燃机械作业时，供风量不应小于 $3m^3/(min \cdot kW)$；每人至少供给新鲜空气量 $4m^3/min$；采用内燃机械作业时，供风量不应小于 $3m^3/(min \cdot kW)$。掌子面处降温排尘最低风速范围为 $0.3 \sim 1.0m/s$；瓦斯绝对涌出量在隧道的浓度按空气含量 0.5% 计算。

3. 隧道施工通风风速：瓦斯工区最低风速不宜小于 $1.0m/s$，最高风速不应大于 $6m/s$。瓦斯的扩散速度比空气大 1.6 倍，易透过裂隙、结构松散层溢（涌）出。当风速在 $0.3m/s$ 时，甲烷会从发生点反流形成甲烷带；当风速为 $0.5m/s$ 时，甲烷几乎不会发生反流，但也会形成甲烷带；当风速大于 $1m/s$ 时，甲烷散乱，则不会形成甲烷带，不会在拱顶上部聚积。在通风需风量计算过程中采取风速不小于 $0.5m/s$，对模板台车、掌子面及加宽段等瓦斯可能产生积聚地段通过增设局扇风机，达到《铁路瓦斯隧道技术规范》TB 10120—2002 要求的最低风速不宜小于 $1m/s$。

4. 风筒及漏风率：压入式通风管选用螺旋连接通风筒，直径宜选 $\phi1m \sim \phi2m$，风筒具有高强度、抗静电、阻燃柔性能，每节长度 $20m$，柔性风筒百米漏风率 $P100$ 取 1%。

6.3.3 瓦斯隧道施工通风方式

隧道通风包括自然通风和机械通风两种类型。依靠自然条件所引起的风压使得隧道中的气流流动的通风方式就是自然通风。目前还没有准确计算运用自然通风的隧道最大容许长度的标准与依据。《煤矿安全规程》（2012 年版）中规定自然通风是被明确禁止选取的；《公路隧道施工技术规范》JTG F60—2009 中有明确规定：独头掘进超过 150m 的隧道，一定要运用机械通风。高瓦斯隧道洞内应该采取巷道式的机械通风，自然通风只能在隧道洞口处使用。

相对于自然通风，借助风机排烟除尘的通风方式称为机械通风。机械通风根据风道种类和通风机设置的不同，其通风方式又可以分为风管式、巷道式和风墙式三种，其中隧道施工通风常用的是风管式和巷道式通风。

1. 风管式通风

风管式通风根据风机射流进入隧道风道的风向不同，分为压入式、抽出式和混合式。

（1）压入式通风

压入式通风的风机和通风管道的进风口一般置于隧道外，风管的出风口置于隧道掌子面附近，风机将新鲜空气通过风管由洞外送到隧道掌子面，稀释开挖面的有毒、有害气体和粉尘，并且将污浊的空气经整个隧道由隧道口排到洞外。通风系统布置示意图如图 6-1 所示。

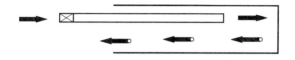

图 6-1 压入式通风示意图

压入式通风的优点是：有效射程远，通风机送出的空气能强劲的吹向掌子面，有效地排出、稀释隧道内的有毒有害物质；随着工作面风流沿着隧道回流会带走隧道内的有毒有害气体，能有效地改善施工作业环境；由工作面回流的空气（含有瓦斯气体）不会再经过风管和风机排出，这样提高了隧道施工的安全性；成本低，送风式通风采用的是相对便宜的柔性风管。

压入式通风的不足主要是：长隧道采用压入式通风时，风流不能快速地到达工作面并迅速的回流，导致排出、稀释有毒有害物质时间过长；被污染的空气是经隧道回流，这样致使整个隧道都被污染，严重影响施工作业环境；通风设施设备较多，不便于管理。

基于排烟除尘效果良好以及便于机械化作业的特点，压入式通风成为无轨运输施工隧道的主要通风方式。目前独头掘进隧道广泛使用压入式通风，而高瓦斯隧道中必须选用压入式通风。

（2）抽出式通风

不同于压入式通风，抽出式通风管道的进风口置于隧道掌子面附近，出风口置于隧道外，风机将有害气团经风管排出洞外，新鲜空气由外到内经过整个隧道流动至掌子面，其通风系统布置示意图如图 6-2 所示。

图 6-2 抽出式通风示意图

抽出式通风的优点是：排瓦斯、炮烟所需风量小，但效果良好，污染气流不再流进隧道而直接从风筒排出；不用设置专门的风门，有利于通风管理。

抽出式通风的不足主要是：有效吸程短，当风筒距掌子面较远时通风效果不佳，常常因为将风筒布置距掌子面过短致使风筒容易被破坏；污染风回流经过风筒风机会加大瓦斯爆炸的危险；成本高，通风管要选用刚性风管。

抽出式通风不适用于瓦斯隧道，适宜运用在有轨运输的隧道。

（3）混合式通风

混合式通风是由压入式通风和抽出式（压出式）通风两种通风方式组合而成。如图6-3所示。

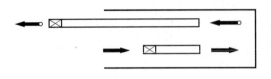

图6-3 混合式（压入式和抽出式组合）通风示意图

混合式通风的风机将新鲜空气从隧道外送入隧道，送至送风管道入口并进入送风管道，经过送风管道被压入至隧道掌子面；污浊气团由隧道掌子面流入排风管道，进入风管，经排风风管排至隧道外。抽出式（压出式）风机的功率较大，是主风机；压入式风机是辅助风机。因为相较于所需风量大的主风机，压入式风机的有效射程短，风量小，所以常常将压气引射器代替送风风机。混合式通风系统通常必须将压入式风机口与抽出式风管口的重叠区域大于10m，以便防止隧道内的循环风污染。同时风筒重叠区域周边的风速要大于隧道的最低允许风速。

混合式通风的优点是：集合了压入式和抽出式（压出式）通风方式的优点，压入式风机将新鲜气流送入掌子面带走并稀释有毒有害物质，再经抽出式风机将污染气流抽出，改善作业面的空气质量；通风效果良好，能快速有效地排出污染的气流送入新鲜空气。

混合式通风的不足主要是：相对于前两种，其通风风机风管多，通风系统相对复杂，不利于施工管理；成本能耗高，所需设备多，运行起来耗电多。

混合式通风适于大断面长隧道施工通风，不适于高瓦斯隧道通风，在我国煤矿通风中运用较多。

2. 巷道式通风

巷道式通风利用最靠近开挖工作面的横通道于正洞和平导之间（或平行双洞间）形成一个循环风流系统，新鲜空气由正洞流入，由平导流出，如图6-4所示。巷道式又可划分为射流巷道式、主扇巷道式两种方式。局部风管式通风可以应用到独头掘进段的正洞和平导中。

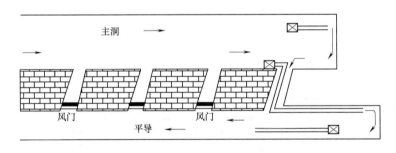

图6-4 巷道式通风示意图

巷道式通风的优点是：通风效果好、能耗低、现场操作简单、可靠性高。不足是：要设置平导或者需要至少两台以上的风机，成本高。

巷道式通风在双洞的平行隧道、有平导的长大隧道、瓦斯隧道中应用比较广泛，特别是高瓦斯隧道中。《铁路瓦斯隧道技术规范》TB 10120—2002有相关的明确规定：瓦斯隧道非瓦斯工区的施工中应该采用压入式通风或混合式通风；低瓦斯工区适宜选择压入式通风，也可以选择巷道式通风；高瓦斯工区以及瓦斯突出工区的施工宜采用巷道式通风。

在早期的隧道施工中,传统的矿山巷道通风主要采用的是巷道式通风方式,也就是在进风的隧道中安放压入式风机,被污染的气流经另一条平行隧道或平导流出。为了防止被污染气流形成循环风,除了回风的横通道外,必须对其他横通道设置风门封闭。

近年来通风技术得到极大地发展,巷道式通风由原来单一的矿山巷道式通风发展到运用广泛无风门巷道式射流通风。无风门巷道式射流通风最先是运用于公路隧道运营通风中的,它通过多个射流风机向整个隧道提供纵向通风来排出和稀释有毒有害气体,后来该技术被引进到隧道施工通风中,并形成比较成熟的通风体系。在1998年,有关工程人员在华蓥山隧道施工中试着将射流风机取代原来的轴流风机,有效地运用了升压原理,使得射流风机的正压力变为侧压力,将风流导入另一个隧道中,该方法取消了矿山巷道式通风的风门、风道、风机房,只需凭借一些小直径射流风机就能达到同样的效果。巷道式射流通风很好地吸收了巷道式通风通风效果良好、可靠性高、能耗低、操作简单等优点,特别适合长大高瓦斯隧道(有平导的隧道或双线隧道)的施工中,并在近年来我国瓦斯隧道工程施工中得到了广泛的运用。

巷道式通风主要利用开挖工作区附近的横通道在正洞与平行导坑或者双洞之间形成一循环风流系统,新鲜空气由正洞流入,平行辅助洞流出。隧道掘进长度较短时不宜采用巷道式通风,可以采用风管式通风,但巷道式通风对于高瓦斯隧道通风效果甚好。早期巷道式通风局限于采用压入式风机的矿山模式,例如南昆铁路家竹箐隧道就采用了这一模式,设立风门封闭横通道解决了高瓦斯隧道的通风问题。公路隧道中较早地引入了射流通风至巷道式通风中,成功实现了进风道为新鲜风流,将轴流风机引入至工作面附近,实现了真正意义上的巷道式通风,成功解决了2000m以上长大隧道高瓦斯和有害气体的排出。

射流通风系统作为瓦斯隧道的通风方式,需要确定风量后,再计算用于克服隧道中全部阻力所需的射流风机组推力,主要包括自然风阻力、交通通风阻力、通风阻抗力三种。射流通风系统工作原理如图6-5所示。

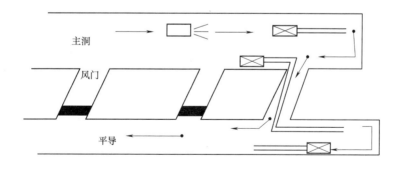

图6-5 射流通风系统工作原理示意图

6.4 确定通风方式与方法

6.4.1 影响通风方式的影响因素

确定通风方式与方法需要综合考虑开挖和运输的方式、方法,机动车影响,场地限制,设备的条件等因素,下面分别说明。

1. 开挖的方式、方法。隧道开挖根据隧道结构类型及地质条件不同可以分别采用全断面法、台阶法、中导洞法、侧壁导坑法等开挖方法;开挖方式分人工开挖、机械开挖、钻爆、盾构作业等。根据这些不同的开挖方式、方法,考虑作业面距离、人员、机械等的因素,以及对风机设置、供风距离等的因素,来确定可以采取的通风方式、方法。

2. 运输的方式、方法。根据采取的运输方式、方法,考虑供风位置、供风量等因素确定。

3. 场地限制。如果设有可以利用的辅助坑道,确定通风方式、方法要充分考虑辅助坑道的供风需求。

4. 柴油汽车排放的废气影响部位及影响范围。隧道内机车定点作业或移动作业,产生的尾气影响范围不同,选择通风方式、方法时要根据机车作业尾气排放量及其影响部位和影响范围来确定。

5. 设备条件。充分考虑利用现有的通风设备来选择通风方式、方法。

6.4.2 不同通风方式使用范围

将不同通风方式的特点对比分析,见表 6-2。

隧道施工常用通风方式特点对比　　　　表 6-2

通风方式			优缺点比较
自然通风			优点:无需机械设备、无能耗、无投入。 缺点:通风效果不稳定,影响因素多且很难人为控制
机械通风	风管式通风	压入式通风	优点:设备布置灵活、拆装方便;主要使用柔性风管,成本较低;风管出口风速和有效射程(从出风口到风流反向点的距离)较大,冲淡和排出炮烟能力强;通风效率高、工作面得到充分新鲜空气所需时间短;污风不通过通风机和风管,对设备影响较小。 缺点:通风阻力随着管路的增长而增大,且风管接头或多或少有漏风,接头质量若得不到保证就会导致工作面附近风量不足;污染空气经全隧道,对已完洞身将造成污染,并对后续的其他作业如锚杆打设、二次混凝土衬砌等空气质量有较大的影响,且排到洞口时间较长
		抽(排)出式通风	优点:在有效吸程(沿隧道流入工作面风流的有效作用范围)内排烟能力强,所需风量小,污染空气直接被吸入风机,经风管排出隧道,不会污染已建洞身,隧道内空气状况和施工环境保持良好。 缺点:抽出式通风只能采用硬质风管,成本较高;有效吸程短,吸风口须离工作面很近才能获得满意结果,此时会造成工作面设备布置困难;此外,需随隧道掌子面掘进不断移动风机位置、接长风管,易造成通风不持续
		混合式通风	优点:对风速要求不太高,相对而言比较节能,通风效果较佳。 缺点:须在洞内同时布设两套风机和风管,且风管必须采用硬质风管,这将会干扰洞内施工运输、混凝土衬砌等其他作业的开展,风管管路的续接及维护工作量也将大大增加
		巷道式通风	优点:通风断面大,即使是大风量,耗电量也少;风管只在局部设置,安装维护等费用低;若风门设置适当,将无漏风现象发生,风机风量即为通风量,故通风效率高。 缺点:需要进气口和排气口相互独立的两座隧道洞口,致使其应用受限

通过对比分析，管道压入式通风将新鲜空气经风管一直送到工作面，污染空气从全洞断面排出，风机位置固定，并随着隧道掌子面的掘进而不断延伸风管，施工较方便。基本不受施工条件限制，为一般隧道施工所采用，通风中的最长送风距离应根据所选设备性能和匹配情况来确定。随着风机和风管研制技术的成熟，独头送风距离越来越远，在采用大功率风机、大直径风管或者无轨运输条件下均可以采用压入式通风方式。

6.4.3 瓦斯隧道通风风量计算

瓦斯隧道通风计算所需风量，主要是稀释瓦斯和有害气体，使稳定的空气质量达到安全标准，可以进行洞内作业生产。隧道施工通风设计是通过计算通风量、风压等参数，来选定通风方案并充分考虑现有资源的利用。目前我国的隧道施工通风计算理论较多，但是并没有一个统一的标准和规定，在许多书籍和文章中都出现了大量的不同的计算公式，而且在通风设计时选用不同的计算公式会导致差别很大的结果，经常让人无从选择。从文献资料可以看出，各工程局和设计施工单位在设计隧道的通风方案时，无法从一个具体的标准和规定中获得参考，往往是根据相关的经验或者单凭自己的喜好随意的选择计算公式，这对隧道的通风设计和隧道的施工安全都是非常不利的。我国隧道施工风量计算研究不仅仅和国外先进水平相距甚远，而且和国内化工、冶金、煤炭、有色金属等领域的相关研究也差距明显。

目前，瓦斯隧道施工期间需要的风量没有统一公式，本文参考《煤矿矿井风量计算方法》MT/T 634—1996；《铁路瓦斯隧道施工规范》TB 10120—2002 和《公路隧道施工技术规范》JTG F60—2009 以及相关文献资料得出，隧道施工通风风量可以根据瓦斯涌出量、爆破排烟、最多作业人数、允许的最小风速、排内燃机废气等分别计算，并采用最大值以达到风量和风速都可以满足瓦斯防治要求。下面介绍这几种主要的计算方法。

1. 按瓦斯涌出量计算

（1）风流中瓦斯浓度应控制在 0.5% 以下，按瓦斯涌出量，通风计算按下式：

$$Q = q \cdot k / r \tag{6-1}$$

或

$$Q = \frac{Q_{CH_4}}{B_g - B_{g0}} \cdot r \tag{6-2}$$

式中　Q——隧道通风量；

　　　q——瓦斯绝对涌出量；

　　　r——工作面回风流瓦斯允许浓度；

　　　k——瓦斯涌出不均匀系数，取 1.5～2.0；

　　　B_g——工作面允许瓦斯浓度；

　　　B_{g0}——送入风流中瓦斯浓度；

　　　Q_{CH_4}——瓦斯涌出量，m^3/min。

（2）对于独头掘进隧道来说，瓦斯源头主要是掘进时爆破后瓦斯、新暴露洞壁和喷混凝土待衬砌段洞壁三个部分。故以此为计算依据，公式如下：

$$q = q_1 + q_2 + q_3 \tag{6-3}$$

式中　q_1——开挖工作面爆破后煤块瓦斯涌出量；

　　　q_2——新暴露洞壁瓦斯涌出量；

q_3——喷射混凝土壁面瓦斯逸出量。

2. 按洞内最多人数需要风量计算

交通运输部颁布的《公路隧道施工技术规范》JTG F60—2009 中规定：供应的新鲜空气每人不少于 $3m^3/min$。而根据《铁路瓦斯隧道施工规范》TB 10120—2002 规定：供应的新鲜空气每人不少于 $4m^3/min$。本文研究的隧道为地铁瓦斯隧道，所以取前者，每分钟每人供给风量不得小于 $4m^3$，故其余待定系数，计算公式如下：

$$Q=3KN \tag{6-4}$$

式中 Q——工作面风量，m^3/min；

K——备用系数，本书取 3；

N——洞内同一时间最多人数。

3. 按稀释和排炮烟所需风量计算

根据目前研究，炮烟排出计算风量的经验公式很多，往往有各自侧重的方面，常用的通风方式中，压入式通风效果较佳。由于针对不同施工实际特点而研究，导致出现了许多不同的按排除炮烟计算风量的公式，而且一般是参考矿山通风经验。虽然这些公式有一定的科学性，但其不可避免地带有一定的经验性和针对性，且运用起来需要一定的经验，使得其局限性颇大，不利于公式的适用和推广。

（1）压入式通风风量计算

1）方法一

$$Q=\frac{2.25}{t}\sqrt[3]{\frac{G(AL_0)^2\varphi b}{\eta^2}} \tag{6-5}$$

或

$$Q=\frac{19}{3}\sqrt{GLA} \tag{6-6}$$

式中 Q——爆破排烟工作面所需风量，m^3/min；

t——放炮后通风时间，min；

G——单次爆破的炸药量，kg；

A——隧道断面面积，m^2；

L——最长通风距离，m；

L_0——临界长度，$L_0=12.5\dfrac{GbK}{A\eta^2}$，$K$ 为渗流扩散系数，按表 6-4 取值；

φ——淋水系数，按表 6-3 取值；

b——炸药爆炸时所产生有害气体的量，煤层中爆破取 100，岩层中爆破取 40，L/kg；

η——漏风系数。

淋水系数取值 表 6-3

井巷潮湿情况	0.15	潮湿的巷道	0.6
沿干燥岩层掘进的巷道	0.8	岩层含水	0.3

渗流扩散系数　　　　　　　　　　　表 6-4

$l/2D$	K	$l/2D$	K
6.35	0.40	12.10	0.60
7.72	0.46	15.80	0.67
9.60	0.53	21.85	0.74

注：表中 l 为风流有效射程，且 $l=(4\sim 5)\sqrt{A}$；D 为风管直径。

2) 方法二

该方法考虑到爆破后的工作面的一段距离（炮烟抛掷长度 l_0），区域内立即将充满炮烟。要使得该区域内的炮烟得到稀释，所需的风量为：

$$Q=\frac{5Gb-Al_0}{t} \tag{6-7}$$

式中各符号意义同前。

(2) 排风式通风的风量计算

下面的两种方法只能运用于爆破后马上通风的情况。不然，因为随着炮烟不断向外蔓延，会使得炮烟区的容积增大，风量值偏小，增长通风排烟的时间。

1) 方法一

$$Q=\frac{2.13}{t}\sqrt{GbA\left(15+\frac{G}{5}\right)} \tag{6-8}$$

式中各符号意义同前。

2) 方法二

$$Q=\frac{18}{t}\sqrt{GAl_0} \tag{6-9}$$

式中各符号意义同前。

4. 按稀释和排出内燃机废气风量计算

洞内机械式作业，无法回避内燃机废气排出的问题，计算原理出发点不尽相同。安全释放计算方法考虑某污染物要求的最大通风量乘以安全系数来确定该台设备的通风要求量，计算公式如下：

$$Q=2\frac{q_f C_i}{[T_i]} \tag{6-10}$$

式中　q_f——柴油机废气排放率；
　　　C_i——第 i 项污染物排放浓度；
　　　$[T_i]$——第 i 项污染物允许浓度。

由于按安全稀释法计算复杂，可通过试验和统计方法确定柴油机的功率通风计算系数，然后对工作时洞内机械有效利用率来加权获得所需风量。

$$Q=\sum_{i=1}^{N}T_i k_0 N_i \tag{6-11}$$

式中　T_i——每台柴油机设备工作时利用率系数；
　　　k_0——功率通风计算系数；
　　　N——工区内柴油设备总数；

N_i——每台柴油设备额定功率。

此外，根据《公路隧道施工技术规范》JTG F60—2009 规定，采用内燃机作业时，供风量不应小于 $4.5 \mathrm{m}^3/(\min \cdot \mathrm{kW})$。稀释车辆内燃机生成的尾气所需风量为：

$$Q = 4.5 \cdot \sum_{i=1}^{N} T_i N_i \qquad (6-12)$$

式中　Q——稀释内燃机废气所需风量，$\mathrm{m}^3/\min$；

T_i——内燃机工作时的利用系数；

N_i——每种内燃机工作时的额定功率，kW。

5. 按洞内最小允许风速验算

《煤矿安全规程》中规定：掘进中岩石巷道风速不应低于 0.25m/s，岩石巷道的风速最低不能低于 0.15m/s。《铁路瓦斯隧道技术规范》TB 10120—2002 规定：瓦斯隧道施工中防治瓦斯聚集的风速不宜小于 1m/s。《公路隧道施工技术规范》JTG F60—2009 规定：全断面开挖时风速最低为 0.15 m/s，坑道内部风速最低不得低于 0.25m/s，都不能高于 6m/s。则隧道需风量可根据下式计算：

$$Q = 60vA \qquad (6-13)$$

式中　Q——隧道掘进工作面需风量，$\mathrm{m}^3/\min$；

v——允许最低风速，m/s；

A——为隧道最大断面面积，m^2。

6.5　通风设备选择

6.5.1　通风设备选择原则

1. 选择风机的主要原则

（1）风机能满足最大送风距离的供应需求；

（2）风机工作点选择靠近最高效率点；

（3）选择高效节能风机；

（4）通风机产生的风量不能小于理论计算风量；

（5）通风机直径与选取通风管直径不能差别太大；

（6）风机全压值不小于管道总阻力。

2. 风机的确定

通过计算，确定通风必须满足风量、最大风压、风机功率的要求，选择满足施工要求标段风机。

3. 备用电源

若工程为高瓦斯隧道，为了保证电网停电时，轴流通风机能正常运行往洞内通风，在左、右洞配电房各安装一台 400kW 内燃发电机组，专门供给通风机送风。在配电屏的输出端各安装一把倒向刀闸，保证在用内燃发电机供电时与当地电网隔离，避免发生事故。

内燃发电机组安装试机完毕后，经项目部专业电工检查是否为合格备用电源，确认为合格备用电源后方可使用。

通风设备的选择决定了整个通风设计的成功与否，直接关系着通风系统的通风效果。依据理论公式和工程实际计算所得的通风量来确定风机的功率，除此之外还要考虑风机的构造、能耗、效率、噪声大小、安装难易程度等因素；有的隧道还应考虑在转角加宽段、横通道等部位设置合理数量的局部风扇。风管的选择则应根据风机风量情况下所需风压来确定，除此之外还应该考虑风管的质量、接头方式、抗压强度、径向变形、安装复杂程度、伸长率等因素。

通风设备配置基本原则：

（1）选用的风机风量应大于理论计算需风量；

（2）选用的风筒直径在风机直径的基础上，应尽可能采用大口径，以减少损耗，但是风管的直径和通风机接口的直径不能相差过大；

（3）所选风机的全压值应大于管道总阻力。

6.5.2 瓦斯隧道通风设计优化

单纯的压入式通风是独头掘进隧道施工中运用最多的通风方式。但是随着独头掘进隧道掘进长度的增加，通风难度随之加大，同时可能存在施工通风设计不合理和隧道通风管理差等问题，致使隧道工作面的供风量无法满足要求，隧道中人员所处的工作环境变得恶劣，隧道内的瓦斯危险也随之增大，隧道的施工安全不能得到保证。因此，为保证隧道的通风效果和通风安全，应加强对瓦斯隧道通风优化的研究，为瓦斯隧道施工和揭煤开挖创造有利条件。

要保障瓦斯隧道的安全施工，更好地防止发生瓦斯安全事故，最有效的办法是合理的设计隧道的通风方案。下面将从提高通风效率通风方案来优化瓦斯隧道的通风设计。

1. 提高通风效率的优化措施

隧道施工通风效果的好坏受风管性能优劣、质量、安装与维修等因素的直接影响。但是，现在许多隧道施工时的通风管理比较混乱，风管扭曲破损比较严重，这使得送风过程的风量和风压衰减显著，风流可能无风到达掌子面，通风效果较差，这必将导致隧道污染严重。通风效果不佳，对于危险源多的瓦斯隧道施工更将带来极大的安全隐患。所以，必须采取有效的措施降低风筒风压，加强对瓦斯隧道的施工通风的管理，进而保证瓦斯隧道良好的通风效果。通过相关的研究和工程经验总结，可以从以下几方面来提高瓦斯隧道的通风效率。

（1）增长风筒的节长

对于长距离的隧道，风管长且风压高，其摩擦风阻减小但是接头的风阻会增大，这将导致接头风阻占整个隧道中的总风阻增大，所以减少接头也即增长风筒的节长将能很好地减小总风阻。根据相关研究和实践，风筒的节长可以增长至50m以上。另一方面，增长风筒直径和增长风筒节长必须采用软质风筒，这完全取决于风筒的软质特征。

（2）降低风筒接头漏风系数

首先，可以从提高风筒接头质量着手。胶质风筒的漏风系数随风压的大小变化，当风筒加长连接时，不搭边而采用对口缝接，两排针缝间距为100mm，针眼间距为10～15mm，缝合后，将风筒翻过来，内贴宽为30～40mm的胶布，然后再外贴宽400～600mm的胶布，使接头处平整光滑，从而减少接头漏风，如图6-6所示。另外，也可以采用薄铁片做成的内外压板连接，内外压板的直径随风筒的直径变化而定，一般外压板直径比内压板直径大10mm左右，应以接缝紧密为准，内压板宽为70～80mm，外压板宽为30～40mm，卡接时，两风筒搭接不少于100mm，然后用螺栓拉紧，如图6-7所示。

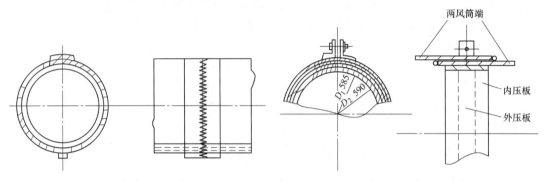

图6-6 胶贴接头示意图　　　　　　　　图6-7 压板接头示意图

其次，选取不漏风或漏风少的接头，使用法兰连接金属风筒，必须使法兰盘接触面平整，使用衬垫连接，并用螺栓固紧。胶软质风筒的接头可以使用活三环多层反边接头来减少漏风。

另外，为减少接头可以加长每节风筒，采用3m长的金属风筒节长，100m长的胶质软风筒节长。

同时应该经常进行检查，一旦发现了漏风必须及时予以处理。还可以采用铁风筒在靠近掌子面的附近以避免炮崩。

（3）减少阻力系数

为了减少阻力系数，应该使风机和风筒保持在同一水平直线上以保证风筒挂设顺直，防止风筒发生扭曲，风筒的高低要在平直线上，避免风筒发生拐弯，这样当风机开启时，风筒才会保持平稳，达到减低风筒阻力并提升通风效率的作用。同时，可以通过合理地调整变径节来连接变化直径的风筒，达到减少风阻的目的。再者，因为温度变化，风筒遇冷容易积水，这不仅会使得风筒容易变形，同时也会使得风筒阻力增大。所以，应该定期及时地清理风筒的积水。

2. 通风方案确定

根据有关标准和经验，瓦斯隧道的施工中，在非瓦斯工区可以采用压入式通风或者混合式通风。而低瓦斯工区或隧道既可以使用压入式通风，又可以采用巷道式通风。但是对于高瓦斯或者有瓦斯突出危险的工区及隧道必须使用巷道式通风。在隧道中采用巷道式通风时，还应该在开挖工作面布置一定数量的压入式的局扇。目前作为辅助的局扇使用较多是射流风机，布置位置不同会导致不同的通风效果，可以将射流风机设置于隧道掌子面附近或者隧道横通道中作为主风机以形成全风压风流。

6.5.3 风机和风筒的选用

瓦斯隧道施工所需的风量，必须根据瓦斯绝对涌出量、爆破排烟、隧道内同时工作的最多人数、最低允许风速、排内燃机废气分别计算，取其中的最大值作为所需风量，但同时还要考虑风管漏风的影响。风筒的直径选取至今并没有具体和统一的公式及标准可以参考。

风管直径太大，虽然能有效降低风压，减少漏风和损耗，但是会增加风筒的投资费用，也会影响隧道的施工作业；如果风筒直径过小，虽然模拟的通风效果较好，且可以降低风筒的投资费用，却会增大风管风阻和风机能耗，增加通风系统运行费用。如何合理地选取风筒目前仍没有一个很好的方法，经模拟发现在风机能够满足风管风阻的情况下，平衡风压损失、通风效果和经济性几方面，可以适当选取小直径的风筒。

1. 通风机的安装与使用

（1）隧道中的通风机一般都是安装在固定的支架上，同时要求支架结实稳定以防止风机在运行中随意震动。应该使用绑捆方法将风机和柔性管绑紧以减少通风阻力和不必要的漏风。同时为了防止形成循环风反复污染隧道内的空气，应该在距离隧道洞口有一定距离的地方安放压入式通风风机。对于具体的距离，应该根据现场实际情况而定，但不应该小于《公路隧道施工技术规范》JTG F60—2009 和《铁路隧道工程施工技术指南》TZ 204—2008 中规定的 30m。

（2）在距离通风机 5m 的周围附近禁止堆放任何杂物，而且应该对风机进口安装专门的保险装置。为保障风机出现故障后，不会影响隧道正常的通风和施工作业，应在故障出现 15 min 内能快速地切换到备用的风机，在局部通风机处应该安装风电闭锁装置。同时还要定期对甲烷风电闭锁装置进行试验，一般是每 10 天必须进行至少 1 次试验以确保装置的可靠性，试验的结果要存档备查。

（3）当测得隧道内的风速小于标准规定所要求的最小值时，可以通过设置射流风机来提高隧道内的风速。

（4）当需要移动风机时，在移动前就要做好通风机的支撑，并使用小平板车来装载移动。为了连续的进行空气的循环，应该逐个地移动射流风机。

（5）为防止风机的临时损坏和故障致使影响隧道的正常施工，应该配备一定数量的备用风机。

（6）风机必须要在生产厂家的指导下由其专业技术人员安装。完成安装后正常投入使用前还要进行试运行，并仔细地查看风机的风叶声音、转向等是否存在异常以便及时地进行修理或者更换。运行双电机风机时，为了防止因为风机运行产生的强大冲击可能损坏风筒，应该每间隔 2min 开启一个电机。

（7）通风机必须在验收合格后才能被投入使用。同时必须设置专人来管理风机，实行持证上岗制度，一人一证，并在风机处挂牌明确责任，严防闲杂人等随意开启关闭风机。风机操作员严格按照规程和说明来运行风机，由现场负责人员根据作业或施工安排来告知通风机操作员是否开启或者关闭风机，操作员还要根据实际情况做记录。

（8）风机必须严格地配备专用开关、专用变压器、专用线路，并设置两路电源，即使遇到故障使得一路无法供电，另一路也能马上接通，以保障正常施工通风，不影响工程进度。

（9）应该对瓦斯隧道施工实行连续通风。由于停电、设备故障、检修等原因不得不停止通风时，必须提前将隧道内人员撤离并切断电源，同时还应在各隧道入口安放警示牌、路障等。必须先检测隧道中的瓦斯浓度，确定安全后才能重新启动风机。瓦斯浓度可依据相关标准，重启风机前，必须测得停风处瓦斯浓度是否小于 1%，距离风机及开关处 10m 内瓦斯浓度是否小于 0.5%，否则，必须先采取一定的措施来排除稀释瓦斯。只有在确定停风处附近瓦斯浓度小于 1% 时，才能重启正洞中的其他电气。

（10）为保证风机的可靠性，必须定期对风机的各零件（包括传动装置和保护装置）、电机的电压电流和运行声音以及机器温度异常情况等进行检查，发现问题及时地进行修理和更换。

2. 风筒的安装与使用

（1）具备出厂合格证的风管且外观无破损才能进入工地被使用。同时还要检查风管接头是否完好严密、风管粘接缝是否牢固平顺。

（2）风管应该悬挂在一定高度的合适位置上，在保证有效的通风条件下，不能影响隧道内的交通和其他施工作业，同时还要方便以后的检修和管理。一般挂设在隧道拱腰或拱顶处。

（3）根据有关研究表明，对于压入式的通风其风管距隧道掌子面的距离不得大于风机风流的有效射程。有效射程不仅受到风速、风筒直径、风筒悬挂位置、隧道断面大小的影响，并且要依据相关理论公式计算，且每个施工工况的不同必然导致其有效射程不同。同时风筒的布置也要根据具体的工程实际考虑不影响施工的原则和防止因爆破飞石损坏风管两个方面。所以，风筒距隧道掌子面的距离不仅需要考虑风机风流的有效射程，还要考虑方便施工和爆破作业的影响。为了减小风管被爆破飞石损坏的危险，可以在风管口处加装一截旧的风筒。

（4）风筒的悬挂必须平、直、紧、稳。即保证风筒在水平面上无起伏，垂直面上无弯曲，风筒无褶皱、无扭曲。且风筒悬挂时，遇到环必须挂、缺少环必须及时补。悬挂前先准确地测其悬挂高度，根据风筒的吊环间距来钻悬挂孔、吊钩使用砂浆埋入，还可以通过注入锚固剂来架锚杆，铁丝拉设吊钩，再用三角钩或者S形小钩把风筒悬挂于铁丝上。悬挂风筒时应该尽量少转弯，不拐死弯，不得已时，可以通过调整风筒位置、大半径转弯（弯管半径不小于风管直径3倍）、增设弯头、设置导向叶片在风量大拐角大的拐角处等措施来减少风压损失。应该根据隧道管线布置图要测设风筒中线的位置，并且每隔5m即要钻孔架设高强膨胀螺栓，风筒悬挂在使用紧线器拉紧的ϕ6mm钢筋拉线下方。同时为防止ϕ6mm钢筋因冲击波、潮湿腐蚀产生的损伤，应该使用ϕ10mm尼龙绳挂圈。

（5）对于柔性的风筒应该最好使用罗圈连接、贴胶连接、反边连接。尽量使用拉链、刚性接头等坚固耐用、密封性较好的连接方式。应该减少风筒断面的突然变化，可以使用过渡接头来连接不同直径的风筒。为减少接头的漏风和降低风阻，风筒的节长应扩大至30m以上。

（6）风筒悬挂每百米的挠度不得超过150mm，转向偏差每百米不得超过300mm。每个月一次系统检查以克服由于使用时间长引起的长度增长、挠度增大，且一个检查调整段为200m。风筒拉紧后要除掉多余的部分，增加使用钢筋接头，并且捆绑牢靠。

（7）因为温度的变化，风筒中容易产生积水，不但会增加风阻，同时也会使风筒易于变形，所以应该经常对风筒中的积水进行清理。可以通过在风筒容易积水的地方增设水龙头或者使用针眼钻孔来清理积水，清理后将水龙头拧紧并且封闭，使用胶水将钻孔粘补起来。

（8）应该设置专人定期对风筒进行挂设和维护。每次都应该对所有风筒进行检查，并及时对损坏的风筒进行修理或更换。检查风筒的百米漏风率是否大于2%，否则应该及时修理或更换。靠近风机的软风管应该选用加强型的风管。

3. 风机风量计算

由上文计算求得风量的最大值，同时考虑漏风的问题，求出的风量即为风机风量。不管是在国内还是国外，风管漏风是管道通风的主要问题，风管的漏风率即使是在同样的距离下也可能存在巨大的差异。所以，风管的漏风率成为判断其安装和维护质量的一个重要标准。根据前文的计算所得风量，同时考虑风管可能因漏风而损失的风量，隧道内施工风机风量应为：

$$Q_Z = \eta Q_{max} \tag{6-14}$$

式中 Q_Z——隧道施工风机风量，m^3/min；

η——漏风系数，$\eta = (1-\beta)^{\frac{L}{100}}$；$l$ 为管道长度，β 为百米漏风率。

Q_{max}——计算风量，$Q_{max} = \max\{Q_1, Q_2, Q_3, \cdots, Q_n\}$，$m^3/min$。

4. 风压计算

为了将足够风量送到隧道工作面满足施工人员的基本要求，并排除稀释有毒有害物质，必须选取满足要求功率的风机，这才能使得风机风压足够大以克服一切沿程阻力，一般通风机克服的阻力包括摩擦阻力和局部阻力。

（1）摩擦阻力

$$h_f = \frac{\alpha \cdot L \cdot U}{A^3} Q^2 \tag{6-15}$$

式中 h_f——摩擦阻力；

α——摩擦阻力系数；

L——管道长度；

U——管道断面周长；

A——管道断面面积；

Q——管道内风量，$Q = \sqrt{Q_{max} \cdot Q_Z}$。

（2）局部阻力

$$h_Z = \xi \cdot \frac{\rho}{2A^2} \cdot Q^2 \tag{6-16}$$

式中 h_Z——局部阻力；

ξ——局部阻力系数；

ρ——空气密度；

A——管道断面面积；

Q——管道内风量，$Q = \sqrt{Q_{max} \cdot Q_Z}$。

（3）通风风压

$$h = h_f + h_Z \tag{6-17}$$

6.6 隧道施工通风检测

1. 人工检测

（1）每 7 天进行 1 次全面测风。

（2）对开挖工作面等用风地点，应根据需要随时测风。

（3）通风方式改变后或延长压入式风管后，及时组织一次全面测风。
（4）全面测风由通风管理员与瓦检员相互合作，共同完成。
（5）根据测风结果采取措施，进行风量调节。

测风仪器为电子风表，测风点位分别为隧道风袋出风口正中及隧道回风断面正中位置，根据《铁路瓦斯隧道技术规范》TB 10120—2002 的要求，回风风速达到 0.5m/s。每次测风结果应记录并写在测风地点的记录牌上。

2. 检测数据整理分析

每次检测结果应及时填写，并做好原始记录。如发现异常情况，应及时向值班负责人报告，并采取措施处理。

6.7 风机管理

6.7.1 通风系统管理

以"合理布局、优化匹配、防漏降阻、严格管理、确保效果"20 字方针，作为施工通风管理的指导原则，强化通风管理。

1. 一般规定

（1）风机操作人员必须经过内部培训考核合格后方能上岗作业，必须严格遵守风机的操作规程，熟悉通风系统性能。

（2）隧道通风系统必须经过监理验收合格后方可投入正常运行，运行期间应加强巡视及维护工作，保证通风系统各项性能、技术指标达到规范要求。

（3）保证隧道 24h 连续不间断通风，风量、风压必须满足规范和施工组织设计要求，因故停风，则应立即撤出洞内人员至洞外，停止洞内任何作业，切断洞内电源，洞口设置警标。

（4）风机设置两路电源并装设风电闭锁装置，确保正在使用的通风机出现故障后能在 10min 内自动控制启动备用通风机，保证隧道通风和正常作业不受影响。

（5）对易形成瓦斯聚积的部位必须采取局部通风，当停风区中瓦斯浓度不超过 1% 时，并在压入式局部通风机及其开关地点附近 10m 以内风流中的瓦斯浓度均不超过 0.5% 时，方可人工开动局部通风机。

2. 施工中通风管理

（1）隧道施工采用轴流、射流及局扇风机混合式机械通风，轴流风机用于掘进掌子面压入新风，射流风机用于瓦斯引流，局扇风机用于掌子面加速风流循环。

（2）隧道施工中，对瓦斯易于积聚的空间和衬砌台车附近区域，采用局扇风机实施局部通风，消除瓦斯积聚。

（3）在施工期间，应实施连续通风，不得随意间断。因检修原因停风时，应立即启动备用风机进行交替更换。停电原因停风时，必须撤出人员，切断电源，并在各入口处设置栅栏、警示牌。

（4）恢复通风前，必须检测瓦斯浓度。当停风区瓦斯浓度不超过 1%，并在通风机及其开关地点附近 10m 以内风流中的瓦斯浓度不超过 0.5% 时，且必须取得安全总监准许的开机命令，经认真检查后，方可人工开动通风机。

(5) 当停风区中瓦斯浓度超过1%时，必须制定防止瓦斯积聚的安全措施，回风系统内还必须停电撤人。只有经检查核实停风区中瓦斯浓度不超过1%时，方可人工恢复通风机供风的正洞中的一切电气设备。

(6) 根据通风方案要求，封闭横通道。以避免通风系统紊乱，局部通风机吸循环风，确保通风系统稳定可靠。横通道内的风门必须安设闭锁装置，造成风流短路。风门的施工必须做到包边沿口。

(7) 加强对风机的日常维护、检查和管理，保证其连续正常运转。

3. 通风系统定期检查制度

(1) 工点组织每周对通风系统进行检查，施工负责人每天对通风系统必须作例行检查，通风工必须做好日常巡查。

(2) 通风系统运行正常后，定期进行一次全面测风，对掌子面和其他用风地点根据需要随时测风，做好记录。

(3) 定期在风管进出口测量风速、风压，并计算漏风率，风管百米漏风率不应大于2%，对风筒的漏风情况必须及时修补。

(4) 建立通风系统运行管理档案，档案包括各种检查记录、调试记录、测量记录、维护记录、运行记录等。

(5) 值班人员每天按班组对通风系统运行情况进行记录，施工负责人每天每周对运行记录予以审核、签认，并由通风管理小组负责建档保存。

(6) 每10天用风速测定仪对风速进行人工检测，检测结果与自动监控系统相应时间、位置、风速值进行核对，确保风速满足施工要求且回风巷风速不得低于0.5m/s。

4. 通风管理交接班制度

必须实行通风班组交接班制度，交接双方签字认可，对上一班存在的问题、隐患、需注意事项、仪器设备状态等必须交接清楚，交接班记录现场施工负责人每天定时予以审核签字。

6.7.2 风机管理

1. 通风机必须由专职司机负责管理，按通风机操作规程要求操作风机。严禁随意停开，并实行挂牌管理。

2. 专职司机必须熟悉设备的机械传动、润滑系统及电气系统，了解结构性能，经培训内部考核合格后，持有司机操作证方可操作。

3. 专职司机必须严格执行交接班制度和工种岗位责任制，坚持班中巡回检查，每小时检查一次，如实填写各种记录。发现异常情况时，及时向主管部门和有关领导汇报。

4. 通风机应按规定实现"三专"，即专用变压器、专用线路和专用开关。通风机应设两路电源，当一路停止供电时，另一路应在10min内接通，保证风机正常运转。

5. 使用通风机供风的地点必须实行风电闭锁，保证停风后切断停风区内全部非本质安全型电气设备的电源。

6. 通风值班人员必须审阅瓦斯班报，掌握瓦斯变化情况，发现问题，及时处理，并向主管部门汇报。

7. 通风机的安装和使用应符合下列要求：

（1）压入式通风机和启动装置，必须安装在隧道正洞内，距掘进回风横通道口不得小于规范要求。

（2）必须安装同等能力的备用通风机，备用通风机必须能在 10min 内开动。

（3）至少每月检查 1 次主要通风机。

（4）新安装的主要通风机投入使用前，必须进行 1 次通风机性能测定和试运转工作。

6.7.3 停电、停风应急处理措施

临时性停电停风分为局部性停电停风、区域性停电停风和隧道停电停风。局部性停电停风指一个工作面因局部通风机停电而导致这个工作面停电停风；区域性停电停风指一个多工作面变电所停电导致整个多工作面停电停风；全隧道停电停风指电网或地面配电所故障以及两台主要通风机均不能正常运转等原因而导致的整个隧道停电停风。应急处理流程如图 6-8 所示。

1. 局部性停电停风

（1）凡发生局部停电停风，瓦斯检查工负责立即切断工作面内所有电气设备电源，值班室和工长（或班组长）必须立即将工作面的所有人员撤到洞外等安全区域并清点人数，不得擅自或个人单独行动，撤到指定地点后必须及时向值班室

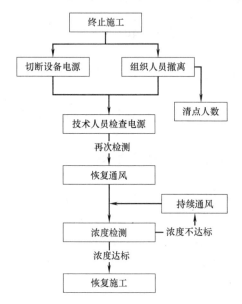

图 6-8 停电、停风应急处理流程图

汇报，同时设置栅栏，揭示警标或专人看守，禁止人员进入，由该工作面瓦斯检查工实施监督，值班室汇报。

（2）停电停风工作面恢复工作时间由现场技术负责人根据现场瓦斯涌出情况和现场通风系统等因素决定，并制定相应措施，严格控制瓦斯排放，严禁超限排放和越级排放。

（3）区域性停电停风安全技术措施除按"局部性停电停风安全技术措施"执行外，按进风至回风的线路顺序逐个排放工作面瓦斯，严禁两个地点同时排入瓦斯。

2. 全隧道停电停风

（1）受停电停风影响的地点，必须立即停止工作，撤出工作人员。

（2）电网原因或配电所故障以及主要通风机不能正常运转导致全隧道停电停风，值班室及时通知电路、风机维护人员进行恢复。

（3）电网停电后，停送电负责人和值班人员分别向电力公司了解停电原因和时间、来电时间，并向总工程师汇报。

（4）送电时必须逐级送电，严禁越级送电。

（5）恢复送电前必须先检查瓦斯浓度和 CO_2 浓度，只有在其浓度均在 0.5% 以下时，方可送电。

（6）撤人、断电、排放瓦斯按"区域性停电停风安全技术措施"规定执行。

3. 风机检修、损坏停风

（1）因通风系统检修及其他原因需要主要通风机停止运转时，必须提前提出申请，逐级上报，根据停风时间长短由相关负责人审批后方可实施。

（2）停风时间在 30min 以内的，由当班人员报施工负责人审核后，由分管领导批准实施。停风时间超过 30min 的，由当班人员报分管领导审核后，由项目主管领导批准实施。

（3）停风前必须确保洞内所有人员已经撤离，并切断电源；恢复通风前，必须检测瓦斯浓度，经当班瓦检工检测，在局部通风机及其开关附近 20m 以内风流中的瓦斯浓度都不超过 0.5% 时，方可由指定人员开启局部通风机。

4. 停机、复工管理

施工期间无特殊情况下不得停风，当遇特殊情况下停风时，必须停止洞内作业，撤出人员，切断电源。恢复施工前，先对隧道内进行通风，待通风一段时间后，经监理批准后，监测人员佩戴防毒面具，两名瓦检员先后间距 20m 由隧道外逐步向内监测，若隧道内瓦斯浓度达到或超过 1.0%，监测人员不得继续深入，原地待命 10min 后继续监测。待确定隧道内瓦斯浓度小于 0.3% 时，方可允许其他施工人员进入，恢复施工。

7 电气防爆及设备改装

本章重点介绍了电气防爆及设备改装，叙述了相关的规定，特别是电气系统"三专"、"两闭锁"，分别对电气防爆、电缆防爆及作业机械防爆的相关技术要求进行了说明，包括电气系统、进排气系统、监控系统、主动防御系统等的防爆改装，并对地铁盾构施工的电气防爆及设备改装进行了专门说明。

7.1 瓦斯隧道防爆一般规定

1. 隧道内使用的各种电气设备、电力和通信系统须专门设计、安装、试运行、验收，合格后投入使用。

2. 瓦斯工区的电气设备和作业机械应按以下规定配置和使用：

(1) 隧道为高瓦斯隧道，隧道内的所有电气设备和非行走式作业机械均使用矿用防爆型，行走式作业机械进行加装瓦斯报警断电装置。

(2) 隧道内的照明和固定电气设备要提前统筹安排、合理配置，从一开始就考虑采用矿用防爆型。

(3) 电气系统"三专"、"两闭锁"

根据《煤矿安全规程》（2016版）规定，瓦斯突出区域、高瓦斯区域、煤与瓦斯突出区域中，开挖工作面的局部通风机供电必须设专用变压器、专用开关、专用线路。局部通风机和工作面的电气设备必须装有风电闭锁和瓦电闭锁装置，以保证局部通风机停止运转或隧道内瓦斯超限时，能立即自动切断隧道中电气设备的电源，防止爆炸事故。

1) 供电系统的"三专"

① 专用变压器。专用变压器是一台可不断电调压的变压器，它的一侧与隧道供电线路并联，它有三个作用：一是分离作用，将隧道供电（隧道其他生产用电设备）与局部通风机供电隔离；二是调压作用，目前瓦斯隧道普遍存在施工距离相对较远，线路降压损失大，局部通风机不能正常运转的问题，调压可确保隧道局部通风机在额定电压下起动与运转，为掘进工作面提供需要的风速和风量；三是不断电作用，一般变压器在调整电压时要停电，改换抽头后再送电，造成调压时局部通风机停转。该专用变压器在调整电压时供电不间断，可确保调压时通风不受影响。

② 专用线路。在专用变压器的二次输出端接一回路，专供掘进工作面局部通风机供电，不论隧道运输及其他用电设备如何发生故障，均能确保掘进工作面局部通风机不受影响，极大地提高了隧道局部通风机运行的可靠性和连续性。

③ 专用开关。在隧道掘进工作面局部通风机供电的总线路上装设隔爆馈电开关配套使用的隔爆检漏继电器，对该支路实现漏电保护。局部通风机专用开关与掘进面总控开关和瓦斯断电仪配套使用，实现两闭锁。

2）供电系统的"两闭锁"

① 风电闭锁。设置于洞口，不需要增加电气设备，只需将掘进工作面的总控开关与局部通风机专用开关中的一个辅助常开触头用外线连接，便可实现风电闭锁。

② 瓦电闭锁。在上述风电闭锁线路的基础上增加一台瓦斯断电保护仪，将瓦斯断电仪中的一个常闭触头，串联于风电闭锁线路中，当掘进工作面瓦斯超限时，常闭触头断开，切断掘进工作面电源。

（4）瓦斯工区普通型电气测量仪器仪表，在瓦斯浓度0.5%以下的地点使用，瓦检员跟班作业，随时检测瓦斯浓度。

（5）高瓦斯工区供电配置两路电源或备用发电机组，且任一路电源线上均不得分接隧道以外的任何负荷。两路电源指分别来自两个公用变电站或同一个公用变电站的不同母线段的两条电源线路；当受条件限制时，配备发电机组，设计容量须满足通风机正常运转、照明和自动监控系统等一级负荷供电。

（6）瓦斯工区内各级配电电压和各种机电设备额定电压等级，应符合下列要求：

1）洞内动力供电电压为380V。

2）照明、信号、电话和手持式电气设备的供电额定电压不超过127V。

3）远距离控制线路的额定电压不超过36V。

（7）严禁瓦斯工区内的配电变压器中性点直接接地。严禁由洞外中性点直接接地的变压器或发电机直接向瓦斯工区内设备供电。

（8）凡容易碰到的、裸露的电气设备及其带动机械外露的转动和传动部分，都必须加装护罩或遮栏。

（9）防爆电气设备应有煤安标志MA，其防爆等级应符合要求；对无煤安标志MA的电气设备，应由具备相应资质的单位进行防爆改装或采取安全措施，测试符合防爆电气的防爆等级要求后方可使用。

（10）防爆或改装电气设备和作业机械进入瓦斯工区安装或使用前，监理单位检查其产品合格证、煤矿矿用产品安全标志或改装合格证明，确认证件齐全后方可允许进洞使用。监理定期检查电气设备的安全性能。

7.2 电气防爆

1. 瓦斯隧道施工应编制各工区不同施工阶段临时供配电系统图、电气设备布置示意图和电力、电话、信号等线路平面敷设示意图。图中应注明：

（1）电动机、变压器、配电设备、信号装置、通信装置等装设地点。

（2）每一设备的型号、容量、电压、电流种类及其他技术性能。

（3）馈出线的短路、过负荷保护的整定值，熔断器熔体的额定电流值以及被保护干线和支线最远点两相短路电流值。

（4）线路电缆的用途、型号、电压、截面和长度。

（5）保护接地装置的安设地点等。

2. 瓦斯工区内的电气设备不应大于额定值运行。

3. 瓦斯工区内的低压电气设备，严禁使用油断路器、带油的起动器和一次线圈为低压的油浸变压器。

4. 瓦斯工区照明灯具的选用

（1）固定照明灯具的选用，应符合下列规定：

1）采用压入式通风时，已衬砌地段的固定照明灯具，可采用 ExdⅡ型防爆照明灯；开挖工作面附近、未衬砌地段的移动照明灯具，应采用 ExdⅠ型矿用防爆照明灯。

2）采用巷道式通风时，进风巷道已衬砌地段可采用 ExdⅡ型防爆照明灯，开挖工作面附近、未衬砌地段及回风巷道内的照明灯具，应采用 ExdⅠ型矿用防爆照明灯。

（2）开挖工作面附近的固定照明灯具，必须采用 ExdⅠ型矿用防爆照明灯。

（3）移动照明灯具的选用，应符合下列规定：

1）移动照明使用矿灯，并配置专用矿灯充电装置。

2）对洞内工作面开挖支护、仰拱施作、防水板铺设及二次衬砌浇筑等工序作业照明亮度要求较高处，配置移动隔爆型投光灯。

（4）供电应采用动照分供法，照明供电应从洞外或洞内低压变压器专用电缆单独引出。

（5）分路动力开关与照明开关应分别设置，照明线路接线应接在动力开关的上侧。

（6）照明电压：工作面、防水板铺设和二次衬砌施工等作业平台处及未施做二次衬砌地段的移动照明，均应采用具有短路、过载和漏电保护的照明信号综合保护装置（集干式变压器和开关为一体），将 380V/220V 电压降为 127V（潮湿等特定条件 36V），用分支专用电缆、防爆接线盒接入防爆照明灯具。

5. 隧道内高压电网的单相接地电容电流不得大于 20A。

6. 瓦斯工区内禁止高压馈电线路单相接地运行，当发生单向接地时，应立即切断电源。低压馈电线路上，必须装设能自动切断漏电线路的检漏装置。

7. 高瓦斯工区和瓦斯突出工区内的局部通风机和开挖工作面的电气设备，必须装设风电闭锁装置。当局部通风机停止运转时，应立即自动切断局部通风机供风区段的一切电源。

8. 为了防止雷电波及隧道内引起瓦斯爆炸，必须遵守下列规定：

（1）经由地面架空线路引入隧道内的供电线路，必须在隧道洞口处装设避雷装置。

（2）由地面直接进入隧道内的轨道和露天架空引入（出）的管路，必须在隧道洞口附近将金属体进行不少于 2 处的集中接地。

（3）通信线路必须在隧道洞口处装设熔断器和避雷装置。

9. 隧道内 36V 以上的和由于绝缘损坏可能带有危险电压的电气设备的金属外壳、构架等，都必须有保护接地，其接地电阻值应满足下列要求：

（1）接地网上任一保护接地点的接地电阻值不得大于 2Ω。

（2）每一移动式或手持式电气设备与接地网间的保护接地，所用的电缆芯线的电阻值不得大于 1Ω。

10. 隧道内严禁使用油浸式低压电气设备（油断路器、带油的起动器和一次线圈为低压的油浸变压器）。

11. 隧道内高压电网应采取措施限制单相接地电容电流不超过 20A。

12. 洞外地面变电所高压馈电线上，应装设有选择性的单相接地保护装置；供洞内移动变电站的高压馈电线严禁单相接地运行,应装设有选择性的动作于跳闸的单相接地保护装置。当发生单向接地时,应立即切断电源。洞内低压馈电线上,应装设能自动切断漏电线路的检漏保护装置或有选择性漏电保护装置。

13. 向隧道内供电的高、低压馈电线上严禁装设自动重合闸装置。手动合闸时,必须事先同工区内联系,在接到送电指令后方可人工合闸供电。

14. 隧道内低压馈电线路上装设的漏电保护装置应符合下列规定:

(1) 配电系统应按三级配电两级保护的原则,总配电箱至开关箱设置两级检漏继电器,两级检漏继电器的额定漏电动作电流和额定漏电动作时间应作合理配合,使之具有分级保护的功能。

(2) 检漏继电器应分别装设在总电源断路器和分路开关的负荷侧。

(3) 洞内所有电气设备控制应装设漏电保护开关,其动作特性应根据电气设备的不同使用环境,选用适当的漏电动作电流。

(4) 检漏电继电器和漏电保护开关安装完毕后,应按规定做人工漏电跳闸试验,如不跳闸,应切断电源做全面检查,合格后方可投入使用。

(5) 洞内使用的检漏电继电器和漏电保护开关应采用防爆型。

15. 隧道内电压在36V以上和由于绝缘损坏可能带有危险电压的电气设备的金属外壳、构架,铠装电缆的钢带(或钢丝)、屏蔽护套等必须进行保护接地。洞内电气设备等的保护接地应符合以下规定:

(1) 隧道内电气设备严禁接零,保护接地装置应与主接地极连接成1个独立的接地网。

(2) 接地网上任一保护接地点的接地电阻值不得超过2Ω。每一移动式和手持式电气设备与接地网间的保护接地,所用的电缆芯线和接地连接导线的电阻值,不得超过1Ω。

(3) 主接地极应在洞口或洞内集水沟处专门埋设。主接地极应用耐腐蚀的镀锌钢板制成,其面积不得小于$0.75m^2$、厚度不得小于5mm。

(4) 各保护接地装置与主接地极之间的接地母线,应采用截面不小于$50mm^2$的专用黄/绿双色PE铜芯接地线。

(5) 电气设备的外壳等与接地母线的连接,应采用截面不小于$25mm^2$的PE铜芯接地线。

(6) 专用保护接地线不允许断线,且不允许安装任何开关或熔断器。

16. 容易碰到的、裸露的电气设备及机械外露的转动和传动部分,应加装护罩或遮栏等防护设施。

17. 隧道内使用的局部通风机和开挖工作面附近使用的电气设备,必须装设风电闭锁装置。当局部通风机停止运转时,应立即自动切断局部通风机供风区段的一切电源。

7.3 电缆防爆

1. 瓦斯工区内高压电缆的选用应符合下列规定:
(1) 固定敷设的电缆应根据作业环境条件选用。
(2) 移动变电站应采用监视型屏蔽橡套电缆。

(3) 电缆应采用铜芯。
(4) 严禁采用铝包电缆。
(5) 电缆应带有保护接地专用的足够截面的导体。
(6) 电缆主线芯的截面应满足供电线路负荷的要求。
(7) 应选用取得矿用产品安全标志的阻燃电缆。

2. 隧道内高压电缆的选用应符合下列规定：
(1) 对固定敷设的高压电缆
1) 在竖井或倾角为45°及其以上斜井内，应采用聚氯乙烯绝缘粗钢丝铠装聚氯乙烯护套电力电缆、交联聚乙烯绝缘粗钢丝铠装聚氯乙烯护套电力电缆。
2) 在平行导坑或倾角45°以下的斜井内，应采用聚氯乙烯绝缘钢带或细钢丝铠装聚氯乙烯护套电力电缆、交联聚乙烯钢带或细钢丝铠装聚氯乙烯护套电力电缆。
(2) 非固定敷设的高压电缆，应采用符合MT818标准的橡套软电缆。

3. 隧道内低压动力电缆的选用应符合下列规定：
(1) 固定敷设的低压电缆，应采用MVV（矿用聚氯乙烯绝缘聚氯乙烯护套）铠装、非铠电缆或对应电压等级的移动橡套软电缆。
(2) 非固定敷设的低压电缆，应采用符合MT818标准的橡套软电缆。移动式和手持式电气设备应使用专用阻燃橡套电缆。
(3) 开挖面的电缆严禁采用铝芯，应采用铜芯橡套软电缆。
(4) 固定敷设的照明、通信、信号和控制用的电缆，应采用铠装或非铠装通信电缆、橡套电缆或MVV型塑力缆（塑料绝缘电力电缆）。
(5) 移动式或手持式电气设备的电缆，应采用专用的不延燃橡套电缆。
(6) 开挖面的电缆必须采用铜芯。

4. 瓦斯工区内固定敷设的照明、通信、信号和控制用的电缆应采用铠装电缆、不延燃橡套电缆或矿用塑料电缆。

5. 电缆的敷设应符合下列规定：
(1) 电缆应悬挂。悬挂点间的距离，在竖井内不得大于6m，在正洞、平行导坑和斜井内不得大于3m。
(2) 电缆不应与风、水管敷设在同一侧，当受条件限制需敷设在同一侧时，必须敷设在管子的上方，其间距应大于0.3m。
(3) 高、低压电力电缆敷设在同一侧时，其间距应大于0.1m。高压与高压、低压与低压电缆间的距离不得小于0.05m。

6. 电缆的固定敷设应符合下列规定：
(1) 电缆应悬挂。电缆悬挂点间的距离，在竖井内不得大于6m，在正洞、平行导坑或斜井内不得大于3m。
(2) 电缆不应与风、水管敷设在同一侧，当受条件限制需敷设在同一侧时，应敷设在管子的上方，其间距应大于0.3m。
(3) 通信和信号电缆应与电力电缆分挂在隧道两侧，如果受条件所限，竖井内，应敷设在距电力电缆0.3m以外的地方；在正洞或平行导坑内，应敷设在电力电缆上方0.1m以上的地方。

(4) 高、低压电力电缆敷设在同一侧时，其间距应大于 0.1m。高压与高压、低压与低压电缆间的距离不得小于 0.05m。

7. 电缆的连接应符合下列要求：
(1) 电缆连接使用的接线器和接线盒必须采用防爆型。
(2) 电缆同电气设备的连接，必须用同电气设备性能相符的接线盒；电缆芯线必须使用齿形压线板或线鼻子与电气设备连接。
(3) 不同型电缆之间严禁直接连接，必须经过符合要求的接线盒、连接器或母线盒进行连接。
(4) 同型电缆之间直接连接时应遵守下列规定：
1) 橡套电缆的修补连接（包括绝缘、护套已损坏的橡套电缆的修补）必须采用阻燃材料进行硫化热补或与热补有同等效能的冷补。热补或冷补后的橡套电缆，必须经浸水耐压试验，合格后方可进洞使用。
2) 塑料电缆连接处的机械强度以及电气、防潮密封、老化等性能，应符合该型电缆的技术标准要求。

7.4 作业机械防爆

7.4.1 作业机械防爆一般规定

1. 隧道内作业机械应使用蓄电池电机车或柴油机车，严禁使用汽油机车。
2. 瓦斯工区作业机械严禁在停风或瓦斯超限的作业区段进行作业。
3. 微瓦斯、低瓦斯工区的作业机械可使用非防爆型，但应配置便携式甲烷检测报警仪，同时应加强通风、瓦斯检测及施工安全管理，当瓦斯浓度超过 0.5% 时，应停止机车运行。
4. 高瓦斯、瓦斯突出工区的行走式作业机械，应进行防爆改装。如采用主动防爆改装，应安装车载瓦斯自动监控报警与断电系统等主动防爆装置，适时监测机车作业环境中瓦斯浓度。当瓦斯浓度超过 0.5% 时，装置可及时发出声光报警，切断电源，控制机车熄火。作业环境中瓦斯浓度降至 0.5% 以下，装置解除锁定，可重新启动机车。
5. 隧道内所有行走式作业机械应采取如下措施：
(1) 在机械摩擦发热的部件上安设过热保护装置和温度检测报警装置。
(2) 对机械动力传动部位或机构可能产生摩擦热处，要及时润滑、保养、清除污物，严防异物进入。
(3) 在机械摩擦部件金属表面，溶敷活性低的金属，使之外表面形成的摩擦火花难以引燃天然气。
(4) 在铝合金表面涂丙烯酸甲基酯等涂料，以防摩擦火花的发生。

7.4.2 电气系统防爆改装

防爆电气系统由隔爆电源控制箱、自动保护装置、防爆发电机和防爆启动马达、防爆照明与信号灯组成，并用阻燃电缆将各个装置连接成系统。电气系统的防爆改装主要包括蓄电池的封装、控制系统的集成和监控设备的安装。机械的电源是指机械本身自带的蓄电池；机械电气控制系统较多，集成各个控制开关到防爆控制箱内，防止了开关在闭合的时候产生的电火花；监控设备主要监控机械运行时的各个参数，例如发动机温度和水位高度。通过对运行参数监控，在参数异常时可以对机械采取强制停止措施。电气系统的工作原理如图7-1所示。

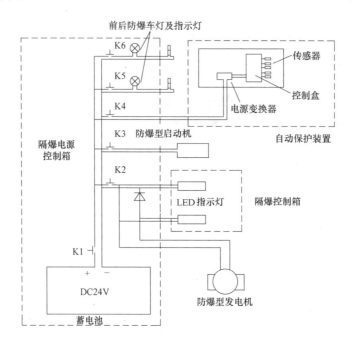

图7-1 防爆电气系统结构原理简图

1. 隔爆电瓶箱

蓄电池以及控制电路中的控制元件在工作中或发生故障时可能会产生火花，可以将其与外界隔绝。采用隔爆电瓶箱将这些设备全部封装在内，同时所有的接线口采用橡胶胀紧密封和注胶密封，隔绝了与外界的接触，并保证无明火与外界空气接触。

2. 隔爆控制箱

隔爆控制箱内封装了启动马达控制开关、照明灯的控制开关以及各个工作指示灯，隔绝了与外界的接触，保证无明火与外界的空气接触。如图7-2所示。

3. 防爆灯具

为了在隧道内昏暗的环境下给车辆提供安全充分的照明，使用矿灯防爆灯代替

图7-2 隔爆控制箱

原车的照明系统，防爆灯包括车后和车中间位置向后照射的四只照明灯，以及在车头位置的两只远光灯，保证了车辆在隧道内有一个良好的照明环境。

4. 塑封启动马达及发电机

为防止发电机和启动马达在发生故障时有可能出现火花，可采用耐高温型阻燃材料进行塑封使其与外界隔绝，以基本达到防爆的目的。同时为解决温度升高后的耐用性问题，发电机应采用改进后的耐高温型，保证其长期可靠的工作。

7.4.3 进排气系统防爆改装

进排气系统的防爆改装主要是尾气处理系统的防爆改装，汽车尾气的处理系统组成主要由双层水冷排气弯管、双层水冷排气波纹管、废气处理箱、补水箱等组成。

防爆改装系统主要由双层水冷排气波纹管、废气处理箱、阻火器和补水箱等组成。尾气处理系统的主要功能是使排气出口处废气温度（≤70℃），熄灭尾气中的火星，尾气处理系统结构如图 7-3 所示。

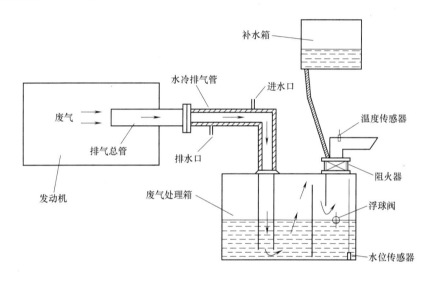

图 7-3 废气处理系统原理结构简图

排气处理系统的形式为补水箱式，它的工作原理是：柴油机 600℃ 左右的排气经过柴油机排气总管、水冷排气管、进入废气处理箱水面下部，从水面冒出后再经过排气阻火器排放至大气中。废气流经过夹层管和进入废气处理箱水洗冷却后，排放至大气中排气温度（≤70℃）。废气经过阻火器时，阻火器可以熄灭排气中较大的炭粒和残存的火星。阻火器出气口处安装有温度传感器，当排气在出口温度超过 70℃ 时，会声光报警，使柴油机自动停机。高温废气使得废气处理箱内水温升高并带走一部分水汽，补水箱通过连通胶管向废气处理箱补水，浮球阀使其水位一直保持在设定水位。从发动机到废气处理箱之间的连接用层套式水夹层管制作，其内用不锈钢蛇形管，外用不锈钢管，中间为水，以保证表面温度在 150℃ 以下。

1. 双层水冷排气弯管和双层水冷排气波纹管

双层水冷排气弯管和双层水冷排气波纹管在工作时夹层中走水，通过水的冷却来降低排气管表面温度，将温度控制在 150℃ 以内，并对尾气进行冷却。同时双层水冷波纹管使得发动机与固定在车架上的废气处理箱柔性地连接在一起，降低发动机与车架之间的振动耦合。减小发动机震动能量向车架的传递，降低噪声，并能提高刚性排气管的寿命。

2. 废气处理箱

废气处理箱与排气系统连接，高温废气从排气系统排出口进入废气处理箱，在废气处理箱内与冷却液充分接触，尾气将携带的热量传递至冷却液，从而降低废气的温度，消除尾气中的火花，在废气进入废气处理箱后通过其中的特殊结构，让废气与废气处理箱中的冷却水有充分的接触面积和接触时间，这个过程称为水洗。水洗过程提高了废气与冷却水的热传递效率，迅速降低废气温度以达到彻底熄灭废气中火花的目的。通过废气处理箱的水洗不但熄灭了火花，也降低了排气温度，并且水洗过程中大量的碳烟和各种有害气体一并溶解在水中，净化了发动机尾气，大大降低了车辆在隧道内相对封闭狭小的空间内对空气的污染，改善了隧道内的工作环境。最终使得发动机的尾气实现安全排放和清洁排放。

3. 防爆栅栏

防爆栅栏是利用间隙隔爆原理，通过防爆栅栏中的间隙结构，将尾气中的热量传递到间隙的表面，隔爆间隙延展面积大，将热量散发到外部，从而降低了尾气中的热量，减少尾气中的火花。另外，尾气在防爆栅栏中流动的过程中，间隙表面可以吸附尾气中的固体颗粒，有效地减少尾气中的炭粒和不完全燃烧的产物，从而达到净化尾气的作用。防爆栅栏增加了排气系统的排气阻力，对机械的性能产生一定的影响。

4. 补水箱

储存水的必要装备，随时注意加水，不能缺水。

7.4.4 监控系统

1. 自动保护装置

用来测定水位、排气温度，在水位过低或温度超标时自动保护装置启动报警，提醒驾驶员立即检查并采取措施。装置通电后，主机中的微型计算机对通过传感器的温度、水位等参数进行采样和运算，处理结果送显示电路进行显示，同时与设定值进行比较，如果不符合条件，则声光报警，距防爆控制盒讯响处1m远的声级＞80dB，在暗处的能见度＞3m（图7-4）。

2. 便携式瓦斯检测报警系统

当工作环境中瓦斯浓度超标时，瓦斯报警器自动声光报警，此时车辆应立即停机，人员迅速撤离工作场地。待隧道内经通、排

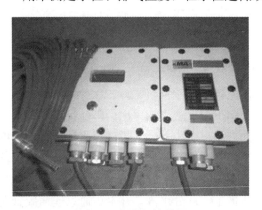

图7-4 自动保护装置

风处置后，方能进入隧道重新作业。

7.4.5 主动防御系统防爆改装

瓦斯浓度在5%～16%的范围遇到火源和温度达到一定指标时会发生爆炸，普通机械设备无法在瓦斯隧道内作业，必须采用防爆机械设备进行施工，其防爆性能直接决定瓦斯隧道施工的成败。采用有轨运输和购买整套本质安全防爆施工机械设备成本投入巨大，一

般均采用对普通设备进行防爆改装来进行瓦斯隧道施工。传统的被动防御防爆改装设备，主要是对设备的电路、发动机排气、电瓶、油路等系统进行特殊设计，实现设备在瓦斯超限等危险条件下具备继续作业的能力。但由于传统设备防爆改装对瓦斯没有识别系统，施工机械，如挖掘机和装载机在作业时会不可避免地产生摩擦或碰撞火花，在瓦斯浓度超限的情况下施工非常危险，存在极大的安全隐患。

1. 设备主动防御瓦斯系统原理

主动防御瓦斯防爆改装系统主要是在施工的机械设备上安装瓦斯传感器，采集施工机械工作区域环境的瓦斯气体浓度参数，传递至机械设备上安装的控制分站，控制分站根据采集的浓度值和控制逻辑进行分析处理。当环境瓦斯浓度逐渐上升，达到比较危险的浓度（比如按照有关规定设定为 0.3%）时，分站向报警器发出报警信号，报警器发出声光报警，驾乘人员听到或看到报警信号后，立即停止作业，通知相关人员核查现场实际情况，查明原因并解除危险后再恢复作业，可以实现危险提前处理的目的。如果瓦斯浓度上升较快或者是施工机械现场无人值守时，环境瓦斯浓度达到较高危险限的设定值（1%）后，控制分站立即向机械的断油和电子熄火控制器发出控制信号，使机械自动停止工作，实现瓦斯设备自动闭锁。瓦斯环境恢复正常后，设备可以重新启动工作，确保瓦斯隧道的施工安全。

2. 防御瓦斯系统组成部分

设备主动防御瓦斯系统主要由三部分组成：系统维护与配置管理中心、控制分站、检测控制器。

（1）系统维护与配置管理中心

系统维护与配置管理中心主要用于设置、调试系统配置参数和控制逻辑。主要由中心电脑、系统软件、数据传输接口组成。这部分配置主要由设备提供方使用，用户也可购置用于平时的维护，系统正常运行时不需该部分设备。

（2）控制分站

控制分站是系统的数据采集处理和逻辑控制中心，负责从传感器采集环境参数，并将结果按照管理中心软件所设计的控制逻辑进行判断处理，根据配置方案在检测到异常时输出报警和断电等控制信号。分站还具备与管理中心进行数据通信的功能，接收管理中心下达的配置逻辑指令，并可将采集的数据发送至管理中心进行实时监测调试。

（3）检测控制器

检测控制器包括传感器、报警器、电子熄火装置、断电控制装置。

传感器主要是采集隧道的环境参数，其种类比较多，如：CH_4、CO、H_2S、CO_2 等。设备主动防御瓦斯监控系统配置的传感器主要为甲烷传感器，也可根据现场需要配备其他类型传感器。

报警器主要是接收分站发来的报警信号，发出声光报警提示，提前发出预警。

电子熄火装置主要是接收控制分站发出的控制信号，进行设备车辆自动停止运转熄火的装置。

断电控制装置主要是接收控制分站发出的控制信号，对设备车辆电路进行控制，使设备自动断电停止运转的装置。

7.5 其他防爆措施

1. 盾构机螺旋输送机采用双闸门，关闭时防止土舱内有害气体溢出。

2. 螺旋机出土口、人仓门口、铰接密封位置顶部、尾盾盾尾刷顶部、皮带机卸料口位置处安装固定式瓦斯检测系统，当瓦斯检测气体浓度大于0.3%时，盾构机自动停止掘进，螺旋输送机闸门（双闸门）自动关闭；同时螺旋输送机闸门（双闸门）具有断电自动关闭功能。待瓦斯浓度低于0.3%，准备恢复掘进时，在开启螺旋机输送机闸门前须降低土仓瓦斯浓度和加强螺旋机出土口的通风。

3. "瓦电闭锁"：盾构台车内高压电缆与变压器之间设计防爆高压开关，当瓦斯浓度大于0.5%时，盾构机内高压防爆开关自动跳闸断电，实现"瓦电闭锁"（盾构机内、隧道内所有非防爆设备停止运行），并产生声光报警，人员撤离；待加强通风，当瓦斯浓度低于0.3%时再进行施工。

4. "风电闭锁"：盾构一次通风处于盾构台车位置处安装风速感应装置，当该装置感应到无风时，自动关闭螺旋输送机闸门；通过计时在10min内若无法恢复通风时隧道外高压电缆开关关闭（盾构机内、隧道内所有非防爆设备停止运行），人员撤离，待通风正常、瓦斯检测无异常时再进隧道施工。

5. 盾构机一次通风直接送至螺旋机出渣口附近，稀释有害气体浓度，盾构机内二次通风主要为排风，提高盾构机内的回流风速。

6. 盾尾刷增加到4排盾尾刷，提高盾尾的密封能力。

7. 盾构机内变压器全部选用干式变压器。

8. 盾构区间使用电瓶车应遵守下列规定：

(1) 司机离开座位时，必须切断电动机电源；

(2) 机车必须定期检查和维修，保证性能良好。

9. 消防设施的配备

隧道内设置灭火器及消防设施，同时在盾构机前方及关键部位（瓦斯集聚地）配备灭火器，隧道内每间隔20环设一台灭火瓶，用专用卡扣固定灭火瓶；每辆台车各设一台灭火瓶，在盾构前方出土口附近设置两台灭火瓶，在电瓶车上配备一台灭火器瓶，派专人定时检查灭火器的性能，每隔三个月应对灭火器进行加压，保持灭火器的良好状态。

10. 其他设施的配备

在每个工班中每人均须配备防爆矿灯和自救器，供应急时使用；在应急情况下，工班长应断后，指导工人有序出洞，避免拥挤等事故。

8 瓦斯隧道防突

本章重点介绍了瓦斯隧道防突的机理、方法和措施,先从煤与瓦斯突出机理、瓦斯突出过程、煤与瓦斯突出影响因素阐述了防突机理,接着详细介绍了煤与瓦斯突出预测的方法,如常规预测法、综合指标法、钻屑指标法、"R"指标法及综合评级法,最后提出了瓦斯隧道的防突措施,即"四位一体"综合防突措施。

8.1 煤与瓦斯突出机理分析

8.1.1 煤与瓦斯突出机理

为了对隧道煤与瓦斯突出进行有效预防和治理,保障人身财产的安全,必须研究煤与瓦斯的突出机理,只有对煤与瓦斯突出的发生原因、发生条件、发生过程以及发生后果等了解透彻,才可以制定合理的预测方法和防突措施。

通过对突出长期的研究和现场调研,工程人员提出了很多假说,归结起来主要有:(1)瓦斯局部积聚说、瓦斯解吸说、瓦斯水化物说和火山瓦斯说等以瓦斯为主导因素的假说;(2)认为煤与瓦斯突出的主要因素是自重应力、构造应力或者开挖引起的应力集中等高应力,而瓦斯是次要因素的地应力假说;(3)爆炸假说和重煤假说等化学本质假说;(4)中心扩张假说和流变假说;(5)球壳失稳假说和综合作用假说等。综合作用假说认为突出是在瓦斯压力、地应力以及煤的物理力学性质等各种因素综合作用的结果下发生的,该假说考虑的影响因素较多,接受度也比较高,目前得到了普遍承认以及广泛的应用说。可以说在没有完全研究透彻瓦斯突出本质的情况下,不得不考虑多方面验证,以确保安全。目前在我国煤矿以及瓦斯隧道设计施工方面,都是采用多种方法相互验证来对突出危险性进行预测和采取相对应的防突措施。

8.1.2 瓦斯突出过程

根据煤矿方面的研究,突出煤体经历着能量的积聚过程,逐渐发展到临界破坏甚至过载的脆弱平衡状态,突出的发展过程一般可划分为孕育阶段、激发阶段、发展阶段和终止阶段四个阶段。

1. 孕育阶段

该阶段的特点是:在工作面附近的煤壁内形成高地应力与瓦斯压力梯度。工作面附近煤体在有利的约束条件(石门岩柱,煤巷的硬煤包裹体)下,煤体内地应力梯度急剧增高,同时叠加各种地应力,形成很高的应力集中,积聚着很大的变形能;同时由于孔隙裂隙的压缩,瓦斯压力增高,瓦斯内能也增大。准备阶段的时间可在很长,也可在几秒钟内完成(如在震动放炮或顶板动能冲击条件下)。

2. 激发阶段

该阶段的特点是地应力状态突然改变，即极限应力状态的部分煤体突然破坏，卸载（卸压）并发生巨响和冲击；向巷道方向作用的瓦斯压力的推力由于煤体的破裂，顿时增加几倍到十几倍，伴随着裂隙的生成与扩张，膨胀瓦斯流开始形成，大量吸附瓦斯进入解吸过程而参与突出。大量的突出实例表明，工作面的多种作业都可以引起应力状态的突变而激发突出。例如各种方式的落煤、打眼、刨柱窝、修整工作面煤壁等等可以人为激发突出，而且统计表明，应力状态变化越剧烈，突出的强度越大。因此，震动放炮、一般爆破是容易引发突出的工序。

3. 发展阶段

该阶段具有两个互相关联的特点，一是突出从激发点起向内部连续剥离并破碎煤体，二是破碎的煤在不断膨胀的承压瓦斯风暴中边运送边粉碎。前者是在地应力与瓦斯压力共同作用下完成的，后者主要是在瓦斯内能作用下完成的。煤的粉化程度、游离瓦斯含量、瓦斯放散初速度、解吸的瓦斯量以及突出孔周围的卸压瓦斯流，对瓦斯风暴的形成与发展起着决定作用。在该阶段中煤的剥离与破碎不仅具有脉冲的特征，而且有时是轮回的过程。这可以从突出物的多轮回堆积特征中得到证实，也可以从突出过程实测记录中找到依据。

4. 终止阶段

突出的终止有以下两种情况：一是在剥离和破碎煤体的扩展中遇到了较硬的煤体或地应力与瓦斯压力降低不足以破坏煤体；二是突出孔道被堵塞，孔洞瓦斯压力因孔道堵塞而升高，但此时的地应力与瓦斯压力梯度不足以剥离和破碎煤体。这种情况下突出虽然停止了，但突出孔周围的卸压区与突出的煤涌出瓦斯的过程并没有停止，异常的瓦斯涌出还要持续相当长时间。隧道煤与瓦斯突出形成各过程如图 8-1 所示。

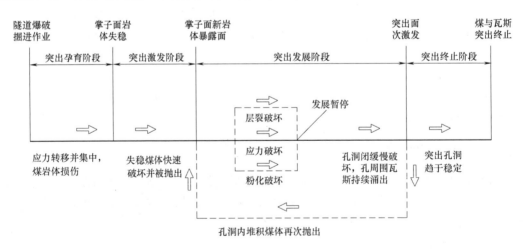

图 8-1 隧道煤与瓦斯突出形成各过程示意图

8.1.3 煤与瓦斯突出影响因素

根据综合作用假说，煤与瓦斯突出主要受瓦斯、煤体结构和地应力等诸多因素综合作用影响，而工程活动是突出的诱导因素或者说为突出提供必要的边界条件。下面对煤与瓦斯突出影响因素和其规律进行简要分析。

1. 瓦斯因素

描述瓦斯影响的指标一般有瓦斯含量、瓦斯涌出速度、瓦斯压力和瓦斯放散指数，这些指标的大小在一定程度上可以反映突出危险性大小，而且各种指标之间也有一定的互相联系。

(1) 瓦斯压力

瓦斯压力是指煤层中游离瓦斯的压力，其和瓦斯含量、煤体透气性和煤层的地质结构息息相关。瓦斯压力的大小很大程度上可以反映突出的危险性，在突出的发生和发展过程中起着重要作用。瓦斯在煤层孔隙中压力越大，该点就越容易发生煤与瓦斯突出，且突出的规模也会更大。由于瓦斯是从煤层向上逸散的，这决定了只要地质条件相同，那么深度越大瓦斯压力和瓦斯含量也就越大。

瓦斯含量指单位质量煤体所含瓦斯体积，存在状态有游离和吸附两种，一般情况下煤层瓦斯含量不会超过 20～30m³/t，瓦斯含量越大，突出时携带煤粉就越多，相应的突出规模就会越大。煤层瓦斯是在煤的生成变质中产生的，因此其成分组成以及瓦斯含量与煤田所在区域的地质史有关。瓦斯的多少还受限于是否有保存瓦斯的一个相对密封空间，所以瓦斯含量还和煤层露头、围岩性质和地质构造相关。大量实践证明煤层的埋深也决定着瓦斯含量的多少，一般情况下埋深越大，瓦斯压力越大，从而引起瓦斯危险性变大，所以随着深度的增加瓦斯含量也增加，但是瓦斯含量是有极限的，不会无限制的增加。水对瓦斯有一定的溶解性，因此水文地质条件对瓦斯含量的多少也有影响，如果地下水比较活跃，就可以溶解大量瓦斯，瓦斯含量和压力就会明显降低，所以地下水较多时候突出危险性反而会降低。

(2) 瓦斯放散初速度

瓦斯放散初速度指煤层瓦斯放散的快慢指标，其大小与瓦斯含量、煤体结构类型和瓦斯渗透流动的孔隙通道都有关系。如果煤层瓦斯压力和瓦斯含量相同，则其值大小就反映的是煤体释放瓦斯的快慢程度，其值越大说明煤体可以在瞬间把吸附瓦斯释放出来。因此瓦斯放散指数可以反映煤与瓦斯突出的危险性大小，但是各个矿区煤层突出临界值不同，所以单一指标评价突出不可靠。在我国瓦斯隧道的建设中，瓦斯放散初速度 $\Delta P \geqslant 10mmHg$ 时认定煤层具有突出危险性。

2. 煤体性质

煤的性质包括煤结构类型、煤的强度和煤层厚度等物理力学性质，其和煤层厚度、煤层埋深、煤层倾角等煤层赋存状态，其都和突出有一定关联。煤的结构类型指煤层组成部分的形态、煤体颗粒大小和强度。按照煤体形态、颗粒大小和光泽度等可以分为 5 个类型：Ⅰ类（非破坏煤）、Ⅱ类（破坏煤）、Ⅲ类（强烈破坏煤）、Ⅳ类（粉碎煤）和Ⅴ类（全粉煤）。一般情况下，煤的强度随煤结构类型的增大而减小，而突出危险性随结构类型增大而增大。突出常发生在Ⅲ类以上的煤体结构类型区，但这不是说煤体被破坏严重就一定会发生煤与瓦斯突出。长期的生产经验表明，一般情况下煤体结构类型越大，其坚固系数（即强度）就越小，瓦斯吸附和释放瓦斯的能力也越大（三类煤的 ΔP 一般为一类和二类煤的 1.5 倍左右）。综合作用下，瓦斯吸附和释放瓦斯的能力增强，煤与瓦斯突出的危险性也就变得更大。

3. 地应力

煤体及瓦斯隧道开挖过程中的应力主要包括自重应力、构造应力和后期工程活动引起的应力。在很多情况下构造应力引起的水平附加应力对煤与瓦斯突出起主要作用：在构造作用力下，构造带附近的煤体物理力学性质发生明显改变，其强度降低、孔隙率变大、煤体变颗粒状、瓦斯含量大、煤光泽变暗淡，这些都增加了煤与瓦斯突出的危险性。自重应力可以使煤体产生变形破坏，也可以影响煤层的透气性，因此地应力也是突出的危险性指标。

4. 地质构造

地质构造运动会使煤体挤压破碎，同时也为瓦斯积聚提供了条件，地质构造影响因素主要包括断层、褶曲、火山岩活动和地层间滑动。实践表明，煤与瓦斯突出多发生在地质构造带上，所以地质构造类型和规模以及构造带与隧道相交关系都影响着煤与瓦斯突出的危险性。

8.2 煤与瓦斯突出预测方法研究

煤与瓦斯突出是瓦斯夹带煤粉急剧大量喷涌而出的一种极为复杂的煤层地质动力现象。瓦斯隧道突出事故发生较少，可能是由于揭煤面积小而且已建瓦斯隧道较少，所以在隧道的建设中并不受到重视。但是突出会对隧道建设施工造成严重的伤害，在我国瓦斯隧道的建设中有好几座隧道经历过突出危险，例如家竹箐隧道、紫平铺隧道和新寨隧道等。

8.2.1 常规预测方法

常规预测方法基本上由煤矿部门的方法引入而来，《防治煤与瓦斯突出规定》与《煤矿安全规程》规定的方法基本上就是综合指标法和钻屑指标法。《铁路瓦斯隧道技术规范》TB 10120—2002中关于预测方法的规定以及临界指标的大小和煤矿部门常规原理方法基本一样，具体的临界值根据煤矿部门并结合已建瓦斯隧道（特别是家竹箐隧道）的成功经验和实测数据分析而来。在实际预测中一般选用表8-1中的2种方法判定相互验证，其中一种确定有突出危险，或者在钻孔探测的时候发现顶钻、瓦斯喷孔等现象即可以认为该工作面具有突出危险，表8-1为规范给出的建议临界指标值。

煤与瓦斯突出判定指标临界值　　　表8-1

预测类型	预测方法	预测指标	突出危险性临界值
石门揭煤突出危险性预测	瓦斯压力法	P(MPa)	0.74
	综合指标法	D	0.25
		K	20（无烟煤）、15（其他煤）
	钻屑指标法	Δh_2(Pa)	160（湿煤）、200（干煤）
		$K_1[\mathrm{mL}/(\mathrm{g}\cdot\mathrm{min}^{1/2})]$	0.4（湿煤）、0.5（干煤）
煤巷开挖工作面突出危险性预测	钻孔瓦斯涌出初速度法	q_m	4
	"R"指标法	R_m	6
	钻屑指标法	Δh_2(Pa)	160（湿煤）、200（干煤）
		$K_1[\mathrm{mL}/(\mathrm{g}\cdot\mathrm{min}^{1/2})]$	0.4（湿煤）、0.5（干煤）
		最大钻屑量(kg/m)	6

8.2.2 综合指标法

综合指标法在国内是由煤矿科学研究院抚顺研究所提出来的，选取综合指标 D 和 K 作为判别依据。D 和 K 可以反映煤层、瓦斯以及地质等综合信息，在我国将其纳入《防治煤与瓦斯突出规定》后，其广泛的应用中取得了不错的效果。D 和 K 值的计算涉及埋深、瓦斯压力以及煤强度等多个因素，具体计算见式（8-1）和式（8-2）。

$$D=\left(0.0075\frac{H}{f}-3\right)(P-0.74) \tag{8-1}$$

$$K=\Delta P/f \tag{8-2}$$

式中　D、K——突出危险性指标；

　　　　H——距地表垂直距离，m；

　　　　P——煤层瓦斯压力，MPa；

　　　　ΔP——煤层瓦斯放散初速度；

　　　　f——煤层坚固系数。

D 值指标考虑了煤层揭煤深度、瓦斯压力大小和煤体强度的共同作用，是根据综合作用假说提出来的，只有几个因素对突出的发展都到达到规定值后才会发生突出。例如式（8-1），$D \geqslant 0.25$ 或者 2 个括号中的结果均为负数但相乘以后为正的都可以判定为具有突出危险，因为埋深较小时虽然地压力和瓦斯压力较小，但是其煤层的煤体结构破坏严重，煤体强度特别低，所以也会发生突出事故；$D \leqslant 0.25$ 时判定为没有危险。

在 K 值计算中，f 表示煤体强度，ΔP 表达煤体释放瓦斯快慢程度。ΔP 测定是煤块吸收瓦斯后，单位时间内放散的瓦斯压力差 $\Delta P = P_2 - P_1$，反映了煤体的孔隙结构和裂隙情况，一般情况下其值越大说明瓦斯压力和地应力越大。f 和 ΔP 这两个指标在实际探测时候都非常容易测试，方便进行计算判定。K 值指标考虑瓦斯因素和地应力因素作用较少，但是瓦斯因素和地应力是煤与瓦斯探测发生的重要条件，因此 K 值对地质构造比较规律且变化幅度较小的地区进行判断的准确性较高，在应力场复杂变化较大的地区判断的准确性较低。

8.2.3 钻屑指标法

钻屑指标法在国内外已经得到较普遍的认同，钻屑指标主要包含钻屑量的多少和钻屑瓦斯解吸指标两种，而解吸指标主要包含解吸量的多少和解吸特征。钻屑量指标一般用单位长度钻洞所产生的钻屑质量或者说钻粉体积与正常无突出危险的钻洞钻粉体积之比来表示。在对煤体破损严重、瓦斯含量和压力较大区域进行钻孔时产生的钻屑量较多，钻屑指标可以反映煤与瓦斯突出的危险性大小。

钻屑瓦斯解吸指标应用较多的一般是 Δh_2（Pa）和 K_1 [mL/(g·min$^{1/2}$)]，其实质原理基本是一样的。规范规定 Δh_2 的测定：把 1～3mm 直径的细煤粒装进 MD-2 型解吸仪的煤样瓶中启动仪器，在与外界隔离的煤样瓶中瓦斯开始解吸释放，2min 时候的读数就认定为 Δh_2 的大小。K_1 值的测定和 Δh_2 有所不同，主要是 K_1 是煤块刚采掘脱落后的 1min 内每克煤的瓦斯解吸量，可用 WTC 型突出预测仪测定的读数。由于煤体遇水后瓦斯解吸释放的速度会变慢，降低指标后可以更好地反映突出危险性大小，规范规定的湿煤粉量值比普通煤粉解吸指标较小。从性质上看 K_1 值和 Δh_2 值基本上是相同的，两个指标都是某一段时间的累计解吸量，差别仅在于 K_1 是解吸前 1min 的解吸量，Δh_2 是第 3~5min 的解吸量。

8.2.4 "R"指标法

"R"指标法是在钻孔单项指标的基础上提出的综合钻孔指标方法，具体实施计算的过程是在开挖工作面上打直径为 42mm 的钻孔，一般深度要达到 10m 且钻孔应在煤的破坏软分层中钻进，每钻进 1m 就要测量钻孔的钻屑量和瓦斯最大涌出初速度。测试值代入式（8-3）可以得出综合指标 R，当 $R \geqslant R_m$ 后可以判定钻孔测定处有突出危险（当结果为负值时，R 为正值括号内的结果）。瓦斯隧道规定的临界值 $R_m = 6$ 是从煤矿部门引入，大量的煤矿部门科研和生产实践已经证明该指标具有一定的可靠性。综合指标 R 的计算过程见式（8-3）。

$$R = (S_{max} - 1.8)(q_{max} - 1.4) \tag{8-3}$$

式中 S_{max}——钻孔最大钻屑量，L/m；

q_{max}——钻孔最大瓦斯涌出初速度，L/min。

8.2.5 综合评级法

在紫坪铺隧道建设中，基于综合作用假说提出了一种突出预测判别的新方法，即通过选取埋深和地质构造等与突出相关的影响因素指标，并根据紫坪铺隧道的工程条件对每个影响指标赋值分级，然后综合评定瓦斯隧道突出危险性等级，据此提出了适用于紫坪铺隧道突出预测的综合方法。把开挖工作面分为具有突出危险、无突出危险和有突出威胁 3 个类别，具体指标赋值和计算分类见表 8-2。

突出危险评价评分表　　　　表 8-2

指标	级别		
	Ⅰ	Ⅱ	Ⅲ
埋深	<100	100~300	≥300
地质构造	无	一般	复杂
钻探动力现象	没有动力现象	垮孔、夹钻	喷孔、劈裂声、雷声
瓦斯压力（MPa）	<0.35	0.35~0.74	≥0.074
瓦斯涌出初速度（L/min）	<3	3~6	>6
煤体结构类型	未破坏煤、碎煤块	透镜状煤	土粒状煤、土块煤

该方法省去了各个指标值的测定工作，可以系统的评级判定，在开挖施工时预测隧道煤与瓦斯突出危险性时只需对每一个指标进行判别，综合考虑评级即可。当 6 个指标全部为 Ⅰ 级时，该工作面前方为无突出危险区；当有 3 个或 3 个以上的指标为 Ⅲ 级时，则认为该工作面前方区域有突出危险；其余情况均认为有突出威胁。采用该评价方法，在施工现场就可以确定开挖面煤与瓦斯突出的危险性级别，有效节省室内测试时间，加快施工进度。但该评价方法仅在紫坪铺隧道建设中应用，各指标选取是否合适，各个指标的权重是

否需要分配，指标级别划分是否合理等还需要更多的研究和改善。

8.3 防突施工措施

8.3.1 一般规定

1. 揭穿突出煤（岩）层前，施工单位应依据施工图编制揭煤专项防突设计，制定突出危险性预测、防突措施、防突措施效果检验、安全防护和应急预案等技术组织措施，并按程序要求上报监理、建设单位批准后，严格按"四位一体"综合防突措施要求实施。揭煤防突工作流程可参照图 8-2 执行。

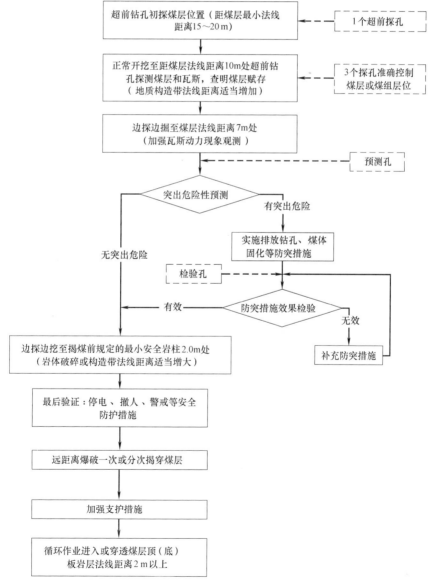

图 8-2 揭煤防突工作流程图

2. 隧道开挖工作面从距突出煤（岩）层底（顶）板的最小法向距离 10m（地质构造复杂、岩体破碎的区域，应适当加大法向距离）开始到穿过煤（岩）层进入顶（底）板 5m（最小法向距离）的过程，均属于揭煤作业。

《防治煤与瓦斯突出规定》（2009 年版）第 62 条规定了揭煤作业过程及程序。鉴于隧道分布开挖断面较煤矿巷道大，在煤岩破碎段落开挖稳定性差，容易发生地应力与瓦斯动力突出，可根据煤层产状并经有限元计算或工程类比分析，适当提高揭煤防突段最小法向距离值。缺少有效分析手段时，建议按 10m 控制。

3. 煤（岩）与瓦斯突出危险性预测工作应委托具有突出危险性预测资质的单位进行。穿越煤（岩）与瓦斯突出煤层时，应由具有相应技术能力、救护经验和资质资格的第三方单位协助进行。瓦检员应随时检测瓦斯，观察并掌握突出预兆。当发现瓦斯突出预兆时，瓦检员有权发出停工、撤人和断电指令，并协助班组长组织人员撤离。

4. 在有煤（岩）与瓦斯突出危险地层中施工时，隧道纵向 100m 范围内不得布置相向开挖作业；左右洞平行作业时，掌子面纵向错开距离不小于 50m。

地铁隧道左右洞横向间距一般较小，且存在对向施工，为避免相互影响，防止塌方及诱发突出，在瓦斯突出工区对向或同向掘进时应控制施工安全距离。

5. 监理单位应对揭煤作业过程中的煤层突出危险性预测、防突措施、措施效果检验以及安全防护措施等执行情况进行监督和检查。

8.3.2 突出煤层探测

1. 接近突出煤层前，必须对设计标示的各突出煤层位置进行超前探测，标定各突出煤层准确位置，掌握其赋存情况及瓦斯状况。

2. 在具有煤（岩）与瓦斯突出危险性的地层中施工时，应及时进行隧道工作面地质素描，加强地质分析和预测预报工作。

3. 揭穿突出煤层前，必须对设计标示的突出煤层进行超前探测，准确控制煤层层位，掌握其赋存位置和形态。

4. 突出煤层超前探孔应符合下列规定：

（1）在距煤层最小法向距离 15～20m 处的开挖工作面打设 1 个超前探孔，初探煤层位置。

（2）在距初探煤层最小法向距离 10m（地质构造复杂、岩体破碎的区域，应适当加大最小法向距离）处的开挖工作面上，打设 3 个以上的超前探孔，并取岩（煤）芯，分别探测开挖工作面前方上部及左、右部位煤层位置。

（3）详细记录岩芯资料。按各孔见煤、出煤点确切计算煤层厚度、倾角、走向及与隧道的相对位置关系，并分析煤层顶、底板岩性及地质构造。

（4）收集并掌握探孔施工过程中的瓦斯动力现象。

（5）各探孔施工过程应满足下列条件：

1）每个探孔应穿透煤层（或煤组）全厚并进入顶（底）板不小于 0.5m。

2）正式探测孔应取完整的岩（煤）芯，进入煤层后宜用干钻取样。

3）各探孔直径不宜小于 76mm。

4）观察孔内排出的冲洗液、煤屑变化情况，并做好记录。

(6) 当需要测定瓦斯压力、瓦斯含量等参数，超前取芯探孔可用作测定钻孔。若二者不能共用时，则测定钻孔应布置在工作面各钻孔见煤点间距最大的位置。

8.3.3 瓦斯突出危险性预测

1. 在瓦斯突出工区施工时，应在距煤层垂距5m处的开挖工作面打瓦斯测压孔，或在距煤层垂距不小于3m处的开挖工作面进行突出危险性预测。

2. 煤（岩）与瓦斯突出工区施工时，应在距煤层最小法向垂距10m（地质构造复杂、岩体破碎的区域，应适当加大最小法向距离）处的开挖工作面打瓦斯测压孔，或在距煤层垂距不小于7m处的开挖面进行突出危险性预测。经预测后划分为突出危险工作面和无突出危险工作面。

当开挖工作面至煤层最小法向距离较小时，受煤岩体构造、节理裂隙和开挖断面卸荷的影响，一般很难测定真实的瓦斯压力，因此打设测压钻孔时工作面距离煤层的法向垂距应适当增大，建议在距煤层不小于10m垂距的开挖工作面进行。而其他方法的突出危险性预测工作，在距煤层垂距不小于7m处的工作面实施，全面测定瓦斯参数，同时观察瓦斯喷孔、卡钻、顶钻等异常动力现象，为综合评价煤（岩）层突出危险程度提供判定依据，从而做到有针对性选用防突及安全技术措施。一般情况下预测孔宜布设3～5个。

3. 瓦斯突出危险性预测应从下列5种方法中选用2种方法，相互验证。石门揭煤可采用瓦斯压力法、综合指标法或钻屑指标法，对于煤巷掘进宜采用钻孔瓦斯涌出初速度法、钻屑指标法或"R"指标法。

（1）瓦斯压力法；
（2）综合指标法；
（3）钻屑指标法；
（4）钻孔瓦斯涌出初速度法；
（5）"R"指标法。

由于受瓦斯地质复杂性的影响，每个矿区的瓦斯突出敏感性指标是不同的，且瓦斯始突深度、同一始突指标也存在一定差异，因此预测所依据的临界值应根据当地矿区的试验考察确定。《防治煤与瓦斯突出规定》中规定，突出危险性预测一般应根据各地煤层发生煤与瓦斯突出的特点和条件试验确定工作面预测的敏感指标和临界值，并作为判定工作面突出危险性的主要依据。当缺少实测资料时可暂按表8-3取值。同时为了确保突出危险性预测的准确性，建议采用2种方法同时进行预测。

4. 开挖工作面突出危险性预测方法中有任何一项指标超过临界指标，该工作面即为突出危险工作面。预测临界指标值应根据当地煤矿的实测临界指标值确定，当无当地煤矿的实测临界指标值时，可参照表8-3中所列突出危险性临界值。

5. 当采用突出危险性区域预测指标时，应根据现场实测煤层瓦斯压力或煤层瓦斯含量进行预测。预测临界值应根据临近煤矿资料确定，当无资料时可参考表8-4取值。

6. 突出危险性预测方法中有任何一项指标超过临界指标，该开挖工作面即为有突出危险工作面。其预测时的临界指标应根据实测数据确定，当无实测数据时，可参照表8-4。

揭煤突出危险性预测指标临界值　　　　　表 8-3

预测指标	瓦斯压力（MPa）	综合指标		钻屑瓦斯解吸指标			
		D	K	Δh_2 指标临界值（Pa）		K_1 指标临界值 [mL/(g·min$^{1/2}$)]	
				无烟煤	其他煤种	干煤样	湿煤样	干煤样	湿煤样
临界值	0.74	0.25		20	15	200	160	0.5	0.4
预测孔位	预测孔不小于 3 个。钻孔位于隧道断面上、中、左或右部软分层中，其中一个钻孔应位于断面中部，并平行于掘进方向，其他钻孔的终孔点应位于断面轮廓线外 2～4m 处						

注：本表中突出危险性预测指标临界值引自《防治煤与瓦斯突出规定》。

根据煤层瓦斯压力或瓦斯含量进行区域预测的临界值　　　　　表 8-4

瓦斯压力 P(MPa)	吨煤瓦斯含量 W(m³/t)	区域类别
$P<0.74$	$W<8$	无突出危险区
除上述情况以外的其他情况		突出危险区

7. 钻孔过程中出现明显顶钻、夹钻、喷孔等动力现象时，应视该开挖工作面为突出危险工作面。

8.3.4 防治煤与瓦斯突出措施

1. 经预测有煤与瓦斯突出危险时，施工单位应在揭煤前制定包括技术、组织、安全、通风、抢险、救护等技术组织措施。

2. 防治煤（岩）与瓦斯突出措施包括排放钻孔、预抽瓦斯、超前管棚、煤体固化或其他经试验证明有效的措施。施工单位应在揭煤前根据揭煤防突设计文件制定技术、组织、安全、通风、抢险、救护等技术组织措施。

3. 防治煤与瓦斯突出可根据瓦斯地质实际情况采用钻孔排放或预抽瓦斯措施。对于突出厚煤层或煤层群，经技术经济指标论证后，宜采用预抽瓦斯的防治突出措施。

隧道与煤矿巷道相比存在显著差异，如选线阶段尽量绕避煤层、开挖断面大、多数瓦斯隧道仅在小范围内穿过突出煤层，与煤矿行业以采煤为目的施工工艺差别较大。根据《煤矿瓦斯抽采工程设计标准》GB 50471—2018、《煤矿瓦斯抽放规范》AQ 1027—2006 等标准规程的规定，煤层瓦斯预抽措施的有一定的适用范围，需要根据钻孔瓦斯流量衰减系数和煤层透气性系数来确定瓦斯抽采的难易程度。对于低透气性煤层而言，预抽瓦斯效果并不理想，需要采取诸多辅助增透技术，通常瓦斯抽采率随着绝对瓦斯涌出量的增大而提高，根据《煤矿瓦斯抽采基本指标》AQ 1026—2006 要求，当绝对瓦斯涌出量处于较低水平 5～20m³/min 时，工作面抽采率仅为 20%～30%，大量瓦斯仍需通过风排解决。贵州省多数矿区煤体透气性系数较小，抽采难度大，经对钻孔风排和预抽瓦斯效果的技术经济指标综合分析，多数情况下采用钻孔排放可获得良好的瓦斯防治效果。因此，当设计采用预抽瓦斯防治措施时，应进行技术经济指标论证后使用。

4. 实施防突措施时揭煤工作面与突出煤层间的最小法向距离为：预抽瓦斯为 7m，排放瓦斯钻孔为5m。地质构造复杂、岩体破碎的区域，应适当加大法向距离。

5. 钻孔排放瓦斯应按下列要求进行：

(1) 钻孔排放瓦斯应先进行设计。设计内容应包括：煤层赋存状况、煤层参数、预测时的各项指标、排放范围、钻孔排放半径、排放时间、排放孔个数、每孔长度和角度、排放孔施工及排放期间的安全措施等。

(2) 排放时间、排放半径及排放孔个数，应根据煤层参数、预测指标、排放范围等综合分析确定，钻孔直径一般为75～120mm。排放范围及排放孔角度可参照表8-5取值。根据实测瓦斯参数，可对排放半径适当加密。

钻孔排放参数值　　　　　　　　表8-5

排放范围(m)				排放半径(m)	排放时间(d)	排放孔角度(°)		
左	右	上	下			水平角	仰角	俯角
≥5	≥5	≥5～7	≥3	1～2	15～30，视瓦斯参数确定	0～90	0～45	0～20

(3) 钻孔排放位置应设在距煤层垂距不小于5m（地质构造复杂、岩体破碎的区域，应适当加大探测距离）的开挖工作面处；施钻时各孔应穿透煤层，并进入顶（底）板岩层不小于0.5m。

(4) 钻孔排放布孔时，应根据煤层赋存状况和实测瓦斯参数等，经计算后确定各孔的角度和长度。

(5) 当煤层倾角小、煤层厚、一次排放钻孔过长、俯角过大，不能一次打穿煤层全厚时，可采用分段分部多次排放，但首次排放钻孔宜进入煤层深度5～10m。

(6) 排放孔施工前应加强排放工作面及已开挖段的支护，防止坍塌造成突出。

(7) 排放孔施工应严格按设计施钻，钻孔过程中应有专人检查验收其角度和长度。

(8) 排放孔施工过程中应注意观察各种异常情况及动力现象。当某孔施工中动力现象严重，可暂停该孔施工，待其他孔施工完后再补钻该孔。

(9) 每钻完一个孔应检测该孔瓦斯涌出量，以后每天进行2次，计算衰减系数，掌握排放效果和修正排放时间。

(10) 揭穿突出煤层宜采用上下台阶法开挖，利用上台阶排放下台阶的部分瓦斯，其台阶长度应根据通风需要和隧道围岩稳定性、支护结构安全性综合考虑确定。下台阶瓦斯排放应采取下列措施：

1) 可在上部台阶底部打俯角孔排放。

2) 孔距与排距宜为1～2m。

3) 每排排放钻孔连线应与煤层走向平行。

(11) 排放孔施工前应加强排放工作面及已开挖段的支护，防止坍塌造成突出。

(12) 排放孔施工必须严格按设计施钻，钻孔过程中应有专人检查其角度和长度。

(13) 排放孔施工过程中应注意观察各种异常情况及动力现象，当某孔施工中动力现象严重，可暂停该孔施工，待其他孔施工完后再补贴孔。

(14) 每钻完一个孔应检测该孔瓦斯浓度，以后每天进行两次，掌握排放效果和修正排放时间。

6. 预抽煤层瓦斯应按下列要求进行：

（1）突出煤层预抽瓦斯应根据煤层赋存条件（煤层和岩层的性质、厚度、倾角、层间距等）、煤层瓦斯参数（瓦斯压力、瓦斯含量、煤层透气性系数、钻孔流量衰减系数、可抽瓦斯量等）编制专项瓦斯抽放工程施工设计。

（2）瓦斯抽放专项施工设计应依据揭煤防突设计文件并参考现行标准《防治煤与瓦斯突出规定》、《煤矿瓦斯抽采工程设计标准》GB 50471—2018、《煤矿瓦斯抽放规范》AQ 1027—2006、《煤矿瓦斯抽采基本指标》AQ 1026—2006 等编制。

（3）采取预抽煤层瓦斯措施时，必须现场测定煤层的瓦斯压力或瓦斯含量基本参数，以便于评价预抽瓦斯效果。

（4）瓦斯抽放应建立专门机构，配备专业施工队伍，负责瓦斯抽放工作的施工和日常管理工作。所有人员必须经过培训合格并持证上岗。

（5）瓦斯抽放工程应制定针对钻孔、封孔、管路铺设及巡回检查等环节的安全技术措施。抽放工作面必须保持通风良好，定期进行测风工作，瓦斯不能积聚和超限。

（6）钻孔布置及进尺应符合下列规定：

1）抽放钻孔必须有瓦斯钻孔设计图和说明书，并标明钻孔数目、位置、间距、方位、倾角、孔径、孔深、封孔长度、封孔材料、注意事项及特殊要求等。

2）隧道轮廓线外顶帮、底帮、左帮、右帮的预抽瓦斯控制范围（隧道轮廓线至控制范围外边缘的最小法向距离）可参考表 8-5 确定。对于严重瓦斯突出煤层或缓倾斜煤层，宜适当增大预抽瓦斯控制范围。

3）预抽瓦斯钻孔直径宜采用 75～120mm 的孔径。钻孔间距应根据煤层透气性按钻孔抽放半径确定。无实测钻孔抽放半径时，钻孔孔底间距不宜大于 3m。

4）钻孔开孔位置应严格按设计用红、白漆进行标定。严格按设计要求控制预抽瓦斯钻孔的方位、倾角、孔径、孔深、孔间距等参数，确保钻孔施工质量。钻孔开孔部分应圆且光滑。钻孔施工中不得出现三角孔、偏孔、台阶等变形孔。

5）钻孔宜一次性穿透煤层并进入顶（底）板 0.5m。对于突出厚煤层、煤层群、缓倾斜煤层和近水平煤层，当钻孔工程量大或钻孔不能一次穿透煤层全厚时，可采取分段多循环抽放方式，并保持煤孔最小超前距 10～15m。

6）钻孔过程中，密切观察孔口出水颜色，根据颜色变化及时接水并停钻，判定煤、半煤及岩石类别，并记录煤岩情况。同时观察钻孔瓦斯动力现象，出现异常情况及时停钻采取安全措施。

7）钻孔至设计深度后，退出钻杆时必须用清水或压风冲孔，排净煤、岩粉。

8）钻孔施工中，每班必须做好钻孔施工记录。抽放钻孔施工完成后，应及时根据钻孔原始记录绘制钻孔成果图。

（7）预抽瓦斯钻孔的封孔应符合下列规定：

1）钻孔验收合格后，必须进行严密封堵，不得泄露。封孔方法的选择应根据抽放方法及孔口所处煤（岩）层位、岩性、构造等因素综合确定。

2）穿层钻孔宜采用封孔器封孔。封孔器械应满足密封性能好、操作简单、封孔速度快的要求。

3) 顺层钻孔宜采用充填材料封孔。封孔材料可选用膨胀水泥、聚氨酯等新型材料。孔口段所处围岩条件较好情况下，亦可选用水泥砂浆或其他封孔材料。不宜采用黄泥封孔。

4) 孔口段围岩条件好、构造简单或孔口负压较低时，封孔长度不应低于 5m。当在煤壁上开孔或围岩裂隙较发育、孔口负压较高时，封孔长度不应低于 8m。

5) 钻孔埋设的抽放管应选用矿用抗静电阻燃 PVC-KM 管。

(8) 瓦斯抽放管路系统的选择、敷设及验收应符合下列规定：

1) 瓦斯抽放主管、干管、分管、支管等管路的管径必须符合设计要求，管路管材应符合抗静电、耐腐蚀、阻燃、抗冲击、安装维护方便等要求。

2) 瓦斯抽放管路应具有良好的气密性、足够的机械强度，并根据实际环境条件采取防冻、防腐蚀、防漏气、防砸坏、防静电和雷电等措施。

3) 瓦斯抽放管路不得与动力电缆敷设在隧道同一侧，以防管路带电。

4) 隧道内抽放瓦斯支管可采用沿底板或悬挂等方式敷设。沿底板敷设管路时，应采用高度 0.3m 以上的支撑墩，并应保证每节管子下面有两个支撑墩。悬挂管件时，应牢固悬挂或架在专用支架上，管件外缘距边墙不宜小于 0.1m。

5) 管路宜平直敷设，并宜减少弯头等附属管件，同时宜避免急转弯；敷设的管路应保持不小于 1‰ 的坡度，以排除管路中的积水。

6) 斜井中敷设倾斜管路时，应采用管卡将管件固定在斜井支架上。在斜井倾角小于或等于 30°时，管卡间距宜采用 15～20m；在斜井倾角大于 30°时，管卡间距宜采用 10～15m。当沿竖井敷设管路时，应将管道固定在专用管架上。

7) 敷设管路，宜采用法兰盘或快速接头连接。法兰盘中间应夹有橡胶垫，且垫的厚度不宜小于 5mm。

8) 瓦斯管线与地面或地下建（构）筑物或其他管线的安全距离应大于表 8-6 的规定。

瓦斯管线与相关设施的安全距离　　表 8-6

名称	厂房(地基)	动力电缆	水管、水沟	热水管	铁路	电线杆
距离(m)	5.0	1.0	1.5	2.0	4.0	2.0

9) 新敷设的管路应按规定进行漏气检验。

(9) 抽放附属装置及抽放计量装置应满足下列规定：

1) 抽放附属装置和计量装置应严格按设计和规范要求，在主管、干管、抽放工作面支管、泵站内及其他必要地点装设放水器、除渣器、控制阀门等附属装置及瓦斯浓度、CO 浓度、负压、流量、温度等抽放参数计量装置。

2) 抽放钻孔处的抽放支管应采取分组连接方式，合理分组并集中设置集气箱和放水器，再连接到抽放干管。

3) 每个钻孔的接抽管上均应留设观测孔，按规定检测钻孔抽放负压、瓦斯浓度或 CO 浓度。分组抽放集气箱应安设孔板流量计，以测定每组钻孔的负压浓度、流量等参数。

4) 抽放工作面、管路拐弯、低洼、温度突变处应设置放水器，管路宜每隔 200～300m 设置一个放水器，最大不应超过 500m。

5）管路分岔处应设置控制阀门，阀门规格应与安装地点的管径相匹配。

（10）瓦斯隧道抽放设备选型应符合下列规定：

1）瓦斯抽放泵应选用湿式，严禁使用干式抽放瓦斯泵。

2）瓦斯抽放设备应配备防爆电气设备及防爆电动机。

3）泵站装机能力和管网能力必须满足瓦斯抽放要求。煤层预抽瓦斯钻孔的孔口负压不得低于13kPa。

（11）地面临时抽放泵站应符合下列规定：

1）隧道洞口应建立地面临时瓦斯抽放泵站。泵站应设置在洞口开阔、工程地质条件可靠及无高压线、无滑坡等地质灾害的地带，距洞口、主要建筑物及居住生活区不得小于50m。

2）泵站建筑应采用不燃性材料，耐火等级应为一级或二级。泵房周围20m范围内必须设置栅栏，同时应悬挂醒目的安全警戒标识牌。

3）泵站应设置防雷电、防火灾、防洪涝、防冻等设施，配备消防设施和器材。

4）抽放泵站应安设瓦斯传感器，瓦斯浓度不得超过0.5%。泵站内电气设备、照明、其他电气和检测仪表均应采用矿用防爆型。

5）泵站应设供水系统，设备冷却水可采用开路循环，水量及水质应满足瓦斯抽放泵安全连续运行的需要。泵站消防水池宜结合隧道洞口消防水池统一设置，且应与泵站循环水池分建。

6）泵站采暖与通风根据具体条件采取安全措施，并符合相关安全规定。

（12）抽放出的瓦斯采用地面直接排空或利用瓦斯时应符合下列规定：

1）放空地点距隧道洞口和主要建筑物的距离不应小于50m，放空地点附近20m以内严禁堆积易燃物和有明火。

2）泵站放空管的高度应超过泵房房顶3m。

3）在排空管附近应安设避雷装置和防爆炸、防回火等安全装置。

4）利用瓦斯时，抽放泵出气侧管路系统必须装设防回火、防回气、防爆炸的安全装置。抽放瓦斯浓度低于30%时，不得作为燃气直接燃烧。

（13）抽放监控与巡回检查工作应符合下列规定：

1）瓦斯突出隧道临时抽放泵站宜在已有的瓦斯自动监控系统基础上建立瓦斯抽放自动监控系统，实时监控管网瓦斯浓度、压力、流量、温度和CO等参数及泵站环境瓦斯浓度、设备开停状态等。小范围穿越突出煤层时，可采用人工监测和巡回检查为主的方式。

2）配备专人携带符合国家计量标准的测试仪器定期检查抽放主管和分支管路上的瓦斯浓度、流量、抽放负压、温度和CO等抽放参数。每班至少人工测定1次抽放参数，并做好记录。

3）泵站值班人员每小时测定一次抽放参数，并做好泵房值班记录和抽放参数测定记录。当出现瓦斯浓度过低、负压波动较大等异常情况时应及时采取处理措施。

4）瓦斯抽放流量通过测定抽放负压、浓度、压差、温度等参数间接计算。

5）瓦斯抽放钻孔应实行挂牌管理制度，设置抽放钻孔抽放参数管理牌板、放水器管理牌板等。测试检查人员进行检查后，将结果认真按项填入检查牌板和检查记录中。

6）瓦斯抽放设备和管路系统应建立日常维护和定期检查维修制度。配备专人进行定期放水、排渣和管路维修，处理管路积水和漏气，保证管路畅通。泵站值班人员应定时观察各种电气设备运行参数（电压、电流和温度）和机电设备运行参数（轴温、水温），发现泵站设备运行异常、环境瓦斯浓度超限和供水系统发生故障等异常情况时应及时采取措施进行处理。

（14）预抽煤层瓦斯效果评判应符合下列规定：

1）瓦斯抽放工程实施过程中，第三方专业瓦斯抽放单位应及时分析钻孔、抽放参数等数据，抽放结束后应根据《煤矿瓦斯抽采达标暂行规定》编制瓦斯抽放达标评判报告，并报监理、业主批准，方可进行隧道开挖工作面的揭煤掘进。

2）预抽煤层瓦斯效果评判应包括以下四个主要内容和步骤：抽放钻孔有效控制范围界定、抽放钻孔布孔均匀程度评价、抽放瓦斯效果评判指标计算与测定、抽放效果达标评判。

3）预抽煤层瓦斯的抽放钻孔施工完毕后，应根据钻孔设计图、说明书及现场钻孔记录对开挖工作面预抽瓦斯钻孔的有效控制范围进行界定，并对预抽钻孔在有效控制范围内的均匀程度进行评价。预抽钻孔间距不得大于设计间距。

4）抽放瓦斯过程中应及时分析瓦斯抽放量、浓度、负压、流量等计量参数，依据煤层有效抽放半径和煤体初始瓦斯量等参数，计算煤层瓦斯预抽率（瓦斯抽放量/瓦斯储量）、残余瓦斯含量或残余瓦斯压力等指标，从而确定停止瓦斯抽放的时间。预抽钻孔控制范围内的瓦斯预抽率不宜低于30%。

5）将抽放工作面划为一个评价单元进行预抽瓦斯效果评判，应首先根据抽放计量等参数间接计算抽放后的残余瓦斯含量或残余瓦斯压力。当计算煤层残余瓦斯压力小于0.74MPa或残余瓦斯含量低于 $8m^3/t$ 达到预期防突控制指标要求后，用残余瓦斯压力法、瓦斯含量直接测定法、钻屑瓦斯解吸指标法等直接测定防突效果检验指标做进一步验证。

7. 揭煤工作面超前管棚防突措施一般在隧道拱顶和两侧一定范围内布置管棚，并注浆固化煤体。超前管棚和煤体固化防突措施应与隧道超前地层加固相结合进行设计和施工。当采用超前管棚和煤体固化措施时，应遵守以下规定：

（1）管棚支护设计参数如钢管直径、长度、间距、仰角、水平搭接长度、与之连接的钢拱架间距、注浆参数等，应进行专门设计，并严格按设计施工。

（2）超前管棚钻孔应穿过煤层并进入煤层顶（底）板至少 0.5m，当钻孔不能一次施工至煤层顶（底）板时，则进入煤层的深度不应小于 15m。钻孔间距一般不大于 0.3m。纵向两组管棚的搭接长度应大于 3m。

（3）超前管棚施作完成后，应向孔内灌筑水泥砂浆等固化材料。

（4）超前管棚及煤体注浆固化措施，应当配合其他措施一起使用，并在采用了其他防突措施并检验有效后方可在揭开煤层前实施。

8. 瓦斯突出工区排放瓦斯过程中，应加强工作面风流及回风道风流中瓦斯浓度检测，当排放工作面瓦斯浓度达到 1.0%，应立即撤出人员，切断电源，加强通风。

9. 每次工作面防突措施施工完成后，应当绘制工作面防突措施竣工图。

8.3.5 防突措施效果检验

1. 防突措施实施后，必须进行效果检验，以确认防突措施是否有效。防突措施效果检验可采用表 8-7 中所列的方法,在距煤层垂距 5m 以外工作面进行。

2. 防突措施实施后,必须进行效果检验,以确认防突措施是否有效。防突措施效果检验应在距煤层 2.0m 垂距的岩柱以外进行。

3. 揭煤防突措施效果检验应包括以下两部分内容:

(1) 检查所实施的防突措施是否达到了设计要求和满足有关标准规定,并检查措施实施情况、掌握并记录喷孔、卡钻等突出预兆,作为措施效果检验文件的内容之一,用于综合分析、判断。

(2) 各检验指标的测定情况及主要数据。

4. 在实施防突措施效果检验时,检验孔应不少于 3 个,深度应小于防突措施钻孔,且至少有一个测点位于距离控制边缘不大于 2m 的范围。各部位的检验钻孔应布置于所在部位防突措施钻孔密度相对较小、孔间距相对较大的位置,并远离周围各防突措施钻孔或尽可能与周围各防突措施钻孔保持等距离。在地质构造复杂地带应根据情况适当增加检验钻孔。

5. 对突出煤层采用全断面一次性排放时,效果检验孔数不宜少于 5 个,应分别检验工作面前方上、中、下、左、右各部位的排放效果。当采用分段、分部、分次排放时,每次只检验排放部位的排放效果。

6. 防突措施的效果检验宜按表 8-7 中的方法之一进行。防突效果检验指标的临界值应根据实测数据确定,当无实测数据,可参照表 8-7 列指标。检验结果其中任何一项指标超标,或在打检验孔时发生喷孔、顶钻、夹钻等动力现象时,则认为防突措施无效,必须采取补充防突措施。

防突措施效果检验指标及临界值 表 8-7

序号	检验类型	检验方法	检验指标	检验指标临界值
1	石门揭煤防突措施效果检验	钻屑指标法	$\Delta h_2(Pa)$	200(干煤)、160(湿煤)
			$K_1[mL/(g \cdot min^{1/2})]$	0.5(干煤)、0.4(湿煤)
		钻孔瓦斯涌出初速度法	$q_m(L/min)$	4
2	煤巷掘进工作面防突措施效果检验	"R"指标法	R_m	6
		钻屑指标法	$K_1[mL/(g \cdot min^{1/2})]$	0.5
			$\Delta h_2(Pa)$	200
			最大钻屑量(kg/m)	6

7. 工作面防突措施效果检验有效后,边探边掘至距煤层最小法向距离 2m 后,应采用工作面预测或措施效果检验的方法进行防突措施的最后验证,且边探边掘时钻孔无喷孔、顶钻等异常动力现象时,方可采取安全防护措施并用远距离爆破一次或分次揭穿煤层。

8.3.6 揭煤及煤巷掘进

1. 揭煤前应进行专项揭煤设计,其内容包括:揭煤作业各阶段施工方法、支护措施、组织指挥、抢险救灾预案及远距离爆破安全防护措施等。

2. 揭煤前应进行石门揭煤设计,其内容包括:揭开石门、半煤半岩等各阶段施工方法、支护手段、组织指挥、抢险救灾方案及安全措施等。

3. 揭开煤层应采取远距离爆破安全防护措施。远距离爆破应满足下列要求：

(1) 采用远距离爆破揭煤时，应制定包括放炮地点、避灾路线及停电、撤人和警戒范围等专项措施。

(2) 远距离爆破揭煤工作面距煤层的最小垂距应满足下列规定：急倾斜煤层 2m、倾斜和缓倾斜煤层 1.5m。如果岩层松软、破碎，应适当增加垂距。

(3) 远距离爆破揭开突出煤层后，仍应按照远距离爆破要求组织施工，直至穿过煤层并进入顶（底）板 5m 以上。

(4) 石门揭煤宜用微震动爆破法。

4. 不同倾角、厚度的煤层可用下列方法揭煤：

(1) 急倾斜和倾斜的薄煤层（厚度小于 0.3m），应一次揭穿煤层全厚。

(2) 急倾斜和倾斜的中厚、厚煤层，一次揭煤深度宜为 1～1.3m。

(3) 缓倾斜煤层，应一次揭开最小保护厚度的岩柱。当倾角小于 12°，岩柱水平长度较大时，可刷斜面揭开煤层。

5. 当开挖工作面揭穿厚度小于 0.3m 的突出煤层时，在边探边掘至最小安全岩柱留设断面处并采取必要的安全防护措施后，可直接采用远距离爆破方式揭穿煤层。

6. 远距离爆破揭开煤层后，若未能一次揭穿进入煤层顶（底）板，则仍应当按照远距离爆破的要求执行，直至完成揭煤作业全过程。打设爆破钻孔前，为防治瓦斯超限，可喷射 5～10cm 厚的混凝土临时封闭开挖工作面，后钻眼。

7. 在半岩半煤和全煤层中掘进应符合下列要求：

(1) 揭开煤层后，应检验开挖工作面前方 10m 范围内煤与瓦斯突出的危险性，如各项指标均符合要求，可允许掘进 5m，再检验 10m，始终保持工作面前方有 5m 的超前安全距离。如任一指标达到或超过临界值时，应采取补充防突措施，直至效果检验有效。

(2) 每爆破循环进尺不宜超过 1.0m，在全煤层中掘进时应少钻孔、少装药，且必须采用电煤钻钻孔。

(3) 在半煤半岩中掘进应在岩石炮眼中装药，其总药量应为普通爆破药量的 1/3～1/2，煤层中如煤质坚硬，需爆破时，宜采用松动爆破。

(4) 软弱破碎围岩或过煤层段，应采用超前支护或预注浆，防止坍塌，引起突出。

(5) 爆破后应及时锚喷支护，支护结构尽快闭合成环，减少瓦斯溢出。

8. 仰拱应先施工，保证拱、墙、仰拱衬砌形成闭合整体。

9. 煤系地层设防段的二次模筑衬砌应预留注浆孔，衬砌完成后应及时压浆，充填空隙，封闭瓦斯。

9 地铁瓦斯隧道施工安全管理

本章重点介绍了瓦斯隧道施工的相应安全管理，如保证体系、施工要求、通风与瓦斯检测管理、施工防火管理、停工和复工管理（条件及程序）以及安全防护管理、人员管理、电气设备和作业机械管理，提出了地铁瓦斯隧道的各项管理制度和安全管理措施，如安全检查、安全教育培训。

9.1 安全管理保证体系

9.1.1 安全管理体系

安全管理体系应符合建筑企业和工程项目施工生产管理现状及特点，使之符合安全生产法规的要求。体系文件包括安全计划、企业制定的各类安全管理标准，相关的国家、行业、地方法规和法律文件、各类记录、报表和台账。层层建立安全管理保证组织机构，纵向包括政府主管部门、建设方、监理、设计、施工等所有参建单位；横向各参建方建立以第一责任人为总负责人的安全保障组织机构，包括专门负责技术保障、资金投入保障、安全实施管理、组织协调、安全检查等专职岗位，特别是施工方应延伸到作业班组的现场操作各管理岗位。

9.1.2 安全生产保证体系

1. 组织机构

安全生产委员会或安全生产领导小组是施工项目安全生产保证体系的组织机构，是工程项目安全生产的最高权力机构，负责对工程项目安全生产的重大事项及时决策。安全生产委员会由项目经理、主管生产和技术的副经理、安全部门负责人、分包单位负责人以及人事、财务、机械设备等部门负责人组成；安全生产领导小组由工程项目经理、主管生产和技术的副经理、专职安全管理人员、分包单位负责人以及人事、财务、机械设备等部门负责人组成。

2. 各项资源的保障

充分保证人员、材料、机械设备和资金满足施工要求。配备足够数量的各个岗位人员，并且上岗前经过瓦斯专项培训并取得合格证方可上岗；材料及时供应，质量符合要求；施工机械必须满足瓦斯隧道对其相关要求，尤其通风、供配电设备必须数量足、性能好。

9.2 瓦斯隧道施工要求

1. 瓦斯工区施工应按照要求设置瓦斯监控组织机构，施工过程中并实测瓦斯浓度，根据瓦斯浓度监测最高值进行安全施工管理。

2. 瓦斯隧道开工前必须对施工作业及管理人员进行安全技术培训。焊工、电工、瓦检员等特种作业人员必须持证上岗。开工前还须对应急预案进行演练。

3. 瓦斯工区施工中应严格落实"加强通风、勤测瓦斯、严控火源"的原则，严格按照瓦斯浓度超限措施进行施工管理。

4. 瓦斯隧道施工应建立专门机构进行通风、瓦斯检测、瓦斯监控以及防爆管理，并设置消防设施，配备应急救援物资。工区应配备救护队（与当地有资质的矿山救护队鉴定救护协议，委托其进行相关的必要工作和事故抢救工作）。

5. 加强进洞人员管理，所有进洞人员必须穿戴防静电劳保服。

6. 杜绝无计划停风。

9.3 施工通风与瓦斯检测管理

1. 瓦斯工区通风、瓦斯检测应作为瓦斯防治的关键工序，严格过程控制和精细化管理。通风系统设计、调整、维护和管理应坚持合理布局、优化匹配、防漏降阻、按时巡检、定期测风、严格管理、确保效果的原则。

2. 瓦斯工区通风和瓦斯检测应配置足够数量的通风和瓦斯检测仪器、仪表，统一管理。投入使用前，应经有国家授权资质的检定单位检定，并取得合格证。每次使用前应按要求进行校对，使用过程中轻拿轻放，加强仪表保护，并定期检定和维护。

3. 瓦斯工区内严格执行瓦斯浓度分级管理制度：当瓦斯浓度达到0.3%时报警（瓦检工或监控工或瓦检员向现场负责人报警，由现场负责人向各级领导汇报并立即组织有关人员查明原因进行处理）；当瓦斯浓度达到0.5%时，瓦检工或监控工或瓦检员应立即向现场施工负责人报告，由现场施工负责人立即组织停止工作，撤出人员，切断隧道中电源，并报告项目部经理，由项目经理向各级领导汇报，由有关专业人员制定措施，进行处理；瓦斯浓度低于0.4%方可复电。瓦斯工区内瓦斯浓度日常管理严格按照瓦斯浓度超限处理措施执行。

4. 洞内除施工需要外，严禁长期堆放材料、停放大型机具设备等。瓦斯工区内易于瓦斯积聚的地点，应提高风速，防治瓦斯积聚。

5. 瓦斯工区通风管吊挂必须做到平、直、紧、稳，无破口，防止弯折变形，所有进洞作业人员必须加强风管防护意识，避免机械、材料和电瓶车等移动过程中对风管的人为损坏。

6. 发生瓦斯涌出、喷出等异常状况时，应及时采取安防措施。首先考虑杜绝一切可能产生火源的作业，同时尽快撤出施工人员、切断电源、加强通风，对隧道入口进行警戒，进一步制定排放瓦斯的具体安全措施。

7. 瓦斯工区内各作业点应悬挂瓦斯检测和测风记录牌，并及时更新瓦斯和通风数据。

9.4 瓦斯隧道施工防火

9.4.1 瓦斯隧道工作作业条件要求

1. 动火作业安全措施

在焊接、切割等工作地点前后各20m范围内，风流中瓦斯浓度不得大于0.5%，且不得有可燃物，作业点应至少配备2个供水阀门和灭火器。并在作业完成前必须由专人检查，确认无残火后方可结束作业。作业完成后喷水浇洒，并观察1h。

2. 动火管理制度

（1）编制瓦斯隧道专项应急救援预案、落实责任人。

（2）操作相关人员必须持证上岗，焊机必须专人使用。

（3）瓦检工控制制度：动火作业过程中瓦检工全程监督并根据情况指导动火工作；在瓦斯隧道内动火，一旦有瓦斯出现无论哪种等级均得按照一级标准执行。严格听从安全员、瓦检工的现场的安全指示。未经瓦检工同意不得起火或者施焊。

9.4.2 动火流程

隧道内施工时往往伴随有动火施工，瓦斯隧道内动火施工必须按照以下流程进行，动火流程如图9-1所示。

9.4.3 施工防火

1. 防止电气火源和静电火源

（1）洞内电气设备的选用符合要求，严禁带电检修、搬迁电气设备。防爆电气在进洞前由专门的防爆设备检查员进行安全检查，合格后方可进入。洞内供电应做到：接头为防爆接头，有过电流和漏电保护，有接地装置。

（2）为防止静电火花，洞内使用的高分子材料（如塑料、橡胶、树脂）制品，其表面电阻应低于其安全限定值。

2. 防止摩擦和撞击点火

为避免撞击出现火花，洞内所有人员作业时，要注意防止工具坠落，避免用锤击，机械设备碰撞等。

3. 防止明火点燃

（1）严禁携带烟草、点火物品和易燃物品进洞，必须带入洞内的易燃物品要经过分部总工程师的批准，并指定专人负责其安全。

（2）严禁在洞内使用明火或吸烟。

（3）尽量减少洞内电焊、气焊作业；特殊的、不可避免的焊接，每次都必须执行动火制度，并由分部总工审批。在焊接、切割等工作地点前后各20m范围内，有检测人员现场检测，瓦斯浓度必须小于0.5%。并不得有可燃物，两端各设一个供水阀门和灭火器，并在作业完成前由专人检查，对焊接部位进行降温，确认无残火后方可结束作业。

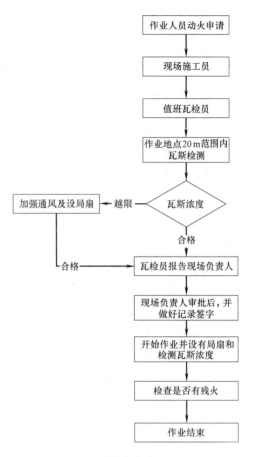

图9-1 隧道动火作业流程图

（4）严禁在洞内存放汽油、煤油、变压器油等，洞内使用的棉纱、布头、润滑油等必须存放在有盖的铁桶内，严禁乱扔乱放或抛在隧道内。

4. 防止其他火源

除撞击、摩擦等引起的火源外，地面的闪电或其他突发的电流也可能通过洞内管道进入这些可能爆炸区域而引燃瓦斯，通常在洞口设置避雷装置。

5. 消防措施

利用隧道供水系统兼作消防用水系统，即循环水管上每100m设置一个水管接口；洞内设置灭火器及消防设施，并保持良好状态。

9.5 停工、复工管理

9.5.1 停工程序

1. 停工条件

（1）施工单位在内部监督检查活动中，对重复出现严重有损于安全或潜在危及人身安全的情况时，相关安全管理部门有权下达停工令，并采取相应的纠正措施，直至问题解决。

（2）施工单位组织定期的安全生产、文明施工检查活动中，发现有严重安全隐患，且无有效整改措施，给安全生产带来危险时，可下达停工令，并限期整改，直至安全隐患排除。专职安全监督检查人员，在现场施工安全巡回检查中，发现有危及人身生命安全的紧急情况时，有权直接下达停工令，直至险情排除，同时向主管生产经理报告。

（3）隧道回风流中瓦斯浓度不小于0.5%时，施工单位必须停工、撤人、切断洞内全部非本质安全型电源，采取有效的安全措施处理（加强通风、加强瓦斯检测）直至瓦斯浓度小于0.5%，同时报告监理单位。

2. 权限

（1）施工单位项目经理，主管生产经理、安全总监有权直接下达停工令。

（2）施工单位项目安全相关管理部门为有权下达停工令的部门。

（3）紧急情况下，安全员与瓦检员有权下达停工令，同时报告部门领导、主管生产经理直至项目经理部经理。

（4）除上述领导、部门和专职检查人员外，其他部门和个人无权在现场下达停工令，如有必要提出停工，应报主管生产经理批准后，由（2）规定的部门下达停工令。

（5）上述部门、专职安全监督检查人员下达停工令最大权限为一天，若超过一天仍需继续停工，其停工期限报主管生产经理确定后执行。

（6）施工单位进行自检发现有严重危及质量与生产安全和三违情况（违章指挥、违章操作、违反劳动纪律）时，施工单位主管生产经理有权对承担该项工作的施工班组或工序操作人员下达停工令。

（7）施工单位在国家法定节假日进行临时停工，需报监理单位备案；监理单位应及时将情况告知建设单位。经监理单位书面同意后，施工单位相关负责人方能下达停工令。

3. 瓦斯隧道停工期间管理要求

（1）瓦斯隧道不论由任何特殊原因造成临时停工，均不应中止施工通风。

（2）停工期限不超过 3 天（含 3 天）时，必须在洞口设置栅栏与警告牌，并撤出洞内行走式作业机械。

（3）停工期限超过 3 天（不含 3 天）时，停工期间必须切断洞内施工电源（除通风、照明外电源），撤出所有施工机械设备，洞口设置栅栏与警告牌，严禁人员（瓦检员除外）进入。

（4）停工期间应设置专人值班，并进行经常性瓦斯人工检测，检测频率要求不低于 1 次/3h。

（5）瓦检员检测隧道瓦斯浓度超过 0.5% 时，应立即上报施工单位项目负责人，施工单位应制定相应措施进行处理。

9.5.2 复工条件及程序

1. 复工条件

（1）针对现场检查提出的施工安全隐患，现场已经按照要求进行整改完成，现场满足恢复生产的施工条件。

（2）检测到隧道内瓦斯浓度超过 0.5%，现场通过加强通风等措施，检测到整个隧道瓦斯浓度小于 0.3% 时。

2. 复工程序

（1）复工前，相应工区作业人员应受到安全再教育，方能继续从事生产作业。

（2）复工前，现场人员必须检查用电设备、通风设备、监控系统的良好性。

（3）复工前，施工现场必须根据相应停工令的要求整改，并提出书面复工报告，通知下达停工令的相关部门或专职人员到现场进行检查，经核实验证确已有效纠正处理，不符合项确已关闭，可以核准复工。

3. 复工具体操作

（1）加强通风，对隧道瓦斯浓度进行检测，确保瓦斯浓度低于 0.3%。

（2）所有人员、材料、设备准备到位。

（3）掘进前，打开盾构机台车上的局部通风风扇。特别是加强螺旋输送机处局部通风，防止因停机造成螺机里瓦斯聚集，在螺旋机闸口打开后，螺机出口处检测到瓦斯浓度超限，造成预警停机的情况。

9.6 安全防护管理

1. 瓦斯工区施工消防设施应遵守下列规定：

（1）瓦斯工区内各作业点应设置足够数量的灭火器及消防设施，并经常保持良好状态。

（2）瓦斯工区应在洞外设置消防水池和消防用砂，水池中应经常保持不小于 200m³ 储水量，并保持一定的水压。

2. 瓦斯工区施工火源管理应遵守下列规定：

（1）严控火源进入瓦斯工区。严格执行"严禁烟火进入隧道"的安全规定，施工作业人员和其他人员进洞前，应经洞口值班人员检查，严禁携带手机、电子表、火机、火柴、烟草及其他易燃易爆品。

（2）洞口、洞口监控室、洞口主风机附近20m范围内不得有火源。

（3）严格执行洞内电焊、气焊、喷灯焊、切割等作业动火审批程序，不得擅自动火作业。经审批进行动火作业时，必须制定安全措施，加强动火过程管理。

（4）指定专职安全员、瓦检员现场跟班检查和监督。

（5）动火点附近20m风流中瓦斯浓度不得超过0.5%。

（6）动火地点前后两端各10m范围内不得有可燃物，应有专人负责喷雾洒水，并至少配置2个灭火器。

（7）动火作业完成后由专人检查，确认无残火后方可结束作业。

3. 瓦斯工区施工易燃品管理应遵守下列规定：

（1）瓦斯工区内及洞口附近不得存放各种油类，废油应及时运出洞外，不得洒在洞内。加强油料运输管理，严禁在瓦斯工区内及洞口附近发生油料"跑、冒、滴、漏"现象。

（2）瓦斯工区内待用和使用过的棉纱、布头和纸张等，应存放在密闭的铁桶内，并由专人送到洞外处理。

4. 隧道穿越容易自燃煤层或含油气构造地层时，应采取及时喷、灌浆封闭岩层等综合预防地层自燃发火的措施。

9.7 施工人员管理

1. 瓦斯隧道开工前，应对施工人员进行培训，施工期间，还应定期进行专门的施工安全知识培训和继续教育工作。

2. 瓦斯工区进洞人员应遵守下列规定：

（1）进、出瓦斯工区的所有人员应在洞口进行登记。

（2）严禁穿戴易于产生静电的化纤服装等进入瓦斯工区。

（3）进入瓦斯工区的作业人员进洞应携带隔离式自救器。

3. 瓦斯工区各道工序、各种作业施工前，应对作业人员严格执行安全技术交底制度。

4. 瓦斯工区瓦斯超限、停电、停风时，受影响施工区域必须撤出全部作业人员，出洞后由负责人清点人数。

9.8 电气设备和作业机械管理

1. 安装后的机电设备，应经过外观、防爆性能、操作性能的检查，合格后方可投入使用。

2. 不得在洞内拆卸和维修设备和机械，使用期间应由专人进行日常检查和定期保养。防爆机电设备不得失爆。

3. 挖掘机、装载机、出渣运输车等作业机车的尾气排放口距离顶、底板及两侧围岩距离应大于 0.5m。

4. 机电设备的管理应符合下列安全规定：

（1）防爆电气设备应有煤安标志 MA，其防爆等级应符合要求；对无煤安标志 MA 的电气设备，应由具备相应资质的单位进行防爆改装或采取安全措施，测试符合防爆电气的防爆等级要求后方可使用。

（2）瓦斯工区使用的光电测距仪及其他有电源的仪器设备，应采用防爆型，当采用非防爆型时，在仪器设备 20m 范围内瓦斯浓度应小于 1%，瓦检员应跟班随时检测瓦斯浓度。

（3）机电设备应重点检查专用供电线路、专用变压器、专用开关、瓦斯浓度超限与供电闭锁、局部通风机与供电闭锁情况。供电线路应无明接头，无接头连接不紧密或散接头，应有漏电保护装置、接地装置、防雷装置，电缆悬挂整齐，防护装置齐全等。

（4）检查、搬迁电气设备、电缆和电线，不得带电作业。检查或搬迁时，必须切断设备电源，检测瓦斯，保证检修或搬迁作业范围内瓦斯浓度低于 1.0%。

（5）采用阻燃抗静电的电缆。

（6）电动装渣、开挖等作业机械在操作中，防爆开关表面温度超过 150℃高温（《爆炸性环境 第 1 部分：设备 通用要求》GB 3836.1—2010）时应立即停止作业。

（7）瓦斯工区使用蓄电池机车时，应遵守下列规定：

1）司机离开座位时，必须切断电动机电源。

2）机车应定期检查和维修，保证防爆性能良好。

3）机车的闸、撒砂装置，任何一项不正常或电气部分失去防爆性能时，不得使用该机车。

（8）蓄电池机车及矿灯的充电房应距洞口 50m 以外或其他安全地点。对于特长瓦斯隧道，因条件限制设在洞内时，应有专门的洞室，超过一组电池（5t 以上）或三组（5t 以下）同时充电，应实现独立通风。

5. 瓦斯工区内的机电设备，在使用期间，除日常检查外，应按规定周期进行检查，其检查周期可参照表 9-1，发现问题及时维修或更换。

机电设备和电缆的检查周期   表 9-1

序号	检查项目	周期	备注
1	使用中的防爆机电设备的防爆性能	每月一次	专职电工每日检查外部一次
2	配电系统继电保护装置检查、整定	每半年一次	负荷变化应及时调整
3	高压电缆的泄漏和耐压试验	每年一次	
4	主要机电设备绝缘电阻检查	每月一次	
5	固定敷设电缆的绝缘和外部检查	每季一次	外观和悬挂情况由专职电工每周检查一次
6	移动式机电设备的橡胶电缆绝缘检查	每月一次	由专职电工每班检查一次外表有无破损
7	接地网接地电阻测定	每季一次	
8	新安装的机电设备绝缘电阻和接地		投入运行前测定

6. 瓦斯工区电气设备操作应遵守下列规定：

（1）非专职人员不得擅自操作电气设备。

（2）操作高压电气设备主回路时，操作人员必须戴绝缘手套，并穿电工绝缘靴或站在绝缘台上。

（3）手持式电气设备的操作手柄和工作中必须接触的部分应有良好绝缘。

7. 瓦斯工区应建立并严格执行停、送电安全管理制度，严禁随意断电、送电操作。因停电、停风、瓦斯超限或远距离放炮等原因而切断电源的洞内电气设备，恢复供电前，必须检测断电或停风区内瓦斯浓度。

9.9 各项管理制度

根据施工现场可能存在或已存在的安全隐患制定各项管理制度。地铁瓦斯隧道施工管理应加强以下制度：

1. 防火制度。
2. 进洞检身登记制度。
3. 瓦斯浓度测试技术要求。
4. 瓦斯隧道通风管理办法。
5. 瓦斯隧道洞口自动监控系统管理办法。
6. 瓦斯隧道机电设备防爆检查制度。
7. 电气设备维修保养制度。
8. 通风机电设备检查维修制度。
9. 项目部通风工作职责。
10. 瓦斯隧道施工工种岗位安全操作规程。
11. 动火作业审批制度。

9.10 安全管理措施

9.10.1 安全检查

地铁瓦斯隧道施工安全检查分为安全管理和专项安全技术检查两部分。对安全管理的检查依据是相关安全生产的法律、法规、规章制度；对专项安全技术检查的依据是相关铁路瓦斯隧道施工安全技术规范、标准和安全操作规程、安全作业指导书等。检查的内容包括两大方面：一是各级管理人员对安全施工规章制度的建立与落实；二是施工现场安全措施的落实和有关安全规定的执行情况。瓦斯隧道重点检查以下内容：

1. 通风瓦斯管理体系是否完善，制度是否健全，有无风机管理、停电停风管理、瓦斯排放管理、瓦斯巡回检查报告管理、测风管理、安全仪器仪表管理、监控系统管理、通风瓦斯报表审签管理、其他有毒有害气体检测等制度。

2. 是否做到瓦斯检查"三对口"，即瓦斯检查牌板、瓦斯检查手册、检查记录三项对口；有无测风记录及报表，有无调整和控制风量的措施。

3. 有无操作规程及特种作业操作证书。

4. 是否测定风量并进行瓦斯绝对涌出量计算。

5. 安全生产制度落实是否到位,有无安全生产会议记录,有无安全生产经费的提取和使用记录,有无劳动防护用品发放记录。

6. 安全检查是否落实完善,对安全隐患部分有无整改落实记录,有无项目部月检记录。

7. 专职安全管理人员有无培训记录。

8. 事故报告与调查处理制度是否与现行法律法规符合。

9. 检查通风机有无同等能力备用风机、风机备用电源容量是否满足,是否实行风电闭锁;有无专人管理风机,有无风机管理牌板,风机有无专用变压器;检查风机是否出现处于停风状态;风机备用电源应每10天进行一次测试,并有测试记录。

10. 检查洞内供电是否与风机供电有同一台变压器,中性点是否直接接地,照明电压是否满足规范要求;照明电缆与动力电缆是否分开悬挂;入洞电缆是否采用非延燃电缆。

11. 监测监控的传感器种类数量是否齐全,有无风速、风机运转、CH_4、H_2S、CO、SO_2等传感器;监控系统主机有无备用电源。

12. 消防方面:洞口是否设置静压消防水池,洞内有无消防管路和其他消防设施设备。

13. 其他方面:有无自救器;风水管等进洞金属管线是否进行有效接地和设置防雷装置;有无对H_2S等其他主要有害有毒气体进行检测及处理措施。

9.10.2 安全教育培训

安全是生产赖以正常进行的前提,安全教育又是安全管理工作的重要环节,是提高全员安全素质、安全管理水平和防止事故发生从而实现安全生产的重要手段。施工单位在开工前应对管理人员及操作人员进行安全培训和身体检查,聘用经考核、检查合格的人员从事瓦斯隧道施工及管理。

一般工程项目安全教育内容有四个方面:安全生产思想教育、知识教育、技能教育和法制教育。

施工项目安全教育培训的对象包括五类人员:工程项目经理、生产副经理、技术负责人;项目基层管理人员;分包负责人、分包队伍管理人员;特种作业人员;操作人员。

安全生产教育有九种形式:新工人"三级安全教育";转场安全教育;变换工种安全教育;特种作业安全教育;班前安全活动交底;周安全活动;季节性安全教育;节假日安全教育;特殊情况安全教育。

10 瓦斯隧道专项应急预案

本章重点介绍了瓦斯隧道的专项应急预案，分别从编写的目的、应急管理组织措施、预防预警、应急响应、保障措施以及培训、应急演练和预案评价与修改、部分突发事件应急处置预案的要点进行了详细叙述，特别对应急响应的分级、救援程序、处理程序、汇报程序、保护程序、社会支援程序、信息发布程序以及紧急情况下的人员撤离程序进行重点说明，对现场应急预案的编制及管理具有一定的参考价值。

10.1 编制目的

根据《中华人民共和国安全生产法》结合城市轨道交通瓦斯隧道的工程特点和施工实际，项目部应按照专项应急预案的要求，编制完善相应的各种意外情况下的各类应急救援预案和详细的汇报流程，落实应急救援需要的人员、设备、材料等资源配置，建立应急救援领导机构，明确参加抢险员工的职责和任务，健全紧急信息沟通渠道，加强单位间的协作与配合，提高协同处理突发事件的能力。当发生瓦斯事故时，确保能快速反应，实施紧急救援，最大限度地减少突发事故带来的人员伤亡和财产损失。

10.2 应急管理组织措施

10.2.1 应急策划

根据工程的特点及施工工艺的实际情况，应认真组织对危险源和环境因素的识别和评价，制定项目发生紧急情况或事故的应急救援预案和应急措施，开展应急知识教育和应急演练，提高现场操作人员应急能力，减少突发事件造成的损害和不良影响。其应急准备工作程序可参照图10-1。

为确保正常施工，预防突发事件以及某些预想不到的、不可抗拒的事件发生，事前有充足的技术措施准备、抢险物资的储备，最大限度地减少人员伤亡、财产和经济损失，必须进行风险分析和预防。

1. 突发事件、紧急情况及风险分析

根据工程施工特点及复杂的地质情况，充分考虑到施工技术难度和困难、不利条件等，经多方讨论和分析，确定工程的突发事件、风险或紧急情况如下：

（1）隧道穿过不良地层时，因围岩自稳性差、涌水引起开挖面塌方或隧道冒顶。基岩含裂隙水，开挖暴露时间过长，引起基岩风化变弱、自稳性差，引起塌方。这类事故因塌落物自重大，作用范围大，往往伤害人员多，后果严重，多为较大或重大人身伤亡事故。

（2）爆破所使用的炸药等危险品易导致安全事故，进行爆破时产生的噪声及飞石对周

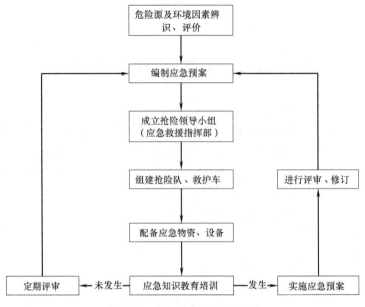

图 10-1　应急准备工作程序图

边建筑及居民造成影响。爆破施工安全事故可能产生人员伤亡和财产设备损失，同时容易发生火工材料丢失危及社会安全。

（3）暴雨使隧道内涌水，设备人员等被淹，材料库房、工棚被破坏。

（4）瓦斯突出引起事故：超浓度的瓦斯会引发施工人员因缺氧而窒息甚至死亡，当瓦斯浓度达到爆炸极限范围，遇火发生爆炸，造成人员伤亡和隧道坍塌。

从以上风险情况的分析看，如果不采取相应有效的预防措施，不仅给隧道施工造成很大影响，而且会对周围建筑物和居民、施工人员的安全造成威胁。

2. 突发紧急事件的预防措施

（1）了解地表水、出水地点的情况，并对地表进行必要的处理，以防止地表水下渗。

（2）认真分析地质资料，做好超前预报；对地质情况不明的地段一定要申请补勘，做到心中有数。

（3）加强施工管理，严格按标准化、规范化作业，严格按瓦斯隧道的设计要求、规范标准、管理要求等组织施工，做好施工通风、瓦斯检测等工作。施工中要经常分析土质变化、围岩参数，遇到可疑情况及时分析，不得冒进。在隧道施工施工过程中要做到"四及时"，即及时量测、及时反馈、及时支护、及时封闭。

（4）开挖爆破时，要采用微震控制爆破技术，严格控制爆破规模，遵循"短进尺、少装药、多段别、弱爆破"的原则，使爆破震动速度降到安全范围内。通过监测数据分析，不断修正爆破参数，满足环境要求。

（5）施工工地的生活用房及生产用房均按规范标准进行搭建，施工围墙牢固，堆放在建筑工地的轻型材料要捆绑固定。

（6）工地自备发电机组，抽水设备，以防停电。

（7）做好抗震防灾工作，所有的工作间及职工住房均要满足抗震要求。

（8）施工场地设专门抢险救灾物资库，库房距施工现场近，道路保持畅通，以备急用。

（9）项目部要与附近县级以上公立医院建立密切联系，并签订服务合作协议，工地设医务室，配齐必要的医疗器械。一旦出现意外的工伤事故，可立即进行抢救。

10.2.2 应急组织建立

1. 应急救援小组组织机构

项目部要成立重大事故应急救援指挥部，重大事故应急救援指挥部（下称：项目指挥部），指挥、组织、协调重大事故应急救援工作及其事故上报、通告、调查、善后工作。应急指挥中心设在综合办公室。

（1）组长：项目经理

组长职责：负责本项目应急预案的启动实施、小组人员分工、向上级单位请示启动上级部门应急预案等。

（2）副组长：其他项目领导班子成员

副组长职责：协助组长工作，在组长不在场的情况下行使组长权利、协调处理相关工作，具体负责各分工区生产安全的现场管理，恢复和保证生产正常进行。

（3）组员：项目职能部门第一负责人、相关部门人员

应急救援指挥部小组下设现场行动组、救护疏散组、通信联络组、技术支持组、医疗救治组和后勤保障组，事故应急救援领导小组负责对施工现场发生的突发事故进行应急处理。

2. 各应急小组职责

（1）现场行动组

1）决定是否存在或可能存在重大紧急事故，要求应急服务机构提供帮助并实施场外应急计划，在不受事故影响的地方进行直接操作控制。

2）复查和评估事故（事件）可能发展的方向，确定其可能的发展过程。

3）指导设施的部分停工，与领导小组成员的关键人员配合指挥现场人员撤离，并确保任何伤害者都能得到足够的重视和救助。

4）与场外应急机构取得联系及对紧急情况的记录做出安排。

5）在场（设施）内实行交通管制，协助场外应急机构开展服务工作。

6）在紧急状态结束后，控制受影响地点的恢复，并组织人员参加事故的分析和处理。

7）负责现场周围场所及危险部位的危险源的清除和周围的警戒，向隔离体内送风送水送食物等其他保障。

（2）救护疏散组

负责现场被困员工和参战受伤人员的现场救护及安全转移，必要时向合作医院或地方急救中心求援。

（3）通信联络组

1）确保联系畅通、内外信息反馈迅速。

2）保持通信设施和设备处于良好状态。

3）负责应急过程的记录与整理及对外联络。

4）负责拨打急救电话报警，接引救护车到达现场，同时向组长报告，并负责通知相关人员迅速赶到现场。

(4) 技术支持组

1) 提出抢险抢修及避免事故扩大的临时应急方案和措施。
2) 指导抢险抢修组实施应急方案和措施。
3) 修补实施中的应急方案和措施存在的缺陷。
4) 绘制事故现场平面图,标明重点部位,向外部救援机构提供准确的抢险救援信息资料。

(5) 医疗救治组

1) 在外部救援机构未到达前,对受害者进行必要的抢救(如人工呼吸、包扎止血、防止受伤部位受污染等)。
2) 使重度受害者优先得到外部救援机构的救护。
3) 协助外部救援机构转送受害者至医疗机构,并指定人员护理受害者。

(6) 后勤保障组

1) 保障系统内各组人员必需的防护、救护用品及生活物质的供给。
2) 提供合格的抢险抢修或救援的物质及设备。

10.3 预防预警

10.3.1 接警与通知

现场由当班地面巡视人员对地面情况进行巡视监控,当将要出现达到预警级别的情况时,立即根据应急预案组织现场自救,同时电话上报总指挥,总指挥立即组织相关职能组对现场进行检查,根据现场情况,确定控制重点,各职能组根据组织职责进行现场准备,并设专人进行24h值班,对重点部位进行检查。当发生险情及事故时,应立即采取相关措施抢险救灾。

10.3.2 信息上报

当发生险情及事故时,现场立即组织自救,并专人立即通知总指挥,由总指挥立即向上级相关单位汇报,汇报内容主题鲜明、言简意赅、条理清楚、逻辑连贯。其中包括:事故发生的时间、地点、伤亡人数、工程项目概况、事故单位名称、事故发生的简要经过、直接经济损失的初步估计、事故原因初步判断、事故影响范围、发展趋势及采取的处置措施等。

10.3.3 新闻宣传

由指挥组统一负责向公共媒体通报情况,相关新闻通稿、短信、公告按程序报指挥组审批。未经批准,任何人员不得接受媒体采访。

10.4 应急响应

10.4.1 应急分级

根据预测分析结果,对可能发生的突发事件进行预警,预警级别依据突发事件可能造成的危害程度、紧急程度和发展态势,由高到低划分为Ⅰ级(特别严重)、Ⅱ级(严重)、Ⅲ级(较重)、Ⅳ级(一般)四个级别,并依次用红色、橙色、黄色和蓝色表示。

Ⅰ级(特别严重):事件可能造成大量财物损毁和人员伤亡。

Ⅱ级(严重):事件对公众生命安全构成威胁,可能造成严重财产损失。

Ⅲ级(较重):事件可能造成较大损失以及一定社会影响。

Ⅳ级(一般):可能导致突发事件发生,但险情尚未出现、行为尚未实施或结果尚未产生,可能造成损失或社会影响。

10.4.2 基本应急程序

突发事件发生后,由总指挥统一协调指挥,各职能组各尽其责进行抢险救灾,并组织各组成员对现场险情及事故进行持续的监测,提前判断其发展趋势,便于在事故处置过程中提前采取合理的应急措施。保卫组应立即对危险部位进行隔离;物资组以保障人身安全、减少损失为原则,简化程序,保证救援物资及时、足量的用于抢险救灾;抢险组应立即组织抢险队人员,做好自身安全防护,按培训及演练内容及时抢险。若发生人员安全事故,应立即通知后勤组,由现场医务人员对伤员进行现场救治,伤情较重者,在现场医务人员进行紧急处理后,直接通过应急车辆送至医院救治。在抢险救灾过程中,参加人员严格按应急培训及演练的规定进行抢险,戴好防护用具,保证抢险人员自身安全,严禁违章抢险,防止灾情扩大、引起事故。

10.4.3 应急救援行动程序

1. 一旦事故发生时,应及时调动并合理利用应急资源,包括人力资源和物资资源投入行动;在事故现场,针对事故的具体情况选择应急对策和行动方案,从而能及时有效地使伤害和损失降低到最低程度和最小范围。

2. 应急救援行动的优先原则:员工和应急救援人员的安全优先;防止事故扩散优先;保护环境优先。

3. 事故现场、项目经理或安全主管应采取以下行动:

(1) 掌握情况。事故发生时间与地点;种类、强度;已知的危害方向;事故现场伤亡情况,现场人员是否已安全撤离;是否还在进行抢险活动;有无火灾与爆炸伴随;现场的方向、风速;事故危及项目外的可能性。

(2) 报告与通报。在掌握事故情况,并判明或已经发现事故危及项目时,应立即向有关单位或部门进行报告:报告业主、监理、上级部门;根据事故的严重程度及情况的紧急程度,按预案的应急级别发出警报。

(3) 组织抢救与抢险。制止危害扩散的最有效措施是迅速消除事故源,制止事故扩展。同时,因该项目最熟悉事故设施和设备的性能,懂得抢险方法,必须组织尽早抢救与抢险。要迅速集中力量和未受伤的岗位职工,投入先期抢险。

4. 应急指挥中心

应急级别划分,本工程项目应急级别划分为三级:预警、现场应急、全体应急。

值班人员的行动:记录事故发生区报告的基本情况;按预案规定,通知指挥部所有人员到达集中地点,并规定时限;根据情况的危急程度,做好应急出动准备。

应急救援工作小组的行动：根据事故发生区报告的情况，指示安全技术人员进行危害估算；会同专家咨询组判断情况，研究应急行动方案，并向总指挥提出建议。

10.4.4 应急处理程序

应急处理工作流程可参考图10-2。

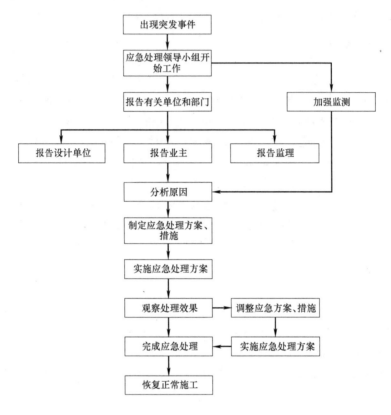

图10-2 应急处理工作流程图

10.4.5 应急汇报程序

1. 通告程序

（1）施工现场：一旦由项目人员、操作人员或警卫人员发现紧急情况，要立刻用电话通知信息管理人员，确定应急级别，担任临时总指挥，向项目应急总指挥、管理层和项目外机构（业主、监理工程师）通报，项目总指挥接到汇报后，按实施程序启动应急反应组织。

（2）项目外：根据应急类型、发生时间和严重程度，依照法律、法规和标准必须向项目外通报。在应急总指挥的指导下，通信联络负责人按应急预案规定行动。

（3）公共信息：按法律、法规的要求向员工、公众提供有关活动的信息。

2. 紧急情况汇报流程图

紧急情况汇报工作流程可参照图10-3。

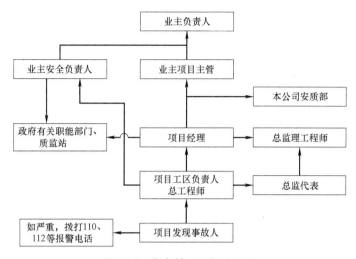

图 10-3 紧急情况汇报流程图

10.4.6 保护程序

1. 人员财产保护

项目经理是授权发布疏散项目员工、周边居民指令的负责人。项目副经理是生命、财产保护的负责人。

当事故将危及施工现场人员、财产、周边居民的生命和财产安全时,由总指挥宣布实施保护程序。

人员疏散:副经理组织应急保卫组对受安全威胁的人员疏散到安全地带。

人员查点:施工生产部部长指定警卫人员对疏散人员查点,并对查点情况向副经理汇报,副经理向项目经理汇报。

财产疏散:确保无受安全威胁的人员后,再对受安全威胁的财产实施转移至安全地带。

危险区进出管制:根据现场危险情况,设立警示或警告标示,只能由抢险人员进入,确保无关人员不得进入危险区。

2. 事故现场保护

工区长在向施工生产部部长报告的同时,组织人员对现场区域围护,保护事故现场不被破坏。

安全员到达事故现场后,用警示牌和警示带进行进一步围护,确保事故现场不被破坏。

安全员对事故现场实施围护后拍照、摄像、取证。

10.4.7 社会支援程序

一旦发生重大生产安全事故,项目部抢险救援力量不足或者有可能危及社会安全时,应立即向上级单位和相邻单位通报,必要时请求社会力量援助。

社会救援队伍进入本工地后,由项目部安全负责人负责联络,引导并告知安全注意事项。

10.4.8 信息发布程序

在应急过程中,如有媒体和公众在场,由项目经理对媒体和公众发言。负责在发生紧急情况时与新闻媒体的联系工作,接受他(她)们的采访,必要时负责召开新闻发布会。与安全人员和法律人员及其他事故应急者保持联系。

当项目的紧急情况会对周围居民造成危险,调度应该与当地主管部门、消防部门、卫生部门或环保部门保持联系。周边居民应该得到紧急情况的简单介绍和必要的说明。

项目经理是决定事故终止应急,恢复正常秩序的负责人。事故现场由保安人员执勤,事故现场的进入人员:拍照取证人员(包括上级调查人员)。未经授权的任何人员不得进入事故现场,以免破坏事故现场,给调查取证带来困难。

应急救援结束后,由项目经理宣布应急救援结束。

10.4.9 紧急情况下的人员撤离

1. 若发生的事故(或潜在危险)威胁到施工人员及周围居民住所的安全,应组织人员撤离到附近安全的住所。
2. 撤离的评估由应急救援小组做出;撤离的命令由项目经理发布。
3. 工程管理部部长负责组织人员的撤离,包括:了解需要撤离的范围及人员名单,筹划集合地点、撤离先后顺序、人员安排及注意事项;掌握安全住所的相关情况,联系安全住所(或宾馆、酒店),安排运输车辆;通知需要撤离的人员,组织撤离,告知撤离人员联络方式;帮助撤离人员解决生活问题及通知联系家属亲友。
4. 人员撤离后,保卫组立即对住所区域进行警戒封锁,设置警示、封锁标志,禁止非抢险人员随意进出,加强住所的治安保卫工作,防止财物失窃,告知来访人员撤离人员情况。
5. 驻地区域附近宾馆、酒店的联络。

10.5 保障措施

10.5.1 通信、联络方式

1. 盾构机或隧道内、机外通信

盾构机内或隧道内操作人员与洞门处指挥人员可采用对讲机即时通信,也可采用固定电话通信。

2. 内部联络通信

抢险领导小组成员移动电话须24h开机,保证通信畅通。

3. 外部联络通信

当发生险情时通过固定电话或移动电话及时向业主、监理、保险公司等有关单位汇报情况。当在抢险过程中发生火灾、伤员等情况时及时联系相关部门。其中,火警:119、报警台:110、急救电话:120。

10.5.2 应急物资设备保障

应急资源的准备是应急救援工作的重要保障,施工项目部应根据潜在的事故性质和后果分析,配备应急资源,主要包括:救援机械和设备、交通工具、医疗设备和必备物品、生活保障物资等。应急物资设备必须由专人负责管理,存放在指定点,除应急抢险外任何情况不得动用。主要应急物资设备配备可参照表10-1,具体应急物资设备的数量、类型应根据工程实施情况进行确定。

主要应急物资设备　　　　　表10-1

序号	机械名称	规格(单位)	序号	机械名称	规格(单位)
1	潜水泵	台	23	氧气面罩	套
2	污水泵	台	24	安全带、安全绳	根
3	钻机、双液注浆泵	台	25	方木	m³
4	单液注浆机	台	26	编织袋	只
5	发电机组	组	27	砂	m³
6	交流电焊机	台	28	铁锹	把
7	空压机	台	29	袋装水泥	t
8	水泥浆搅拌机	台	30	反光背心	套
9	叉车	台	31	锥形桶	支
10	乙炔割枪	台	32	防撞桶	个
11	手持式气体检测仪	台	33	警示带	卷
12	水管	m	34	氧气瓶	只
13	注浆管	m	35	乙炔瓶	只
14	消泡剂	kg	36	急救药箱	只
15	钢板	张	37	担架	副
16	围挡板	米	38	对讲机	台
17	手推车	个	39	柴油	L
18	配电箱	个	40	电缆	m
19	照明灯具	套	41	铁丝	跟
20	应急灯	个	42	钢丝钳	把
21	推车式灭火器	台	43	棉被	个
22	雨靴	双			

10.5.3 经费保障

根据财政部安全监管总局关于印发《企业安全生产费用提取和使用管理办法》的通知(财企〔2012〕16号)第十九条建设工程施工企业安全费用应当按照以下范围使用:

1. 完善、改造和维护安全防护设施设备支出(不含"三同时"要求初期投入的安全设施),包括施工现场临时用电系统、洞口、临边、机械设备、高处作业防护、交叉作业防护、防火、防爆、防尘、防毒、防雷、防台风、防地质灾害、地下工程有害气体监测、通风、临时安全防护等设施设备支出。

2. 配备、维护、保养应急救援器材、设备支出和应急演练支出。

3. 开展重大危险源和事故隐患评估、监控和整改支出。

4. 安全生产检查、评价（不包括新建、改建、扩建项目安全评价）、咨询和标准化建设支出。

5. 配备和更新现场作业人员安全防护用品支出。

6. 安全生产宣传、教育、培训支出。

7. 安全生产适用的新技术、新标准、新工艺、新装备的推广应用支出。

8. 安全设施及特种设备检测检验支出。

9. 其他与安全生产直接相关的支出。

10.6 培训、应急演练和预案评价与修改

10.6.1 培训工作

1. 保证所有应急队员都能接受有效的应急培训，使他们熟悉报警、疏散路线、安全躲避场所等。锻炼和提高队伍在突发事故情况下的快速抢险堵源、及时营救伤员、正确指导和帮助群众防护或撤离、有效消除危害后果、开展现场急救和伤员转送等应急救援技能和应急反应综合素质，有效降低事故危害，减少事故损失。

2. 培训和演练应包括：基本目标、日期、时间和地点、参加组织、模拟事故、事故大约发展阶段、对训练和演习进行适当的评价、灭火器的使用以及灭火步骤的训练、个人防护措施、对潜在事故的辨识、事故报警、紧急情况下人员的安全疏散等。

3. 培训的目标：使应急救援人员熟悉应急反应预案和程序的实施内容和方式；培训他们在应急预案和程序中分派的任务；使有关人员知道应急反应预案和实施程序变动情况；让各级人员保持高度准备性。

4. 安全环保部在副经理的领导下，以半年为一周期对相关人员进行一次培训并予以记录。

5. 在应急预案中分配应急职能岗位时，项目部将结合有关人员以往的经验、培训以及日常工作。担任应急反应组织某一职位的资格应符合管理部门分派的职位特点并接受一定的培训。

6. 日常演练工作由安全环保部部长负责组织每半年进行一次实战应急救援预案演练。演练方式分为桌面演练、实战演练和突发演练三种。其中，突发演练就是采取在被考验者完全不知情的情况下，突发性地虚拟意外事故，以检验被考验者的应变能力。通过这种演练，更有助于提高员工应急处理能力和安全意识，检验救援物资的维护质量和应急功能状态。

7. 对应急救援人员进行培训，合格者才能上岗。

8. 每月对应急救援人员的手机开通情况进行不定期抽查两次，一般安排在凌晨2点左右，以检验报警总机与反应机构的反应人员联络是否畅通。

10.6.2 应急演练

应急预案制订后,每年至少组织一次预案演练。应急预案演练可邀请安全生产应急管理机构和有关主管部门相关人员和专家参加评估。应急预案演练结束后,演练单位应组织有关专家、应急管理人员及参演人员对演练效果进行评估,撰写评估报告,分析存在问题,对应急预案提出修订意见并编制总结报告。报告主要内容包括:

1. 演练背景信息,包括演练目标、地点、时间、气象条件等。
2. 参与演练的部门、组织和人员。
3. 演练计划和方案。
4. 演练评估情况。
5. 演练中存在的问题和原因分析。
6. 明确改进存在问题的对策措施。

针对演练中存在的问题,制定和落实完善预案、改进应急设施设备,明确整改措施负责部门、人员、工作进度和整改费用等。

10.6.3 预案评价与修改

1. 内部应急能力:事故发生后,自身对事故的应急能力,其余的事故应急工作留给应急救援系统中的其他外部机构来完成。在应急演练后,对自身的应急能力进行评价,是否满足应急要求。如不满足需要完善和补充,确保自身的应急能力能满足应急需要。

2. 外部应急能力:利用外部应急救援机构对紧急情况进行应急救援处理。发展外部应急救援能力可以节省因发展内部应急能力所需的过多人员培训、人力资源补充和装备配置的费用。

10.6.4 应急救援预案的维护

应急预案应在项目经理的指导下,每年进行一次审查。审查包括应急程序、培训与训练情况、应急设备、与政府和管理机构的沟通情况。根据以下几个方面对应急预案进行修改:组织或程序中关键人员的变动;项目组织机构的变动;支援机构的能力或功能的变动;影响到应急预案的外援单位的变动;来自其他组织或地方政府的建议。根据应急救援的演练,对演练中不完善的步骤或方法进行修订。对已完善的应急救援预案进行装订,并加盖受控章,对应急救援人员进行交底并归档。

10.7 部分突发事件应急处置预案

10.7.1 隧道坍塌、突涌水应急处置预案

1. 预防措施

(1) 做好洞内排水。

(2) 及时清理洞脸,及时锁口。在洞口边坡外侧设置挡渣墙或积石槽,或在洞口设置网或木构架防护棚。

(3) 洞口以上边坡和两侧岩壁不完整时,应采用锚喷支护或混凝土永久支护等措施。

(4) 在松散、软弱、破碎、多水等不良地质条件下进行施工时,对洞顶、洞壁应采用锚喷、钢构架或混凝土衬砌等围岩支护措施。

2. 应急抢险措施

开挖掌子面始终存有钢筋网、锚杆、管棚、钢格栅、注浆设备、喷射机等抢险物资,一旦出现开挖掌子面或隧道上方坍塌、冒顶、涌水时:

(1) 隧道内其他掌子面立即停止作业,所有人员立即撤至安全区域等待命令。

(2) 立即对掌子面挂网、喷射混凝土,当出水较大时应集中引排水,及时架设格栅,对坍体进行封堵和反压。

(3) 从封堵墙位置打设超前大管棚,大管棚采用 $\phi 108$ 的钢管,长度为 25m,间距为 0.6~0.8m,并从大管棚钢管中注水泥水玻璃双液浆进行加固周围土体。

(4) 如果隧道冒顶到地面,则采用 C15 片石混凝土或碎石土分层夯实,从地面将塌陷处进行回填,回填至地面处平整顺畅,在其上铺设一层彩条布,并做好地面排水以防雨水进入塌陷处。

(5) 破除封堵墙上台阶,开挖掘进隧道上台阶部分,架设格栅钢架,形成初期支护,如果仍有塌方、涌水、涌泥现象,紧跟打设超前小导管进行超前预注浆,再按照隧道正常掘进方法进行掘进,开挖下台阶,支护紧跟。

若坍塌等灾害未得到控制并引发人员伤亡:1) 清点当班作业人数,积极抢救遇险、遇难人员,排查现场查看有无被困人员;2) 隧道坍塌引起火灾而灾区有遇难人员时,必须采用直接灭火法灭火。灭火后及时通风,降低有毒有害气体浓度;3) 坍塌引发围岩及建构筑物垮塌时,应先对其支护加固,确保救援人员安全;4) 清理事故现场,查看有无二次坍塌或次生灾害发生;5) 组织有关人员对坍塌区进行全面调查,查清坍塌事故发生的原因。

10.7.2 淹溺事故应急处置预案

1. 预防措施

(1) 在隧道斜井进口的周边砌筑 30cm 高的防淹挡墙,作为通常情况下的挡水设施;配备足够数量的沙袋,紧急时对竖井及基坑周围施做围堰,防止地面水大量流入井下。

(2) 斜井洞口配备两台泥浆泵(其中一台备用),用于排除井下积水。

(3) 施工现场仓库配备足够数量的潜水泵、泥浆泵。

(4) 及时获取天气信息,预先做好准备工作。

2. 应急抢险措施

(1) 若因暴雨导致隧道内被淹,被淹施工面应立即拉闸停电,组织人员撤离至安全地区。

(2) 发现有人溺水时,在现场的施工人员应设法迅速将其从水中救出。当溺水者在附近淹溺且尚有挣扎时,救护者当迅速将棍、竹竿等能够漂浮的器材抛入水中,采用拖、拉的方法帮助溺水者上岸。

(3) 救出溺水者后,应进行简单的急救,并拨打急救电话。

10.7.3 爆破事故应急处置预案

1. 预防措施

（1）爆破知识教育和培训

聘请爆破专家进行爆破知识讲课，参加人员为本工程所有人员，从项目管理人员到施工班组，使施工人员都能了解爆破知识、安全注意事项、技术要点等，做到心中有数，从事爆破工作的人员必须持证上岗。

（2）编制可行有效的爆破方案

针对本工程编制可行和针对性的爆破方案报监理审批，并上报当地公安部门进行审批和讨论。项目部在爆破前出具爆破说明书。

（3）爆破施工通告

在工程进行爆破施工前，向周围居民和单位发出爆破施工通告，使居民和周边单位有所准备。在每次爆破时设专人警戒、对过往人员警示将要进行爆破，并使过往行人撤离安全范围之外。

（4）爆破监测

工程爆破由指定的专业机构进行爆破监测，保证爆破各参数符合要求，使爆破控制在安全和有效的范围之内，保证施工、建筑物、人员等安全。

（5）对爆炸物品严格管理

炸药库库房采用双门双锁，内外门钥匙分别由现场仓管员、项目部材料员保管，领药时必须两人同时到场；加强库房值班制度，每天24h有人轮流值班。制定《爆炸物品管理细则》，并专门设计《爆炸物品领取审批单》，执行严格的审批手续，每次领取时首先有爆破员填写审批单写明所需的品种、数量、用药部位，由工班长、现场值班工程师复核确认签字后，交由爆破工程师再次复核签认，然后到库房领取所审批的爆破器材，爆破器材由工班长亲自送到工作面，放到专用的箱内，并有专人看管，中途不得转交其他人代拿。爆破后爆破器材如有剩余立即退回仓库。平时安全人员、物资人员、现场值班人员加强监督。火工品的领料和退库执行三联单制度。

（6）爆破跟踪检查

爆破每一循环均有现场值班工程师进行检查合格后方可起爆，爆破后先有施工人员进行找顶，去掉危石后再进行出渣。

（7）洞内备好方木、沙袋、钢格栅，发现隧道爆破安全时进行紧急支护和支顶，最后采用格栅进行常规支护。

（8）与当地公安部门及附近医院建立联系。

（9）发生爆破物品丢失，立即报告当地公安机关，由公安机关立案侦查，并封锁现场和人员，等待公安机关破案。

（10）放炮后，要经过20min后方可检查，如发生拒爆和熄爆时，应分析原因，采取措施，并必须遵守下列规定：

1）在专人监视下进行检查，并在危险区边界设警戒，严禁无关人员进入警戒区或在警戒区内进行其他作业。

2）因地面网络连接错误或地面网络断爆出现拒爆，可再次连线起爆。

3) 如炮孔内为非防水炸药,可向孔内注水浸泡炸药,使其失效;浅孔拒爆可用风或水将炸药清除,重新装药爆破。

4) 严禁穿孔机按原穿孔位穿孔,应在距拒爆孔 0.5~1.0m 处重新穿孔装药爆破,孔深应与原孔相等。

5) 如不能立即处理,应报告,并设置拒爆警戒标志,派专人指挥挖掘机挖掘。

2. 应急抢险措施

(1) 清点当班作业人数,积极抢救遇险、遇难人员,排查现场查看有无被困人员。

(2) 爆破引发围岩及建构筑物垮塌时,应先对其支护加固,确保救援人员安全。

(3) 清理事故现场,查看有无次生灾害发生。

(4) 组织有关人员对事故原因进行全面调查。

10.7.4 隧道瓦斯爆炸应急处置预案

1. 事故特征

瓦斯爆炸事故主要发生在洞内,瓦斯爆炸事故四季均有可能发生,可能造成人身伤害、财产损失和环境危害。瓦斯爆炸事故发生前,洞内存在通风效果差、瓦斯浓度达到危险值、明火等征兆。

2. 预防措施

(1) 项目部加强超前地质探测和有害气体监测频率,及时掌握地质情况。

(2) 根据现场实际情况,加强空气流通,洞内洒水除尘,降低瓦斯浓度。

(3) 在逃生通道线路上安装监控接收器,每人都随身携带呼救设备。

(4) 在作业工作面附近和安全隐患监控点必须安装报警器。

(5) 在作业工作面附近 50m 内和逃生通道线路上每隔 100m 都布置安全逃生避车洞。

(6) 在安全逃生线路的隧道两侧布设逃生指示箭头。

(7) 定期进行危险源的识别和等级核定,对重大危险源点要设立警戒线和标识,并派安全员 24h 值守,发现异常及时报告。

(8) 在安全抢险作业前,要将旧的供电线路清理掉,重新铺设供电线路,保证供电安全。

(9) 所有人员进出洞都必须在洞口值班室登记。

(10) 进洞人员必须 3 人成 1 组,不得单独行走和作业。

(11) 进洞人员必须穿水鞋,佩戴安全帽,严禁穿化纤衣服。

(12) 每个作业区最少要配置 1 名专职安全员,并佩戴袖章,安全员必须对发生安全事故的前兆进行观察,经检测发现问题及时疏散作业人员,并发出安全警报。

(13) 每位参加安全抢险作业的人员,在进行新的安全抢险作业和变换作业环境前必须进行安全教育,并告之可能存在的安全隐患、识别方法和安全自救措施。

(14) 每次进洞作业前,必须进行技术交底和安全教育,作业期间必须有技术人员指导作业,每次下班后必须进行安全讲评和总结。

(15) 必须有专人收集每天的瓦斯突出资料,分析瓦斯可能引起突出的可能性,瓦斯突出时要发出安全警报,及时停止洞内一切作业。

3. 应急抢险措施

(1) 分析预测事故影响范围及潜在的危险性

瓦斯爆炸发生后,根据事故发生的地点和严重程度,及时组织现场技术人员和相关方面的专家对事故发生点的瓦斯突出情况进行分析,预测是否会有二次瓦斯爆炸的发生,提早做好安全防范,避免事故的进一步扩大;排查和确定危险源,在瓦斯爆炸稳定前,禁止一切抢救工作。

(2) 根据瓦斯爆炸点及危险源分析,迅速撤离所有作业人员,拉响警报,切断电源,确保安全。明火扑灭后,除加开备用风机外,可启动两台空压机,用高压风配合高压水将瓦斯惰性化和吹散,从而降低瓦斯浓度。待洞内瓦斯浓度恢复正常(低于0.5%)且工作面稳定后,按照设计方案进行处理,同时进行监控量测,经评估符合设计要求后恢复生产。

规划逃生通道,并要保证安全逃生通道的畅通,在隧道两侧每隔25m用双向箭头指示逃生路线方向,双向箭头上方安装应急照明等。迅速恢复被瓦斯爆炸破坏的安全瓦斯监测系统、应急照明及通信系统、通风系统,并加强维修,以保证顺利抢险和防范二次灾害的发生。在不同地点设置瓦斯监测观测点,24h检测,瓦检员每半小时检测瓦斯浓度变化情况,如有异常应立即报警。为保障现场应急救援工作的顺利开展,在事故现场周围建立警戒区域,实施交通管制,维护现场治安秩序。防止与救援无关的人进入事故现场,保障救援队伍、物资运输和人群疏散等的交通畅通,并避免发生不必要的伤亡。

当事故有扩大趋势时,及时与地方政府、应急救援队伍、公安、消防、医院等相关部门取得联系,确保24h联络畅通,联络方式采用电话、传真、电子邮件等。现场应急自救领导小组通过上述联络方式向有关部门报警,报警的内容主要是:瓦斯爆炸发生的时间、地点、背景、造成的损失(包括人员受灾情况、人员伤亡数量及造成的直接经济损失)、已采取的处置措施和需要救助的内容。

(3) 事故应急、处置措施注意事项

1) 救援人员按规定着装、佩戴防护用品,携带必要的应急救生设备,在确保自身安全的前提下实施应急处置。

2) 遇险人员救出后转至安全地带,及时进行人工呼吸或其他救助。

3) 险情发生至现场恢复期间,封锁现场,防止无关人员进入现场发生意外。

4) 救助人员要服从指挥,统一行动。

5) 及时将抢救、搜救进展情况报告应急自救组长。

11 瓦斯隧道施工案例

本章通过地铁盾构法低瓦斯隧道和地铁矿山法高瓦斯隧道两个工程案例,分别针对工程实施过程中的瓦斯防控、瓦斯施工组织管理、应急救援等方面进行了详细描述,对于类似工程的实施,特别是地铁瓦斯隧道具有较好的借鉴作用。

11.1 某轨道交通××号线工程土建2标

某轨道交通××号线一期工程土建2标的区间段为:世纪城站～海昌路站区间低瓦斯隧道盾构施工。

世纪城～海昌路区间(下文简称"世～海区间")起于世纪城站终于海昌路站,该区间出世纪城站后沿天府大道向南前行,区间下穿地铁1号线天府三街C出入口、地铁1号线天府五街过街通道后侧穿ICON云端工程,到达世～海区间1号风井;出1号风井后,以曲率半径1200m下穿府河,之后侧穿齐盛艺境、远大购物中心基坑工程,下穿地铁1号线华府大道站C出入口、城通加油站,到达世～海区间2号风井;出2号风井后,下穿地铁1号线四河站～广都站盾构区间,最后进入海昌路站。该区间共设置9个联络通道,2座中间风井。

11.1.1 工程地质概况

1. 工程地质情况

根据本区间详勘报告资料,盾构施工穿越的地层情况见表11-1。

世纪城站～海昌路站区间地质情况表　　　　　　　　　　　　　　　表11-1

里程	长度(m)	岩土围岩分级						隧道围岩综合分级
		隧底		边墙		拱顶		
		岩土特征	围岩分级	岩土特征	围岩分级	岩土特征	围岩分级	
YDK15+819～YDK16+250	430.5	中密、密实卵石夹透镜状砂层	Ⅵ	中密、密实卵石夹透镜状砂层	Ⅵ	中密、密实卵石夹透镜状砂层	Ⅵ	Ⅵ
YDK16+250～YDK21+950	5707	强、中等风化泥岩、砂岩为主	Ⅴ	强、中等风化泥岩为主	Ⅴ	强、中等风化泥岩为主	Ⅴ	Ⅴ
YDK21+950～YDK22+237.5	287.5	强、中等风化泥岩砂岩为主,局部卵石土夹透镜状砂层	Ⅵ	中密、密实卵石夹透镜状砂层	Ⅵ	中密、密实卵石夹透镜状砂层	Ⅵ	Ⅵ

2. 瓦斯地质

在麓山至博览城北区间苏码头构造带范围内发现有高浓度瓦斯逸出的情况，根据实测数据分析，瓦斯等级划分见表 11-2。

瓦斯等级划分表　　　　　　表 11-2

里程范围	长度(m)	瓦斯等级	天然气危害等级
YDK15+820～YDK20+600	4780	非瓦斯隧道	三级危害区
YDK20+600～YDK22+250	1650	低瓦斯隧道	二级危害区

11.1.2　施工工作顺序

本区间段拟采用 4 台复合式土压盾构机进行掘进，具体施工筹划如图 11-1 所示。

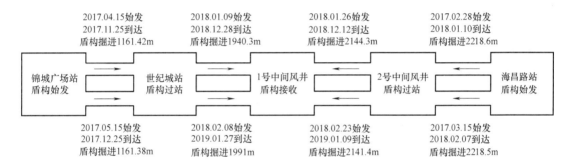

图 11-1　区间盾构施工筹划图

11.1.3　通风技术方案

1. 风量计算

本项目隧道盾构施工通风方式采取压入式通风，根据同一时间，洞内工作人员所需新鲜空气计算风量、按照隧道瓦斯涌出量计算所需风量、采用最小断面风速法计算风量，对以上三种计算结果进行统计，取最大值作为隧道通风量的标准。

2. 通风设备选择

经计算，本标段通风必须满足风量：1491m³/min；最大风压：1075.5Pa；风机功率约为 39.2kW 的要求，因此本标段风机型号最终确定为：SFDZ-Ⅲ-№13/2×132kW，此型号通风设备完全满足施工要求。通风机参数见表 11-3。

通风机参数　　　　　　表 11-3

风机型号	叶轮直径 mm	速度	转速 r/min	风量 m³/min	风压 Pa	最大配用电机功率 kW
SFDZ-Ⅲ-№13	1300	高速	1480	1695～3300	930～5920	2×132
		中速	980	1407～2219	406～2704	2×45
		低速	740	923～1670	237～1487	2×22

3. 通风管选取

从通风机到盾构机上采用阻燃型聚乙烯直径为 DN1800mm 通风管送至 5 号台车与

$DN1120mm$ 盾构机通风管相连进行隧道通风,然后在 4 号台车处分成 2 根 $DN800mm$ 通风管继续向螺旋机出渣口供风。二次风机以接力形式通过 2 根 $DN800mm$ 的通风管继续向掌子面供风,如图 11-2 所示。

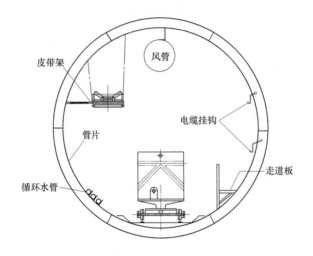

图 11-2 风管布置示意图

4. 通风机布置

通风机布置在海昌路站中板位置,距始发洞门 26.3m,左右线各布置 2 台。每条线均预备 1 台同型号备用风机,如图 11-3 所示。

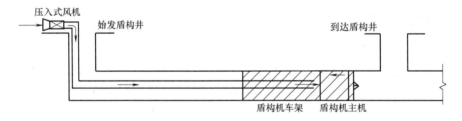

图 11-3 通风机布置示意图

5. 局部通风

在盾构机内共设置 2 个 5.5kW 局部防爆风扇加强盾构机部分空气流通,防止瓦斯在死角部位聚集。在人仓口顶部设置一个局部防爆风扇,出风口朝下,引导气体向下部流动;并且在中前盾铰接密封底部位置设置 1 台局部防爆风扇,出风口向外,朝台车方向引导顶部气体向隧道外排出,防止瓦斯在死角积聚。

6. 隧道施工通风检测

瓦检员按照要求每 10 天进行一次隧道测风,测风仪器为电子(机械)风表,测风点位分别为隧道风袋出风口正中及隧道回风断面正中位置。根据《铁路瓦斯隧道技术规范》TB 10120—2002 的要求,回风风速达到 0.5m/s。

7. 风机管理

(1)各隧道口均配备两台风机,一台常用风机用于日常向隧道内通风,另一台为备用风机,对两台风机要进行每日巡检,保证风机的正常运转。

(2) 隧道内施工期间必须实施连续通风,当常用风机故障后立即将风管接入备用风机上,保证隧道的连续通风。

(3) 隧道内施工期间,必须建立瓦斯检测及通风监控制度和组织系统,并设置专职瓦斯检测员,测定气体参数、瓦斯浓度、风速、风量等参数。

(4) 隧道内任意处瓦斯浓度不宜超过 0.5%,否则应加强通风和检测。

(5) 按照低瓦斯隧道通风需求量计算,选择能满足通风安全的隧道通风机(132×2kW轴流风机),开仓时需要将风通进土仓,在保证安全的前提下。配备 3 台 ϕ300mm 的防爆风机将新鲜空气通往土仓内。在螺旋机上出渣口处布置一台 1.1kW 的风机向回风方向进行抽风。

11.1.4 瓦斯检测

1. 设备检测

世~海区间段内瓦斯检测采用人工检测和自动检测系统相结合的监控方案。瓦斯隧道内安装 5 个固定式瓦斯检测仪器,分别安装于螺旋机出土口、人仓门口、中前盾铰接密封位置顶部、盾尾刷顶部、皮带机卸料口等位置。

2. 人工检测

人工检测采用便携式瓦斯检测仪和光干涉式瓦斯测定器对作业区瓦斯易聚集处及隅角中瓦斯浓度进行检测,确保施工安全。每工作班安排瓦检员以 1 次/2h 连续平行检测。瓦检员按照要求每 10 天隧道进行一次测风,测风仪器为电子(机械)风表,测风点位分别为隧道分管出风口后方 5~30m 隧道正中及隧道回风断面正中等位置。

3. 第三方瓦斯检测

为了保障安全施工,预防瓦斯事故,引入瓦斯第三方检测制度,加强工程安全质量管理。

(1) 检测周期及频率

盾构区间低瓦斯隧道瓦斯检测频率至少要达到 1 次/2h;风速检测频率至少达到 1 次/7d,根据现场情况及业主要求及时增加检测频率。

(2) 检测仪器

瓦斯检测采用光干涉式甲烷测定器、便携式甲烷报警仪及其他便携式有毒有害气体检测报警仪。风速测定采用低速风表、中-高速风表进行测量。

(3) 检测地点

盾构机盾尾密封处、回风、进风(即所有压入式扇风机入口处风流)、盾构机前盾顶部、中盾与盾尾铰接密封处、螺旋机出土口、盾构机每节车架上部以及其他瓦斯可能积聚和发生瓦斯事故的地点。

(4) 仪器配置

为顺利开展本项目,拟投入仪器设备见表 11-4。

4. 瓦斯检测体系

(1) 项目部组织体系

项目部和作业队均成立专门的通风、瓦斯检测管理机构,配备工程师或技术员和足够的通风、瓦检人员，经专门培训和学习，并由考试合格者担任。瓦斯管理组织机构如图11-4所示。

投入仪器设备一览表 表11-4

序号	名称	单位	数量	备注
1	光干涉式甲烷测定器(10%)	台	3	
2	光干涉式甲烷测定器(100%)	台	2	
3	便携式甲烷报警仪	台	6	
4	低速风表	台	3	
5	中-高速风表	台	3	
6	BGQ-便携式气体校准仪	台	1	
7	防爆照相机	部	1	
8	一氧化碳测定器	台	3	
9	硫化氢测定器	台	3	
10	打印复印一体机	台	1	

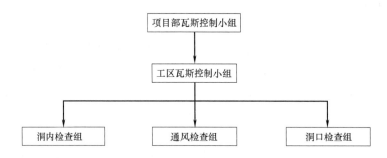

图11-4 瓦斯管理组织机构图

（2）现场人工检测体系

现场人工检测由瓦斯检查员执行瓦斯检测，瓦斯检查员必须经专门培训，考试合格，持证上岗。本标段每条隧道配置2名专业的瓦检工和1名监测工，利用便携式甲烷检测报警仪6台、光干涉式甲烷测定器5台、便携式一氧化碳测定器3台、硫化氢测定器3台和多参数气体测定器3台进行隧道内的有毒有害气体的人工检测，利用微速电子式风速表3台和中高速电子式风速表3台进行隧道内回风速度检测。检测位置分布在中盾油缸上方、盾尾内部、螺旋机出渣口、1号～6号台车尾部、台车尾部回风方向50m处和距洞口30m处，共10个部位，测点均位于隧道顶部下方25cm。人工瓦检仪器如图11-5所示，盾构设备瓦检如图11-6所示。

检测频率：便携式甲烷瓦检仪以1次/2h频率进行检测，对于瓦斯易聚集处及回风流中的瓦斯，按1次/1h频率进行检测；并形成检测记录。

（3）自动检测体系

世～海区间属于低瓦斯隧道，自动瓦斯检测系统是对盾构原有的系统加以改进，在螺旋机出土口、人仓门口、中前盾铰接密封位置顶部、尾盾盾尾刷顶部、皮带机卸料口位置处安装了五台低浓度瓦斯气体检测仪（外置），显示器安装在盾构操作室内。低浓度瓦斯

   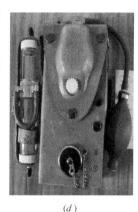 

图 11-5 人工瓦检仪器示意图
(a) 风速测定仪；(b) 一氧化碳测定器；(c) 便携式甲烷检测报警仪；
(d) 光干涉甲烷测定器；(e) 多功能参数测定器

传感器，报警浓度为 0.3%CH_4，断电浓度为 0.5%CH_4，复电浓度为小于 0.4%CH_4，断电范围为盾构机整体的全部电气设备。在实际施工过程中，使用瓦斯自动检测报警断电仪的掌子面，只准人工复电。人工复电前，必须进行瓦斯检查，确认瓦斯浓度低于 0.4% 后，方可人工复电。世~海盾构区间固定式有害气体检测设备配置见表 11-5。

世~海盾构区间固定式有害气体检测设备　　　表 11-5

盾构机	设备名称	型号	数量	备注
左线	可燃气体检测报警器	Polytron 3000	5	与监控中心连接，实时自动采集数据
右线	可燃气体检测报警器	Polytron 5200	5	与监控中心连接，实时自动采集数据

5. 瓦斯浓度限值及处理措施

瓦斯浓度达到 0.3% 时，对隧道内作业人员进行预警；瓦斯浓度达到 0.5% 时，隧道内所有作业人员立即撤离隧道，并断电停机。因回风流中瓦斯浓度超限导致停机的，需编制专项方案，并报企业总工审核。隧道内瓦斯（CH_4）浓度限值及超限处理措施见表 11-6。

隧道内瓦斯（CH_4）浓度限值及超限处理措施表　　　表 11-6

序号	地点	限值	超限处理措施
1	低瓦斯工区任意处	0.3%	查明原因，加强施工通风及瓦斯监测
2	低瓦斯工区任意处	0.5%	超限 20m 范围内立即停工，查明原因，加强通风监测
3	局部瓦斯积聚(体积大于 0.5m^3)	1.5%	超限处附近 20m 停工，切断电源，撤人，进行处理，加强通风
4	盾构出土口周边	1.0%	停止盾构工作，加强通风
		1.5%	盾构停工、撤人、切断电源，查明原因，加强通风等
5	工作面回风流中	1.0%	停工、撤人、处理
6	局扇及电气开关 10m 范围内	0.5%	停机、通风、处理
7	电动机及开关附近 20m 范围内	1.5%	停止运转、撤人、切断电源，进行处理
8	竣工后洞内任意处	0.5%	查明渗漏点，进行整治

图 11-6 盾构机瓦检示意图

(a) 前盾左右空间；(b) 中盾人仓位置；(c) 中盾油缸上方；(d) 拼装机上方；(e) 螺旋机出渣口；
(f) 1号~6号台车尾部；(g) 光干涉甲烷测定器读数；(h) 二氧化碳浓度测定；(i) 硫化氢浓度测定

6. 隧道瓦斯检测安全技术措施

(1) 对瓦斯隧道施工必须制订并实施相应的瓦斯检测等制度。

(2) 隧道内所有地点瓦斯浓度不得超过0.5%，瓦斯浓度达到0.3%时，应进行预警；当浓度超过0.5%时，应停止工作、撤出人员、切断电源，待采取措施处理后进行再次检查，确认安全后方可施工。

（3）每班进出口各工作面均应安排专职瓦检员跟班检测瓦斯，瓦检员应实行现场交接班制。

（4）所有传感器、报警仪、光干涉式甲烷测定器、便携式多参数瓦检仪均应每天调校一次，每半年送专业机构检定一次，合格后方可使用，确保仪器准确、灵敏、可靠。

（5）加强对洞内死角，尤其是隧道顶部等各个缺陷处通风不良、瓦斯易聚集的地点，严格进行浓度检测，如瓦斯浓度超过 0.5% 以上时，应立即采取局部加强通风措施进行处理，瓦斯浓度超过 0.3% 应安设瓦斯传感器。

7. 瓦斯检测管理制度

（1）隧道开工前，对全体施工人员及管理人员进行岗前培训。

（2）健全各项管理制度

隧道瓦斯管理是隧道安全生产的一项重要内容，是隧道安全管理的重要组成部分。隧道瓦斯管理制度的主要包括：健全专业机构，配足检查人员，定期培训和不断提高专业人员技术素质的规定，各级领导和检查人员（含瓦检员）区域分工巡回检查汇报制度、交接班制度，项目经理、总工程师抽检瓦斯日报的规定，隧道瓦斯排放的有关规定及瓦斯监控装备的使用、管理的有关规定；隧道瓦斯抽放、防止煤与瓦斯突出的规定、进洞管理制度。瓦斯隧道门禁安检系统如图 11-7 所示。

图 11-7 瓦斯隧道门禁安检系统示意图

11.1.5 低瓦斯隧道施工防爆措施

1. 盾构机防爆措施

（1）盾构机螺旋输送机采用双闸门，关闭时防止土舱内有害气体溢出。

（2）螺旋机出土口、人仓门口、中前盾铰接密封位置顶部、尾盾盾尾刷顶部、皮带机卸料口位置处安装固定式瓦斯检测系统。

（3）"瓦电闭锁"，盾构台车内高压电缆与变压器之间设计防爆高压开关，实现"瓦电闭锁"。

（4）"风电闭锁"，在盾构台车位置处安装风速感应装置。

2. 照明、电缆、电气设备等防爆措施

本隧道电气设备应选用防爆型，电缆选用煤矿用阻燃性电缆，通信、信号电缆采用本质安全电路。隧道内变压器中性点为不接地方式，电气设备作保护接地，隧道掘进工作面的电气设备设有风、电瓦斯保护装置。

（1）电缆

为满足低瓦斯隧道工程的防爆、防瓦斯要求，本项目部采用的电缆型号见表11-7。

电缆汇总表 表11-7

类型	名称	型号	备注
高压动力电缆	金属屏蔽盾构机电缆	UGEFPT 3×120+3×70/3－8.7/15kV	防爆、防瓦斯
高压动力电缆	金属屏蔽盾构机电缆	UGEFPT 3×150+3×95/3－8.7/15kV	防爆、防瓦斯
照明、通信、信号和控制电缆	煤矿用移动屏蔽橡套软电缆	MYP-0.66/1.14(10～150)mm²	防爆、防瓦斯

（2）电气设备

为满足低瓦斯隧道工程的防爆、防瓦斯要求，本项目部采用的电气设备型号见表11-8。

电气设备汇总表 表11-8

名称	型号	备注
防爆照明(动力)配电箱	BXM(D) AC380V/220V 主回路电流100A	防爆、防瓦斯
防爆接线盒	BCd(BAD51)AC220V 220W	防爆、防瓦斯
防爆应急灯	BCJ 正常 AC220V,应急：DC3.6V 2×6W	防爆、防瓦斯
矿用本安型数码照相机	ZHS1800	防爆、防瓦斯
矿用本安型电源箱	DXH/7.4	防爆、防瓦斯
矿用本安型 LED 闪光灯	DXH6.0LS	防爆、防瓦斯
防爆双头应急灯	BXY AC220V 10W	防爆、防瓦斯
隔爆型防爆荧光灯	BPY AC220V	防爆、防瓦斯

隧道内备一台防爆水泵，并与隧道内照明线相连确保能及时投入使用。

3. 防止瓦斯浓度超限和瓦斯积聚

（1）加强通风是防止瓦斯聚集的主要措施。

（2）要按设计位置及通风质量标准化要求施工隧道内通风。

（3）加强隧道管片拼装质量，杜绝管片破损和渗漏水情况发生。

（4）加强通风设备及供电设备的检修维护，减少无计划停电停风造成的瓦斯聚集。

（5）一旦出现瓦斯聚集，必须制定周密的瓦斯排放措施，严格执行瓦斯排放程序，进行安全排放。

4. 防止引爆瓦斯措施

（1）瓦斯隧道施工应遵守防火安全规定。

（2）严禁火源进洞，加强火源管理，加强对易燃品的管理。

（3）瓦斯工区进洞人员应遵守工区各项规定。

11.1.6 项目组织机构及安全管理保障体系

1. 安全管理保障体系

从思想、组织、制度、教育、经济等方面建立完善得安全管理保障体系，实现安全目标。安全保证体系成立由项目经理、项目副经理、项目总工、安全总监组成的安全领导小组，其中项目经理为第一责任人、项目副经理为安全生产的直接责任人、项目总工为技术负责人。专职安检工程师负责日常的安全工作的落实，督促工人按有关安全规定进行生产。

2. 建立健全安全管理组织

成立由项目经理、项目副经理、项目总工、安全总监组成的安全领导小组，其中项目经理为第一责任人，副经理为安全生产的直接责任人，安全总监为安全生产的监督责任人，项目总工为技术负责人。专职安检工程师负责日常的安全工作的落实，督促工人按有关安全规定进行生产。

3. 完善各项安全生产管理制度

进一步完善管理手段，进一步提高对已有法规、制度的执行力，努力提升安全管理水平。针对各分部分项工程、各工序、工种的特点制定相应的安全管理制度，逐级分解落实。

落实各级管理人员和作业人员的安全职责，项目部与工区、作业班组、作业队签订安全承包责任书，做到纵向到底、横向到边，不留死角。

4. 应急管理组织机构

本工程成立以项目经理为总指挥，项目副经理、总工为副指挥，各部门负责人为成员的盾构施工事故应急领导小组，下设应急处理技术组、应急处理监测组、应急处理物资设备组、应急联络组、应急抢险救援组、应急医疗救护组和善后工作组等应急处理小组。

（1）预防预警

项目部首先根据本标段工程特点，水文地质特征及地面、地下建筑物（构筑物）管线情况，对风险源进行分析和评价，建立重大风险源档案，并将相关材料报监理、业主备案；并根据施工进展情况对风险源进行动态管理，对可能引发事故的信息进行监控和分析，采取有效预防措施。

（2）预警行动

当项目部事故应急领导小组接到可能导致事故的信息后，应按照分级响应的原则及时研究确定应对方案，并采取有效措施预防事故发生；当事故应急领导小组认为事故较大，有可能超出本级处置能力时，要及时向上级应急救援指挥机构报告；上级应急救援指挥机构应及时研究应对方案，采取预警行动。

（3）信息报告与处理

1）事故发生后，现场人员应立即将事故情况报告事故应急领导小组组长，并在保证自身安全的情况下按照现场处置程序立即开展自救。

2）事故应急领导小组组长接到事故报告后，应迅速组织救援，并向监理、业主上报事故情况，同时按照国家有关规定立即报告当地人民政府和有关部门；紧急情况下，可越级上报。

5. 应急准备及应急响应

（1）应急机械设备

世～海盾构区间应急设备配置见表11-9。

世～海盾构区间应急设备表 表11-9

序号	机械名称	规格	数量（台）
1	潜水泵	30m³/h	8
2	污水泵	7.5kW/130m³	4
3	钻机、双液注浆泵	0.5MPa 120L/min	1台·套（现场存放）
4	单液注浆机	ZJB-6	1
5	交流电焊机	BX3-500	2
6	轴流风机	SFDZ-Ⅲ-№13	4
7	发电机组	400kW	2
8	空压机	3m³	1
9	水泥浆搅拌机	11kW	1
10	叉车	7T	1
11	乙炔割枪		2

（2）应急物资

世～海盾构区间应急物资配置见表11-10。

世～海盾构区间应急物资表 表11-10

序号	物资名称	单位	数量
1	水管	m	φ90/φ85/φ50 不少于500m
2	注浆管	m	100
3	消泡剂	kg	100
4	钢板	张	10(2m×4m 20mm厚)
5	围挡板	m	总长120m(高度不低于2m)
6	手推车	个	6(分工点存放)
7	配电箱	个	二级2个,三级8个
8	照明灯具	套	10
9	应急灯	个	10
10	推车式灭火器	台	2
11	雨靴	双	30
12	氧气面罩	套	20
13	安全带、安全绳	根	30
14	方木	m³	20
15	编织袋	只	3000
16	砂	m³	10
17	铁锹	把	10
18	袋装水泥	t	5
19	反光背心	套	20
20	锥形桶	支	20

续表

序号	物资名称	单位	数 量
21	防撞桶	个	6
22	警示带	卷	2
23	氧气瓶	只	2
24	乙炔瓶	只	2
25	急救药箱	只	1
26	担架	副	1
27	对讲机	台	10
28	柴油	L	180
29	电缆	m	300
30	铁丝(10cm)	根	100
31	钢丝钳	把	5
32	棉被	个	5

6. 应急响应程序

发生特别重大或重大安全事故后项目部按照规定尽快上报监理部、地铁公司、市轨道办及政府相关职能部门，全面启动各级事故应急指挥体系，进行应急处置。发生较大安全事故的，项目部尽快上报监理部及地铁公司启动预案进行应急处置。发生一般安全生产事故的，由项目部启动预案进行应急处置。

7. 应急培训

（1）保证所有应急队员都能接受有效的应急培训，使他们熟悉报警、疏散路线、安全躲避场所等。锻炼和提高队伍在突发事故情况下的快速抢险堵源、及时营救伤员、正确指导和帮助群众防护或撤离、有效消除危害后果、开展现场急救和伤员转送等应急救援技能和应急反应综合素质，有效降低事故危害，减少事故损失。

（2）培训和演练应包括：基本目标、日期、时间和地点、参加组织、模拟事故、事故大约发展阶段、对训练和演习进行适当的评价、灭火器的使用以及灭火步骤的训练、个人防护措施、对潜在事故的辨识、事故报警、紧急情况下人员的安全疏散等。

11.2 某轨道交通XX号线土建XX标段隧道工程

11.2.1 工程概况

某市轨道交通××号线××标段隧道工程车站、区间如下：

1. 蒲草塘站～万安站矿山法区间

右线长334.7m，左线长380.64m，为单洞单线高瓦斯隧道，隧道断面外包尺寸为6700mm×7076mm；洞身主要位于中风化泥岩及中风化砂岩地层。本段矿山法隧道设4个竖井，竖井采用围护桩+环框梁结构形式，竖井内净空尺寸为8.6m×6.6m。

2. 万安站～麓山大道站矿山法区间范围分两段

第一段：右线长278.14m、左线长277.65m，为单洞单线高瓦斯隧道；洞身主要位于中风化砂岩，局部穿越中风化泥岩。本段矿山法隧道设4个竖井，竖井采用围护桩+环框梁结构形式，竖井内净空尺寸为8.6m×6.6m。

第二段：右线长 230m、左线长 229.96m，为单洞双线高瓦斯隧道，隧道断面外包尺寸为 11660mm×9540mm；洞身主要位于中风化泥岩及中风化砂岩地层。本段矿山法隧道设 2 个竖井，竖井采用围护桩＋环框梁结构形式，竖井内净空尺寸为 6.6m×13.3m。

3. 麓山大道站～沈阳路站矿山法区间分两段

第一段：右线长 489.01m、左线长 500.83m。隧道覆土约 13～20m，为单洞单线高瓦斯隧道；洞身主要位于中风化砂岩地层。本段矿山法隧道设 2 个竖井、1 个斜井，斜井与正线夹角 90°，斜井总长 177.076m，其中暗挖段 70m，明挖段 107.076m，暗挖段尺寸 5.6m×7.817m。

第二段：右线长 25.82m、左线长 26.38m。

4. 沈阳路站～大口井站区间

右线长度为 377.78m，左线长度为 378.69m（长链 3.23m）。该区间为单线单洞高瓦斯隧道。本段矿山法隧道设 4 个竖井，竖井长 8.6m，宽 6.6m。

5. 本标段矿山法区间分布情况见表 11-11。

区间设计范围统计表　　　　　　　表 11-11

序号	区间名称	里程范围	长度(m)	竖井位置			
				1号	2号	3号	4号
1	蒲万区间	YDK53＋348.303～YDK53＋683.000	334.7	YDK53＋374.305	YDK53＋448.496	YDK53＋543.074	ZDK53＋612.393
		ZDK53＋298.603～ZDK53＋682.102	380.64				
2	万麓区间（第一段暗挖）	YDK54＋001.859～YDK54＋280.000	278.14	YDK54＋068.900	YDK54＋169.300	ZDK54＋062.500	ZDK54＋163.000
		ZDK54＋001.859～ZDK54＋279.504	277.65				
3	万麓区间（第二段暗挖）	YDK54＋700.000～YDK54＋930.000	230	YDK54＋747.400	YDK54＋855.700	—	—
		ZDK54＋700.000～ZDK54＋929.964	229.96				
4	麓沈区间（第一段暗挖）	YDK55＋336.992～YDK55＋826.000	489.01	YDK55＋452.719	YDK55＋450.541	ZDK55＋563.41	YDK55＋689.346
		ZDK55＋336.992～ZDK55＋837.820	500.83				
5	麓沈区间（第二段暗挖）	YDK56＋900.000～YDK56＋925.822	25.82	—	—	—	—
		ZDK56＋899.435～ZDK56＋925.822	26.38				
6	沈大区间	YDK57＋533.000～YDK57＋910.783	377.78	ZDK57＋620.000	YDK57＋630.000	YDK57＋772.000	ZDK57＋789.000
		ZDK57＋535.325～ZDK57＋910.783	378.69				

单洞单线矿山法隧道结构采用复合式衬砌、初期支护采用喷混凝土、钢筋网、格栅钢架和锁脚锚杆,格栅钢架间距取 0.9m,二衬采用防水钢筋混凝土;衬砌断面:初支厚度 280mm,二衬厚度 400mm。单洞单线隧道断面如图 11-8 所示。

单洞双线矿山法隧道结构采用复合式衬砌、初期支护采用砂浆锚杆、喷混凝土、钢筋网、型钢拱架和锁脚锚杆,型钢拱架间距取 0.7m,二衬采用防水钢筋混凝土;衬砌断面:初支厚度 280mm,二衬厚度 500mm。单洞双线隧道断面如图 11-9 所示。

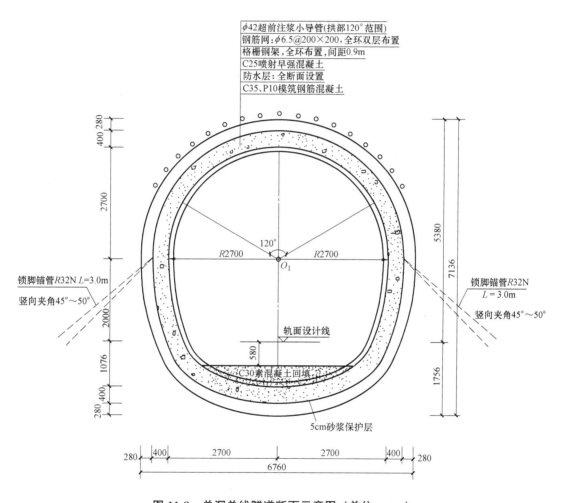

图 11-8 单洞单线隧道断面示意图(单位:mm)

11.2.2 施工组织安排

1. 蒲草塘站~万安站区间安排

该区间分六段施工。第一段:3 号竖井往大里程方向(万安站)掘进(长 140m);第二段:3 号竖井往小里程方向(蒲草塘站)掘进(长 142m);第三段:4 号竖井往大里程方向(万安站)掘进(长 124m);第四段:4 号竖井往小里程方向(蒲草塘站)掘进(长 175m);第五段:蒲草塘站大里端往 3 号竖井掘进(长 53m);第六段:蒲草塘站大里程

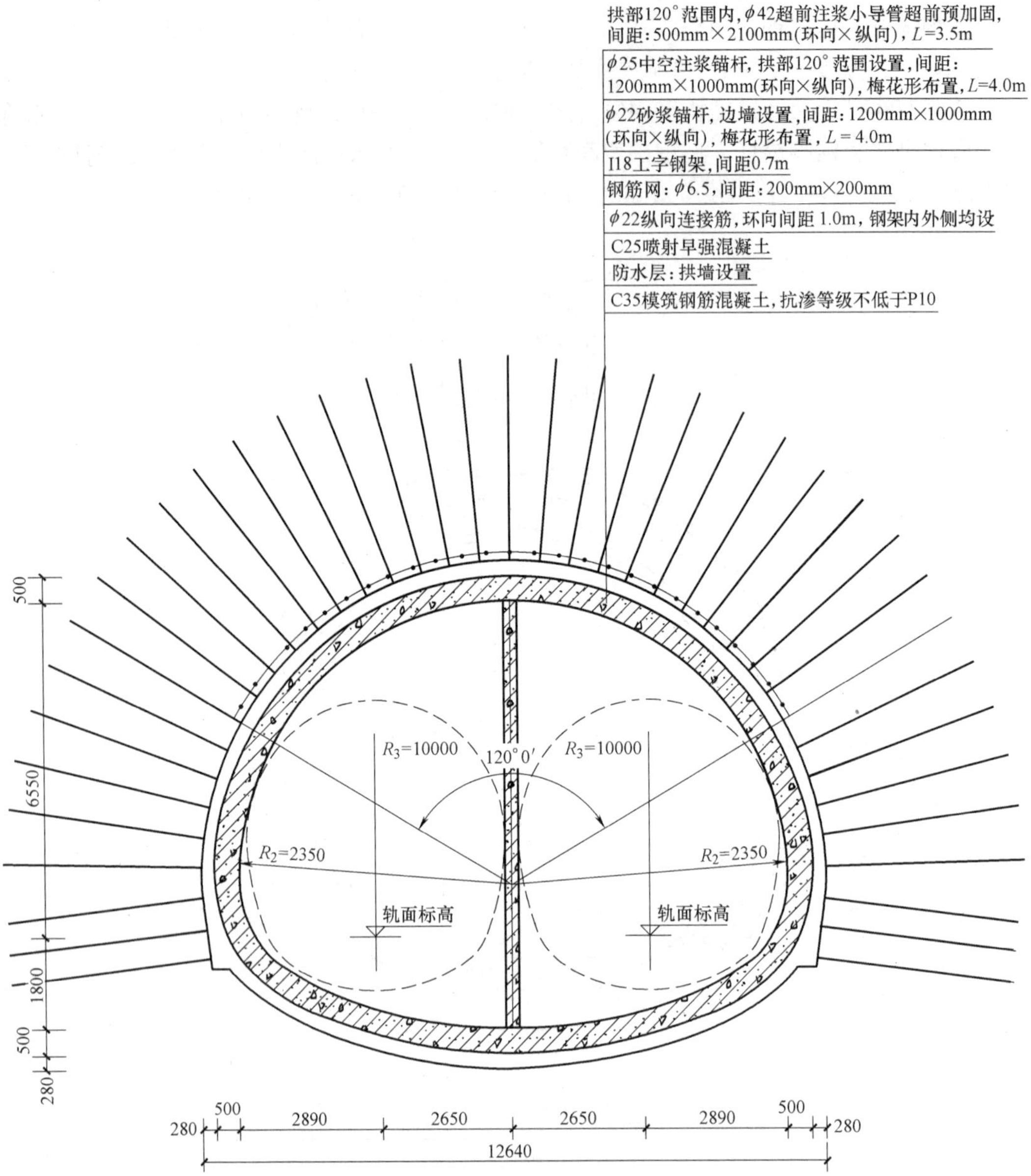

拱部120°范围内，ϕ42超前注浆小导管超前预加固，间距：500mm×2100mm(环向×纵向)，L=3.5m
ϕ25中空注浆锚杆，拱部120°范围设置，间距：1200mm×1000mm(环向×纵向)，梅花形布置，L=4.0m
ϕ22砂浆锚杆，边墙设置，间距：1200mm×1000mm(环向×纵向)，梅花形布置，L = 4.0m
I18工字钢架，间距0.7m
钢筋网：ϕ6.5，间距：200mm×200mm
ϕ22纵向连接筋，环向间距 1.0m，钢架内外侧均设
C25喷射早强混凝土
防水层：拱墙设置
C35模筑钢筋混凝土，抗渗等级不低于P10
R_3=10000
120°0′
R_3=10000
R_2=2350
R_2=2350
轨面标高
轨面标高
500
6550
1800
500
280
280
500
2890
2650
2650
2890
500
280
12640

图 11-9　单洞双线隧道断面示意图（单位：mm）

端往 4 号竖井掘进（长 84m）。隧道暗挖施工安排如图 11-10 所示。

2. 万安站～麓山大道站区间安排

该区间分三段施工。第一段：明挖小里程端往隧道小里程方向（万安站）掘进（左线，长 278m）；第二段：明挖小里程端往隧道小里程方向（万安站）掘进（右线，长 278m）；第三段：明挖大里程端往麓山大道站方向掘进（单洞双线，长 230m）。区间隧道暗挖施工安排如图 11-11 和图 11-12 所示。

3. 麓山大道站～沈阳路站区间安排

该区间分四段施工。第一段：斜井往小里程方向掘进（左线，长 254m）；第二段：斜

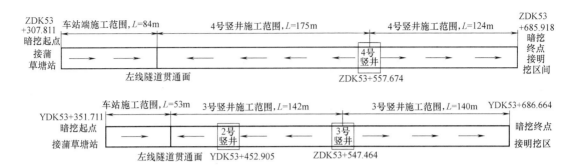

图 11-10 蒲草塘站～万安站暗挖区间施工安排示意图

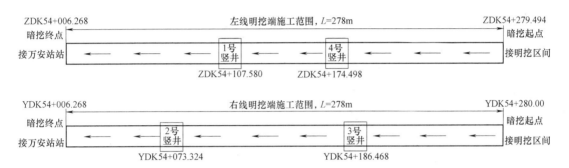

图 11-11 万安站～麓山大道站单洞单线暗挖区间施工安排示意图

图 11-12 万安站～麓山大道站单洞双线暗挖区间施工安排示意图

井往小里程方向掘进（右线，长 251m）；第三段：斜井往大里程方向掘进（左线，长 247m）；第四段：斜井往大里程方向掘进（右线，长 238m）。区间隧道暗挖施工安排如图 11-13 所示。

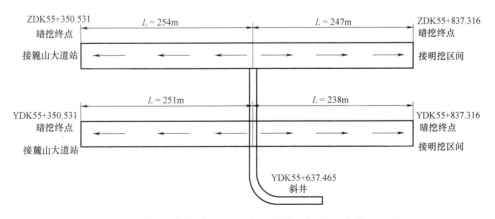

图 11-13 麓山大道站～沈阳路站暗挖区间施工安排示意图

4. 沈阳路站～大口井站区间安排

该区间分6段施工，矿山法单洞单线隧道共756m。第一段：3号竖井往小里程方向（沈阳路站）掘进（长125m）；第二段：3号竖井往大里程方向（大口井站）掘进（长138m）；第三段：4号竖井往小里程方向（沈阳路站）掘进（长128m）；第四段：4号竖井往大里程方向（青岛路站）掘进（长121m）；第五段：沈阳路站大里端往3号竖井掘进（长114m）；第六段：沈阳路站大里程端往4号竖井掘进（长129m）。隧道暗挖施工安排如图11-14所示。

图11-14 沈阳路站～大口井站单洞单线暗挖区间施工安排示意图

11.2.3 施工供电

洞内供电采用专用变压器，并取消变压器的中性点接地，同时两个工作面配备200kW柴油发电机各一台，采用双回路电源。为保证用电安全，隧道内电线用不延燃橡套电缆，并挂设在隧道右侧边墙上，进洞电缆采用三相五线制，矿用隔爆型插销开关，照明采用矿用隔爆型白炽灯127V、60W，每10m设置一个，悬挂在轨面线以上2m的位置。

11.2.4 施工用水、用风

洞内施工用风、用水管线应结合施工方法、进度安排、工序配合等条件安装。管路前端至工作面距离保持在5～8m，并用高压软管接分风器和分水器到工作面。

1. 隧道施工所用高压风由30m³的空压机组提供，通过ϕ200mm钢管输送至各工作面使用，钢管设置在隧道一侧。

2. 施工用水在竖井位置接进隧道，通过ϕ100mm钢管输送到掌子面满足施工使用。

3. 洞内施工风、水管线、电缆线设置在隧道人行道侧，不得妨碍交通运输。管线敷设平顺，接头严密，不漏风、不漏水。

4. 隧道内通风系统由洞口的风机进行供风，并通过ϕ1200mm的通风管风袋送风，风袋设置在隧洞拱顶处，为掌子面提供新鲜风流。洞内管线布置如图11-15所示。

11.2.5 施工通信

隧道内施工掌子面设一部内部电话与洞口值班室相连，保证隧道内施工与地面通信畅通，隧道内施工通信采用对防爆讲机互相联络。

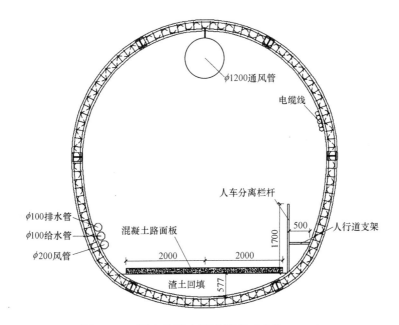

图 11-15　洞内管线布置示意图（单位：mm）

11.2.6　洞内出渣及运输

洞内出渣采用无轨运输，出渣车采用自卸汽车运至指定地点。

11.2.7　总体施工方案

隧道施工总体遵循"加强防排水、短进尺、强支护、快封闭、勤量测、速反馈"的原则。区间隧道采用小导管+大管棚超前支护，开挖采用台阶法，人工配合机械开挖为主、钻爆法开挖为辅；开挖完成后，及时施作初期支护，封闭围岩；渣土采用自卸车运至弃渣场。

11.2.8　超前地质预报

1. 整体设计

基于对隧道地质条件的分析和各种物探方法原理的阐述，隧道地质超前预报设计见表 11-12。

隧道地质超前预报方案设计表　　　　表 11-12

序号	方法	内　容	备　注
1	地质调查与分析	分区域和隧道两个层面，前者在对区域地质资料、勘察资料等数据分析的基础上，结合现场踏勘，对可能地质缺陷的性质、规模、大致的位置做到心中有数。作为施工过程中地质超前预报的工作基础。 后者围绕隧道施工，在前述工作的基础上，利用物探和地质编录、超前钻孔所揭示的地质信息，进一步分析不良地质体的性质，实施精确预报。成果体现在各次地质超前预报报告中	初期宏观预报与施工过程中预报

续表

序号	方法	内 容	备 注
2	地质描述	隧道施工过程中及时调查、记录围岩地质、构造信息,修正宏观预报结论和物理探测解译标志。提高预报精度	此项结合隧道施工监控量测一起做
3	TSP/TRT6000	岩体软弱破碎地段单次探测80～100m,搭接10m;岩体完整地段单次探测100～120m,搭接10m	全线满布式探测
4	地质雷达	断层破碎带、软弱夹层等地质异常体,跟踪循环探测30m,搭接5m	断层破碎带、软弱夹层布置
5	超前钻探	全隧道覆盖,根据TSP/TRT6000探测结果,正常地段,不少于3个钻孔,异常地段5个钻孔。探测瓦斯赋存、含水、构造等	跟踪循环探测(施工过程中视地质条件变化,对超前水平钻的频次和数量进行调整。即当遇到地质破碎带断层时,加强;当围岩完整时,适当减少)

2. 物探设备投入

为了开展超前地质预报项目,需投入的主要设备清单,详见表11-13。

主要仪器设备及型号一览表　　　　　表11-13

序号	仪器名称	型号
1	地质锤	—
2	地震仪	DTC-150
3	探地雷达	EKKO型或SIR-20
4	钻机	ZY-750D
5	地质罗盘	
6	本安型防爆相机	ZHS1790(含矿用本安型LED闪光灯)

11.2.9 瓦斯监测及防控方案

1. 瓦斯监测内容

该隧道是油气田高瓦斯隧道,地质灾害隐患大,在瓦斯隧道施工过程中,对安全生产影响最大的是瓦斯(主要成分是CH_4)量的大小。故在本隧道施工中,主要以CH_4监测为主,以H_2S、CO、CO_2等有毒有害气体的检测相结合;杜绝瓦斯的超限、积聚等安全隐患,防止有毒有害气体导致的安全事故发生,保证施工安全。

2. 瓦斯监测目的

(1)通过对掌子面24h实时监测,及时掌握隧道掘进中的瓦斯涌入而导致的瓦斯超标,及时报警,保证人员安全撤离,避免瓦斯爆炸等重大灾害。

(2)通过对隧道的检测监测,及时了解因隧道通风不良而导致的隧道局部瓦斯富集,消除隐患,保证施工正常进行。

（3）通过隧道洞内风速检测监测，及时掌握隧道通风情况，结合瓦斯浓度检测监测结果，对隧道内瓦斯浓度进行主动干预与控制。

（4）通过设备闭锁装置（瓦斯电闭锁、风电闭锁），及时停止瓦斯浓度超标状态下电气设备的运转，排除引起瓦斯爆炸隐患，实施安全管控。

3. 瓦斯监测要求

瓦斯监测内容、范围、部位及频次见表11-14。

瓦斯监测内容、范围、部位及频次表　　　　表11-14

序号	监测内容	监测范围	监测部位	监测频次
1	CH_4	高瓦斯洞内施工工作面、回风道内	施工工作面、回风流中瓦斯	24h
	H_2S			
2	CO			
3	CO_2			

4. 瓦斯人工检测

（1）瓦斯检测人员和仪器配备

1）人工瓦斯检测工作实行24h跟班作业，每个掌子面配备8名瓦检工。每班配备不少于2名瓦检员，每班瓦斯检测不少于3个巡回。

2）人工瓦检员检测采用光干涉瓦斯测定器和便携式甲烷检测报警仪，光干涉瓦斯测定器是根据光的干涉原理制成的，除了能检查CH_4浓度外，还可检查CO_2浓度。检测瓦斯浓度在0%～10%，使用低浓度光干涉甲烷测定器；特殊情况下，瓦斯浓度在10%以上，使用检测范围是0%～100%的高浓度光干涉式甲烷测定器。当地层富含H_2S、CO、N_2等有害气体时，还应配备相应的多气体测定器。

（2）人工瓦斯检测流程图

人工瓦斯检测流程，如图11-16所示。

（3）人工瓦斯检测范围

根据瓦斯巡检要求和频率进行瓦斯巡检工作。每次检查结果记入瓦斯检测日报表和检测位置悬挂的瓦斯记录牌。测定CH_4浓度重点在隧道风流的上部，测定CO_2浓度重点在风流下部。巡检范围包括：

1）隧道内各工作面（掌子面超前钻孔、掌子面开挖、掌子面初期支护、仰拱开挖、仰拱混凝土施工、防水板挂设、二次衬砌立模、二次衬砌混凝土浇筑、隧道加宽段、顶部凹陷处等）。每个断面至少检查6个点，即拱顶、两侧拱脚、两侧墙脚和仰拱底中点各距坑道周边20cm处，在该6点对坑道风流中瓦斯和CO均应检查。对导气构造应进行瓦斯压力检测，超前钻孔布置如图11-17所示。

2）瓦斯可能产生积聚的地点（二衬台车部位、加宽带、加宽段、联络通道及预留洞室上部、塌腔内、局部超挖具有明显凹陷的地点等）。

3）隧道内可能产生火源的地点（电机附近、变压器、电气开关附近、电缆接头的地点）。

4）瓦斯可能渗出或异常涌出的地点（地质破碎地带、地质变化地带、裂隙发育的砂岩、泥岩及页岩地带及其他瓦斯异常涌出点）

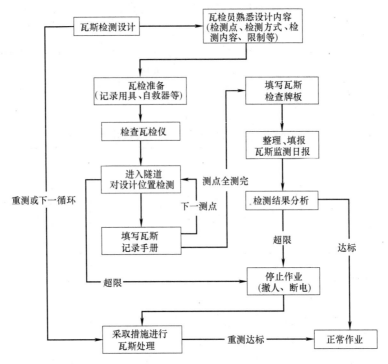

图 11-16 瓦斯检测流程图

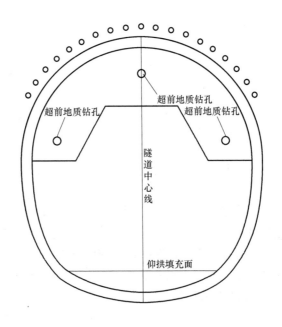

图 11-17 超前地质钻孔示意图

5）根据超前地质预报明确瓦斯富集段位置，隧道施工穿越富集段后，在该富集段范围内布置瓦斯人工检测点加强检测。

6）在隧道进行水平钻孔时，水平钻孔处。

7) 被批准允许洞内电气焊接作业地点、内燃机具、电气开关、电机附近 20m 范围内。

8) 爆破地点附近 20m 范围内风流中。

9) 其他通风死角处等地点。

(4) 人工瓦检频率

1) 正常情况下低瓦斯工区，人工瓦检日常频率每班不少于 3 次。高瓦斯工区每班不少于 4 次；洞内瓦斯浓度在 0.5% 以下，每班检查不少于 4 次；测定后及时填报瓦斯巡检表。

2) 高瓦斯工区的开挖工作面及瓦斯涌出量较大、变化异常区域时，应固定专人随时检测瓦斯浓度，以便及时掌握瓦斯变化情况。并进行汇报，采取处理措施。高瓦斯工区内瓦斯浓度限制值及处理措施见表 11-15。

高瓦斯工区内瓦斯浓度限制值及处理措施　　　表 11-15

序号	瓦斯工区	地点	限值	处理措施
1	高瓦斯	局部瓦斯积聚（体积大于 0.5m³）	1.0%	超限处附近 20m 停工、撤人、断电，及时进行处理，加强通风
2		开挖工作面风流中	1.0%	停止电钻钻孔，超限处停工、撤人、断电，加强通风，查明原因等
3		回风巷或工作面回风流中	0.5%	非防爆设备停止工作
			0.5%	停工、撤人、处理
4		放炮地点附近 20m 风流中	1.0%	严禁装药和放炮作业
5		过含油气构造地层段放炮后工作面风流中	1.0%	继续通风、不得进人
6		局部风机及电气开关附近 10m 范围内	0.5%	停机、通风、处理
7		电动机及开关附近 20m 范围内	1.0%	停机、撤人、断电，进行处理
8		竣工后洞内任何处	0.5%	查明渗漏点，进行整治

3) 瓦斯工区经审批进行焊接等动火作业时，瓦检员必须跟班作业，随时检测动火点前后 20m 范围内的瓦斯浓度，确保动火作业区域瓦斯浓度小于 0.5%。

4) 瓦斯工区停风或停电，恢复送电和启动洞内风机时，按规定进行瓦斯检测工作。

5) 适当增加对洞内死角、隧道上部、坍塌洞穴、避人（车）洞等各处的通风不良、瓦斯易积聚的地点增加检测频率；应对各种通风死角每班进洞检测 1 次。

6) 开挖工作面，CO_2 浓度每班至少检查 2 次；当 CO_2 涌出量较大、变化异常，要随时检查 CO_2 浓度。

7) 根据瓦斯隧道掌子面出现的其他气体实际情况，按规定进行检测与防控。

8) 瓦斯工区钻爆作业时，坚持"一炮三检制"，即装药前、爆破前、爆破后均应进行检测，以及"三人连锁爆破制"，即放炮前后爆破员、专职瓦检员、安全员应同时检查开挖工作面附近 20m 范围内的瓦斯浓度，并填写"一炮三检"记录表，如图 11-18 所示。

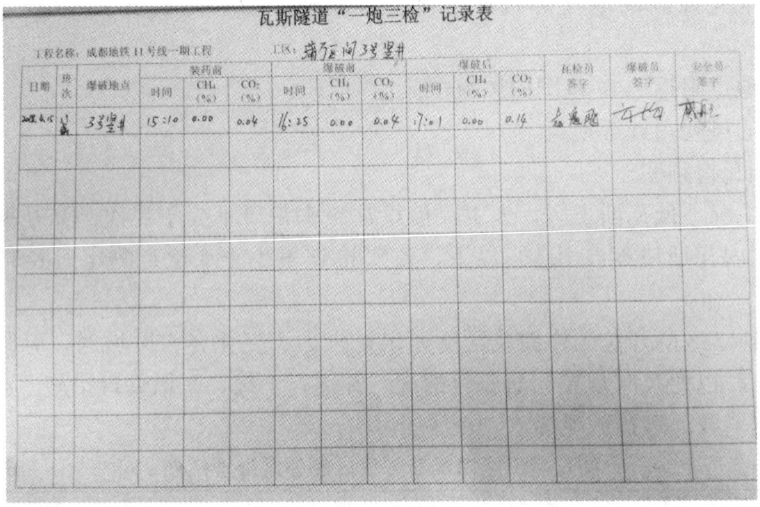

瓦斯隧道“一炮三检”记录表

工程名称：成都地铁11号线一期工程　　工区：[illegible]3号竖井

日期	班次	爆破地点	装药前			爆破前			爆破后			瓦检员签字	爆破员签字	安全员签字
			时间	CH_4 (%)	CO_2 (%)	时间	CH_4 (%)	CO_2 (%)	时间	CH_4 (%)	CO_2 (%)			
2018.6.15	[illegible]	3号竖井	15:10	0.00	0.04	16:25	0.00	0.04	17:01	0.00	0.14	[illegible]	[illegible]	[illegible]

图 11-18　隧道“一炮三检”记录表

9）瓦斯超前探测钻孔、焊接动火、塌腔处理等作业时。超前探孔瓦斯检测根据岩体破碎情况，需检测一次瓦斯浓度，并做好钻进深度、瓦斯浓度等的相关记录。

（5）人工检测日常管理

1）人工检测时，由于待检区气体种类及浓度等均未知，对检测人员自身的危险性增加，除了常规安全防护措施外，尤其要注意以下安全要求：

①测定是由外向内、由高到低逐步进行检测。

②瓦检员在检测瓦斯时，头部不能超越检查的高度，避免缺氧窒息。

③检查停风处、密闭空腔时，只可以在确定的安全区域内检测。

④佩戴好自救器和应急照明设施，携带便携式甲烷报警仪，2 人以上同时进行，前后保持 3～5m，后者负责监护。

⑤时刻留意拱顶、拱墙、掌子面的稳定情况，发现有异常立即撤出；时刻注意不要引起坚硬物体的撞击产生火花。

⑥人工检测作好检测记录，包括检测地点桩号、时间、有毒有害气体类型、浓度等内容。

2）当 2 台瓦斯检测仪对瓦斯浓度检测结果不一致时，以浓度显示值高的为准。

3）焊接、切割、施钻等作业地点前后 20m 范围内，风流中瓦斯浓度不得大于 0.5%。当瓦斯浓度大于 0.5%时，严禁隧道内一切动火作业。动火点附近采取消防措施。

4）因临时停工恢复通风前，首先必须检查瓦斯，证实停风区瓦斯浓度不超过 1%，局部通风机及开关地点附近瓦斯浓度不超过 0.5%时，方可启动局部通风机，恢复正常供风。如果停风区中瓦斯浓度超过 1%，必须制定排除瓦斯的安全措施，进行瓦斯排放。

5）停工与复工期间瓦斯管理

①瓦斯隧道不论由任何特殊原因造成临时停工，均不得中止施工通风。

②停工期限不超过 3d（含 3d）时，必须在洞口设置栅栏与警告牌，并撤出洞内行走式作业机械。

③停工期限超过 3d（不含 3d）时，停工期间必须切断洞内施工电源（除通风、照明外电源），撤出所有施工机械设备，洞口设置栅栏与警告牌，严禁人员（瓦检员除外）进入。

④停工期限超过 10d（不含 10d）时，除按上条规定外，还应对开挖掌子面进行喷气密性混凝土封闭，封闭厚度不小于 15cm。

⑤停工期间应设置专人值班，并进行经常性瓦斯人工检测，检测频率要求不低于 1 次/180min。

⑥瓦检员检测隧道瓦斯浓度超过 0.5% 时，应立即上报施工单位项目负责人，施工单位应制定相应措施进行处理。

⑦复工前，对全隧瓦斯浓度进行检测，瓦斯浓度不超过 0.5% 时方可恢复生产。

5. 瓦斯自动监控

本工程采用 KJ90NA 瓦斯自动监控系统，该系统采用分部式网络化结构，一体化嵌入式设计，具有红外遥控设置，独特的三级断电控制和超强异地交叉断电能力，可实现计算机远程多级联网集中控制和安全生产管理。在检测到瓦斯浓度超过标准限值时，措施（如报警、切断电源实施瓦电闭锁）将自动启动。瓦斯自动监控系统如图 11-19～图 11-21 所示。

图 11-19 瓦斯监控控制中心

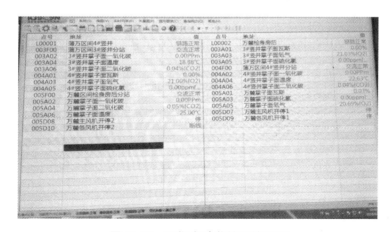

图 11-20 瓦斯自动监控系统界面

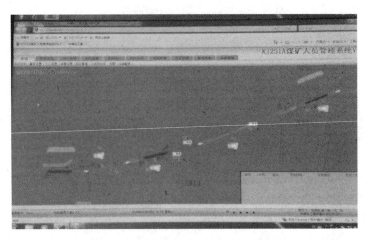

图 11-21　瓦斯隧道人员定位系统界面

隧道内综合参数监控设置按每个工作面进行配置，每个工作面安装 3 组传感器：在开挖掌子面安装一组传感器、在二衬台车上安装一组传感器以及在距离回风流中一定距离安装一组传感器，根据掌子面进尺可移动或调整传感器的位置。

（1）中心机房设备有监控主机、数据接口、电源避雷器、UPS 电源和主机配 KJ 监控软件。为了更好地保护监控设备，在监控中心机房和隧道口各设信号避雷器一台。

（2）根据传感器的数量及种类按控制要求，配置远程断电仪。

（3）各种传感器对应布置位置见表 11-16。

传感器布置位置对应表　　　　　　　　　　　　　　　表 11-16

名称	安装地点	安装位置	要求及标准
CH_4 传感器	掌子面、衬砌台车、回风流 20m 处	掌子面的操作台车上、二衬台车、洞顶	CH_4 传感器的吊挂离顶部不大于 30cm，离隧道两边不小于 20cm 处，其迎风流和背风流 0.5m 内不得有阻挡物。吊挂处顶板完整，支护良好，无滴水处
H_2S 传感器	掌子面、回流风处	掌子面操作台车、洞底部	掌子面操作台车下方的左侧或右侧 1.5m
CO 传感器	掌子面、回流风处	掌子面操作台车、洞顶	掌子面操作台车上方的左侧或右侧、洞顶下部悬挂不大于 30cm
风速传感器	回风流二衬台车背后、交叉位置处	隧道中部净高的 1/3	隧道顶以下的 1/3 位置，迎向掌子面方向安装
CO_2 传感器	掌子面、二衬台车	掌子面、二衬台车	掌子面操作台车下方的左侧或右侧 1.5m
温度传感器	掌子面、二衬台车	掌子面、二衬台车	掌子面操作台车下方的左侧或右侧 1.5m

（4）断电仪和传感器设置

1）断电仪断电范围设置

结合隧道的实际情况，本工程选用 KJ90NA 型瓦斯自动监控系统（隧道进口工区和出口工区各安设一套该系统）。掌子面断电瓦斯浓度为 1.0%，衬砌台车附近 20m 范围内所有的用电设备断电瓦斯浓度为 1.0%，衬砌施工完成段的用电设备断电瓦斯浓度为 1.0%。压入式通风瓦斯自动监测断电控制范围布置示意图如图 11-22 所示。

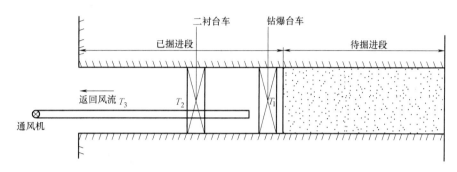

图 11-22 压入式通风瓦斯自动监测断电控制范围布置图

断电浓度：$T_1 \geqslant 1.0\%$；
　　　　　$T_2 \geqslant 1.0\%$；
　　　　　$T_3 \geqslant 1.0\%$。

断电范围：T_1：开挖工作面及其附近 20m 内全部电气设备；
　　　　　T_2：衬砌台车附近 20m 范围内全部电气设备；
　　　　　T_3：回风流中的全部电气设备。

2）传感器报警设置

CH_4 传感器预警设置见表 11-17。

CH_4 传感器预警范围表 表 11-17

设置地点	报警浓度	断电浓度	复电浓度	断电范围
掌子面	$\geqslant 0.5\% CH_4$	$\geqslant 1\% CH_4$	$< 0.5\% CH_4$	隧道内全部非本质安全型电气设备
衬砌台车	$\geqslant 0.5\% CH_4$	$\geqslant 1\% CH_4$	$< 0.5\% CH_4$	隧道内全部非本质安全型电气设备
开挖施工完成段的回风流中	$\geqslant 0.5\% CH_4$	$\geqslant 1\% CH_4$	$< 0.5\% CH_4$	隧道内全部非本质安全型电气设备

H_2S、CO 传感器预警设置见表 11-18。

H_2S、CO 传感器预警设置表 表 11-18

H_2S、CO 设置地点	报警浓度	采取措施
掌子面、二衬台车、开挖施工完成段	$H_2S \geqslant 6.6ppm$	加强通风，停工、撤人
	$CO \geqslant 24ppm$	加强通风，停工、撤人

(5) 洞口 LED 显示屏布置

洞口需要设置一个 LED 显示屏实时刷新显示隧道内瓦斯状况，并能根据瓦斯浓度智能报警，洞口监控信息包括：CH_4 浓度、H_2S 浓度、CO 浓度、CO_2 浓度、温度等信息。

11.2.10 瓦斯隧道通风

1. 通风方案

本标段矿山法工区为高瓦斯隧道工区,洞内通风采用在洞口 30m 范围外安设轴流风机,通过柔性阻燃风筒将新鲜风流压入至掌子面,污风经主洞排出地表,同时为了保证高瓦斯隧道通风的连续性,采用双风机、单风管通风方案进行通风。通风机均采用矿用防爆型,并安装风、瓦电闭锁装置,保证在主风机停风或停电时,备用风机和备用发电机在 10min 内启动,保证隧道施工安全。掌子面及台车上安装局扇进行通风,防止瓦斯聚集。如图 11-23 和图 11-24 所示。

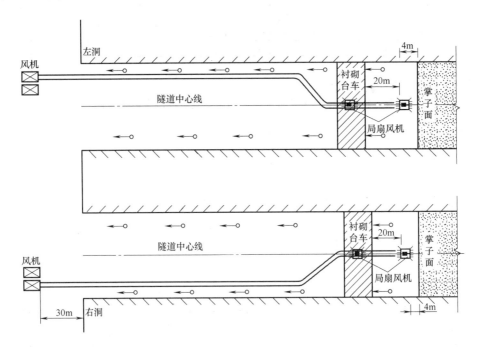

图 11-23 施工通风布置示意图 (压入式通风)

图 11-24 隧道洞口及竖井附近风机布设示意图

2. 隧道施工通风设计参数

(1) 供给每人的新鲜空气按 $4m^3/min$ 计算。

(2) 坑道中最小风速按 $0.5m/s$ 计算。

(3) 正洞开挖面积：单洞单线 $F_1=39m^2$，单洞双线 $F_2=79m^2$。

(4) 风管百米漏风率 $\beta=1\%$。

(5) 根据爆破设计专项方案，单洞单线炸药单耗 $1.2kg/m^3$，单洞双线炸药单耗 $1.5kg/m^3$；正洞单洞单线爆破一次最大用药量 $A_1=47kg$，单洞双线爆破一次最大用药量 $A_2=119kg$。

(6) 放炮后通风时间 20min。

3. 通风量及风压选取

(1) 单洞单线隧道：根据计算需要风量 $1170m^3/min$，考虑漏风实际风机供风量需达到 $1203m^3/min$。根据通风要求，可在洞口或竖井口设置两台 $2\times55kW$，风量为 $1015\sim1985m^3/min$，高效风量 $1550m^3/min$，风压为 $624Pa\sim4150Pa$。

(2) 单洞双线隧道：根据计算需要风量 $2370m^3/min$，考虑漏风实际风机供风量需达到 $2424.5m^3/min$。根据通风要求，可在洞口或竖井口设置两台 $2\times110kW$，风量为 $1550\sim2912m^3/min$，高效风量 $2385m^3/min$，风压为 $1378\sim5355Pa$。

4. 隧道通风设备选型

在计算各种通风设备风量、风压的基础上，查阅风机性能曲线，在合理范围内选取通风设备。

(1) 单洞单线通风机选型

风机选型在满足风量、风速的前提下，还要考虑风机性能、噪声影响、类似工程使用经验等因素，选择适合工程需要的机型。本工程单洞单线风机选用 2 台 SDF（B）-№11 型多级变速隧道专用通风机（1 台工作、1 台备用）。风机主要参数见表 11-19。

SDF（B）-№11 型通风机主要参数表　　　　表 11-19

通风机型号	通风机主要参数						数量（台）
	风量范围（m^3/min）	风压范围（Pa）	高效风量（m^3/min）	转速（r/min）	最高点功率（kW）	最大配用电机功率（kW）	
SDF(B)-№11	1015~1985	624~4150	1550	1480	107	2×55	2

该通风机可多级变速，能适用于各种环境下的施工通风。抗静电、阻燃 PVC 增强塑纤布拉链式柔性风筒，具有较大的抗拉强度和较小的伸长率，接头方式新颖，使用方便，重量轻，易安装，径向变形小，能有效减少漏风和通风阻力。

(2) 单洞双线通风机选型

本工程单洞双线通风机选用 2 台 SDF（B）-№12.5 型多级变速隧道专用通风机（1 台工作、1 台备用）。风机主要参数见表 11-20。

5. 风机、风管配置

成都轨道交通××号线土建××标段所有单洞单线暗挖独头施工隧道，均选用 SDF（B）-№11 风机；所有单洞双线暗挖独头施工隧道，均选用 SDF(B)-№12.5 风机，配用 $\phi1.2m$ 抗静电、阻燃 PVC 增强塑纤布拉链式柔性风筒。掌子面至二衬台车段备用防爆风扇，供需驱散局部集聚瓦斯用。

SDF (B)-№12.5 型通风机主要参数表　　　　　表 11-20

通风机型号	通风机主要参数						数量(台)
	风量范围 (m³/min)	风压范围 (Pa)	高效风量 (m³/min)	转速 (r/min)	最高点功率 (kW)	最大配用电机功率(kW)	
SDF(B)-№12.5	1550～2912	1378～5355	2385	1480	216	110×2	2

6. 风机供电

(1) 通风机采用双回路供电,一路连接变压器,另一路连接备用发电机组,供电出现问题后在 10min 内启动备用通风机,保证隧道通风和正常作业不受影响。

(2) 工作面安设 2 台同等能力的局部通风机(1 台工作、1 台备用),通风机安设风电闭锁装置。

(3) 主要机电设备和供电开关要有接地保护,地线网电阻小于 2Ω。

(4) 供电系统采用"三专"、"两闭锁"。"三专"是专用变压器、专用开关、专用供电线路;"两闭锁"是瓦斯浓度超标时与供电的闭锁、通风与供电的闭锁。

7. 隧道施工通风检测

定期对隧道施工通风系统进行技术测定,是保证系统安全、经济运行的重要环节。隧道必须建立测风制度,每 7 天进行 1 次全面测风。对掌子面和其他用风地点,根据实际需要随时测风,每次测风结果记录并写在测风地点的记录牌上。根据测风结果采取措施,进行风量调节。必须有足够数量的通风安全检测仪表。仪表必须由国家授权的安全仪表计量检验单位进行检验。

(1) 测风仪器

对于隧道中的风速,选用风表或热球式风速计进行测定。

(2) 风速测定要求

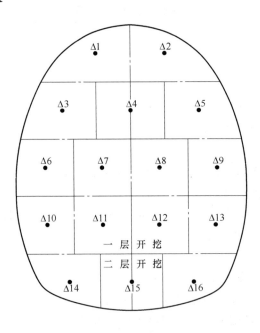

图 11-25　隧道断面单元划分及测点布置图

1) 隧道内风速测定

为测定隧道平均风速，测风时可按定点法（即将隧道断面分为若干个测速单元面积、风在每个单元面积重心处停留相等的时间）进行测定，然后求算出加权平均风速。隧道断面单元划分及测点布置如图 11-25 所示。

根据图 11-25，隧道断面上部一层开挖部分划分为 13 个等面积单元，测点编号 $\Delta 1 \sim \Delta 13$；下部二次开挖部分划分为 3 个等面积单元，测点编号 $\Delta 14 \sim \Delta 16$。各测点均布置在各单元重心点。

2) 风筒内风速测定

为测定风筒内平均风速，通常把圆形断面划分为几个等面积环，在等面积环的面积平分线上布置测点，等面积环数越多，测得的平均风速精度越高。风筒等面积环划分及测点布置如图 11-26 所示。

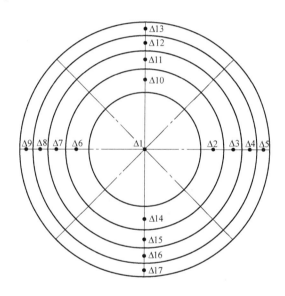

图 11-26 圆形风筒断面划分的等面积环及测点布置图

各测点距风筒中心的距离采用式（11-1）计算：

$$R_i = D \cdot \sqrt{\frac{2i-1}{8n}} \qquad (11\text{-}1)$$

式中 R_i——测点距风筒中心的距离，mm；

D——风筒直径，mm；

i——从风筒中心算起的等面积环编号；

n——等面积环数。

根据图 11-26 所示，风筒断面共划分为 5 个等面积环。其中中心圆为 1 个单元，测点编号 $\Delta 1$；圆环部分划分为 16 个等面积单元，测点编号 $\Delta 2 \sim \Delta 17$。各测点均布置在各单元重心点。使用皮托管配合倾斜压差计测出风筒断面上各测点的动压，按式（11-2）计算风筒内平均风速：

$$v = \sqrt{\frac{2}{\rho}} \cdot \frac{\sum_{i=1}^{n} \sqrt{h_{vi}}}{n} \tag{11-2}$$

式中　v——断面平均风速，m/s；

　　　ρ——空气密度，kg/m³；

　　　h_{vi}——i 测点动压，Pa。

（3）风量计算

根据测量出的隧道参数计算出隧道断面积，然后计算出通过的风量。

$$Q = S \cdot v \tag{11-3}$$

式中　Q——通过隧道（或风筒）的风量，m³/s；

　　　S——隧道（或风筒）的断面积，m²；

　　　v——隧道（或风筒）内平均风速，m/s。

8. 风机管理

（1）通风系统管理

以"合理布局、优化匹配、防漏降阻、严格管理、确保效果"20 字方针，作为施工通风管理的指导原则，强化通风管理。

隧道通风严格遵守通风相关规定，加强隧道施工中的通风管理，制定并遵守通风系统定期检查制度、通风管理交接班制度。

（2）风机管理

1）通风机必须由专职司机负责管理，按通风机操作规程要求操作风机。

2）专职司机必须严格执行交接班制度和工种岗位责任制。

3）通风机应按规定实现"三专"，即专用变压器、专用线路和专用开关。

4）使用通风机供风的地点必须实行风电闭锁，保证停风后切断停风区内全部非本质安全型电气设备的电源。

（3）停电、停风应急处理措施

临时性停电停风分为局部性停电停风、区域性停电停风和隧道停电停风。应急处理流程如图 11-27 所示。

11.2.11　电气防爆及钻爆作业

1. 隧道内使用的各种电气设备、电力和通信系统须专门设计、安装、试运行、验收，合格后投入使用。

2. 瓦斯工区的电气设备和作业机械应按规定配置和使用。

11.2.12　钻爆作业

1. 爆破器材选用

（1）雷管：隧道爆破使用煤矿许用毫秒延期电雷管，严禁使用秒及半秒级电雷管，严禁使用火雷管。

（2）炸药：在瓦斯隧道实际爆破中选用三级煤矿许用乳化炸药，且同一工作面不得使用两种不同品种的炸药，严禁使用黑火药和冻结或半冻结的硝化甘油类炸药。

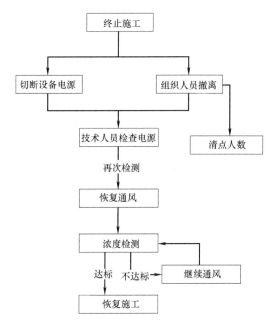

图 11-27　停电、停风应急处理流程图

（3）起爆器：瓦斯隧道爆破采用防爆型起爆器作为起爆电源。

2. 钻孔

（1）钻眼采用湿钻，严禁采用干钻。

（2）当掌子面存在明显凹凸不平超过 1m 或者存在明显不垂直时，需先修正平整再行打眼，以达到良好的爆破效果。

3. 装药、塞孔、连线

（1）按设计图装药，必须按起爆顺序起爆雷管"对号入座"。

（2）装药完毕必须充填符合安全要求长度的泡泥，并捣实。

（3）起爆电源在含瓦斯的隧道环境中爆破，采用矿用发爆器作为起爆电源。

11.2.13　组织机构及管理体系

1. 组织机构

项目组织机构如图 11-28 所示。

2. 管理体系

从思想、组织、制度、教育、经济等方面建立完善得安全管理保障体系，实现安全目标。安全保证体系见下图成立由项目经理、项目副经理、项目总工、安全总监组成的安全领导小组，其中项目经理为第一责任人、项目副经理为安全生产的直接责任人、项目总工为技术负责人。专职安检工程师负责日常的安全工作的落实，督促工人按有关安全规定进行生产。各作业队设专职安检员，各班组设兼职安全员，管理保障体系如图 11-29 所示。

项目经理要保证安全检查制度的落实，采取定期和不定期相结合的检查方式。定期检查应规定检查日期和参加检查的人员。项目部每周、作业班组每日检查一次。不定期检查视工程情况，在施工准备前、危险性大、新工艺、季节变化、节假日前后等随机检查。

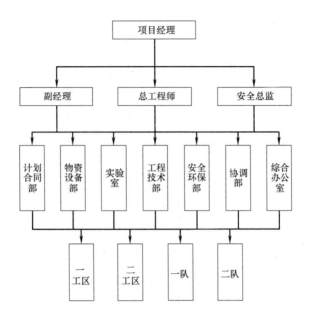

图 11-28　项目组织机构图

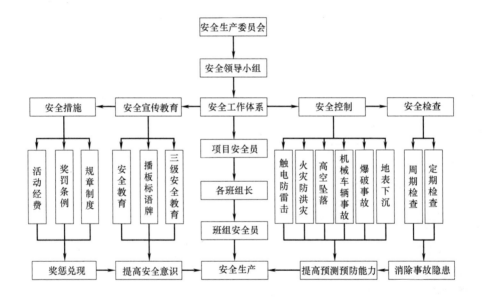

图 11-29　管理保障体系框图

11.2.14　应急救援

1. 组织结构

成立以项目经理为总指挥，项目副经理、总工为副指挥，各部门负责人为主要成员的施工事故应急领导小组，下设应急处理技术组、应急处理监测组、应急处理物资设备组、应急联络组、应急抢险救援组、应急医疗救护组和善后工作组等应急处理小组。

2. 预防预警

(1) 风险源监控与报告

项目部首先根据本标段工程特点,水文地质特征及地面、地下建筑物(构筑物)管线情况,对风险源进行分析和评价,建立重大风险源档案,并将相关材料报监理、业主备案;并根据施工进展情况对风险源进行动态管理,对可能引发事故的信息进行监控和分析,采取有效预防措施。

(2) 预警行动

当项目部事故应急领导小组接到可能导致事故的信息后,应按照分级响应的原则及时研究确定应对方案,并采取有效措施预防事故发生;当事故应急领导小组认为事故较大,有可能超出本级处置能力时,要及时向上级应急救援指挥机构报告;上级应急救援指挥机构应及时研究应对方案,采取预警行动。

(3) 信息报告与处理

1) 事故发生后,现场人员应立即将事故情况报告事故应急领导小组组长,并在保证自身安全的情况下按照现场处置程序立即开展自救。

2) 事故应急领导小组组长接到事故报告后,应迅速组织救援,并向监理、业主上报事故情况,同时按照国家有关规定立即报告当地人民政府和有关部门;紧急情况下,可越级上报。

3. 应急准备

作为应急预案的一部分,施工现场应随时保证下列设备材料的储备,见表11-21。

主要应急救援物资设备清单表　　　　表11-21

序号	名称	规格	数量	责任部门
1	湿喷机	$5m^3/h$	4台	物资设备部
2	注浆泵		3台	物资设备部
3	空压机	$20m^3/min$	5台	物资设备部
4	台式钻机		2台	物资设备部
5	砂浆搅拌机		2台	物资设备部
6	装载机	$2m^3$	3辆	物资设备部
7	蛙式打夯机	12kN	2台	物资设备部
8	风镐	26L/S	6台	物资设备部
9	凿岩机	$3.2m^3/min$	6台	物资设备部
10	小型挖掘机	$0.2m^3$	3辆	物资设备部
11	挖掘机	$1.6m^3$	2辆	物资设备部
12	机动翻斗车	$0.75m^3$	12辆	物资设备部
13	汽车吊	25t	1台	物资设备部
14	千斤顶	120t	4台	物资设备部
15	混凝土输送泵		2台	物资设备部
16	干混搅拌机		2台	物资设备部
17	电焊机		6台	物资设备部

续表

序号	名称	规格	数量	责任部门
18	卷扬机	拉力5t	2台	物资设备部
19	对讲机		8台	物资设备部
20	发电机	300kW	2台	施工生产部
21	通风机	250～390m³/min	2台	物资设备部
22	污水泵		2台	物资设备部
23	钢拱架	43kg/m钢轨	20榀	物资设备部
24	临时立柱	ϕ600钢管	10榀	物资设备部
25	沙袋		200只	物资设备部
26	编织袋		3000只	物资设备部
27	灭火器		50个	物资设备部
28	应急矿灯		50个	物资设备部
29	急救药箱		3只	物资设备部
30	氧气面罩		50套	物资设备部
31	担架		4副	物资设备部
32	反光背心		50套	物资设备部
33	氧气瓶		4只	物资设备部
34	乙炔瓶		4只	物资设备部
35	手推车		10辆	物资设备部

4. 应急响应

一级响应：发生特别重大或重大安全事故后项目部按照规定尽快上报监理部、地铁公司、成都市轨道办及政府相关职能部门，全面启动各级事故应急指挥体系，进行应急处置。

二级响应：发生较大安全事故的，项目部尽快上报监理部及地铁公司启动预案进行应急处置。

三级响应：发生一般安全生产事故的，由项目部启动预案进行应急处置。

5. 培训及维护

保证所有应急队员都能接受有效的应急培训，使他们熟悉报警、疏散路线、安全躲避场所等。锻炼和提高队伍在突发事故情况下的快速抢险堵源、及时营救伤员、正确指导和帮助群众防护或撤离、有效消除危害后果、开展现场急救和伤员转送等应急救援技能和应急反应综合素质，有效降低事故危害，减少事故损失。

附录 瓦斯隧道施工常用记录表

附表1：瓦斯隧道检测日报表

工点名称：　　　　　标段：　　　　　施工单位：　　　　　上报时间：　　年　月　日　时　分

序号	监测时间	洞口30m拱顶	掌子面侧壁	掌子面拱顶	衬砌台车顶	衬砌台车侧壁	放炮前测值	放炮后测值	备注（最大值）

填报人：　　　　　作业队长：　　　　　分管副经理：　　　　　安全总监：　　　　　总工：　　　　　项目经理：

备注：1. 监测时间同为瓦斯浓度异常开始时间，将此时浓度值填入监测值栏内。
　　　2. 备注栏内所填写认为需要标注的情况说明，本表数值需结合自动监测系统和光干涉式检测仪数据。备注栏可填写便捷式仪器检测情况。

193

附表2：有害气体超标应急处理记录台账

工点名称：　　　　　　　　　　　　　　标段：　　　　　　　　　　　　　　施工单位：

工点名称	有害气体名称	超限时间	结束时间	超限时长	允许值	时段均值	情况及处理措施记录	是否启动应急预案	主管责任人	备注

主管安全员：　　　　　　　生产副经理：　　　　　　　总工：　　　　　　　项目经理：　　　　　　　现场监理：

备注：启动应急预案时，上表备注栏里必须由项目经理部签认备注意见及签名。

附表3：瓦斯隧道多参环境检测日报表

工点名称：　　　　　　标段：　　　　　　施工单位：　　　　　　日期：

瓦斯监测 （里程）	班次	检测 部位	检查 次数	检查 时间	CH₄(%)		CO₂(%)		t(℃)		瓦斯监 测状态	检测人	采取措施	备注
					掌子面	回风流	掌子面	回风流	掌子面	回风流				

分部经理：　　　　　　技术负责人：　　　　　　制表人：

附表4：瓦斯隧道一周瓦斯浓度最大值统计

标段：　　　　　　　　　　　　　　施工单位：　　　　　　　　　　　　　日期：

时间 瓦斯浓度 隧道名称	周一		周二		周三		周四		周五		周六		周日		周汇总	
	最低	最高	最低	最高	最低	最高	最低	最高	最低	最高	最低	最高	最低	最高	最小	最大

统计：　　　　　　　安全总监：　　　　　　　总工程师：　　　　　　　项目经理：

备注：1. 以上数据依据瓦斯统计情况统计。
　　　2. 超限数据可标注为黄色。

附表5：瓦斯隧道超限汇总台账

标段：　　　　　　　　　　　施工单位：　　　　　　　　　　　日期：

隧道名称	时间	班次	检测部位	检查时间	CH₄(%)		CO₂(%)		t(℃)		瓦斯监测状态	检测人	本周超限次数	累计超限次数	备注
					掌子面	回风流	掌子面	回风流	掌子面	回风流					
					本周无超过0.3%的记录										
					本周超过0.3%的记录										

说明：

附表6：瓦斯检测设备标准气样、检定校正（记录）台账

工点名称：　　　　　　　标段：　　　　　　　施工单位：　　　　　　　日期：

序号	时间	设备编号	校正设备	校正(参数、误差等)情况	使用工点	校正人	见证人	备注

说明：1. 校正探头、光干涉便捷式瓦检仪、便捷式都可以用此表。
2. 见证人一般为现场监理，必要时可以由主管部门或领导签认。

附表7：瓦斯隧道防爆设备专项检查记录

检查时间： 年 月 日　　　　　　　　　　　　　　　　　编号：　　号

检查工点		设备基本参数（可记录）及用途	
设备名称			
参加人员			
设备运行状况			
检查方法	外观观测:☐　　量尺工具检测:☐　　试运检测:☐ 其他方法：_____		
检查标准（说明）			
检查情况（判定结果）			
整改措施（选择说明）	现场整改		责任人	
	定期整改			
	设备校正			
	更　　换			
验收情况			
记录人		记录时间	

附表8：备用风机、电源测试记录表

日期	换路断电时间（人工）	备用电源启动时间	启动风机时间	风机运行时间	风机结束时间	停电时间	测试人	见证人	测试结果分析

工点名称：　　　　　　　　　标段：　　　　　　　　　施工单位：　　　　　　　　　现场负责人：　　　　　　　　　日期：

备注：可以同时试验风机与备用电源；单独试验某一项时，另外一项画斜线；测试频率为一月不少于一次。

附表 5：隧道通风风速测量记录表

工点名称：　　　　　　　　　　　标段：　　　　　　　　　　施工单位：　　　　　　　　　　日期：

序号	测量日期	测量时间 (m/s)	风袋出风口 (m/s)	掌子面附近 (m/s)	上台阶回风 (m/s)	下导坑边墙 (m/s)	二衬台车 (m/s)	隧道中部 (m/s)	隧道口 (m/s)	风袋进风口 (m/s)	备注

备注：1. 每次放炮时间后对上述各部位进行风速测量。
2. 每周做一份风速测定周报，并于周五 12 点前上报经理部、安质部调度，并在周间交班会上进行通报。

附表10：隧道（瓦检员）瓦斯检测检查记录手册

时间：_____年__月__日_____班

工点名称： 标段： 施工单位：

时间 部位	掌子面 拱顶	掌子面 左脚	掌子面 右脚	掌子面附 近20m	仰拱 施工处	二衬台车附近	其他地段
备注							

作业队长： 瓦检员：

附表11：瓦斯检测记录表

工点名称：　　　　　　　　标段：　　　　　　　　施工单位：　　　　　　　　检测日期：

检测时间\检测部位	开挖面风流中	断面拱顶	断面左侧拱脚	断面右侧拱脚	爆破点附近20m内风流中	局部坍塌处	电动机及其开关20m以内的风流中	通风机前后10m内	规定值	结论
1:00									0.5%	
2:00									0.5%	
3:00									0.5%	
4:00									0.5%	
5:00									0.5%	
~									0.5%	
23:00									0.5%	
24:00									0.5%	
钻孔前									0.5%	
电焊前									0.25%	
电焊后									0.3%	

检测人：　　　　　　　主管安全员：　　　　　　　作业队长：　　　　　　　监理工程师：

备注：洞内任意处瓦斯浓度超过0.3%时，应加强通风监测；瓦斯浓度超过0.5%时，应停止工作，超限前后20m人员撤出，进行处理。

附表12：隧道瓦斯检测系统异常原因分析记录表

工点名称：　　　　标段：　　　　施工单位：　　　　记录编号：

日期	发现时间	探头号/地点	出现异常时间	峰值	异常结束时间	持续时间	人工检测值	异常前检测值

原因分析：

采取措施：

值班安全员：　　　　发现人：　　　　队长：　　　　现场监理：

附表13：瓦电、风电闭锁测试记录

工点名称：　　　　　　　　　　　标段：　　　　　　　　　　　施工单位：

日期	瓦电闭锁测试				风电闭锁测试				测试人	见证人	备注
	试验时间	断电时间	复电时间	结果分析	停风时间	断电时间	复风时间	结果分析			

现场负责人：　　　　　　　　　　　　　　　　　　　　　主管安全员：

备注：风瓦电闭锁每一周一次运行试验，运行不正常时及时汇报安质部及相关领导。

附表14："一炮三检"专用记录表

工点名称： 标段： 施工单位：

检测时间	钻眼前瓦斯浓度（%）	装药前瓦斯浓度（%）	放炮前瓦斯浓度（%）	放炮后瓦斯浓度（%）	出渣前瓦斯浓度（%）	检测人员	备注

检测仪器编号： 工点安全员： 生产负责人：

参 考 文 献

[1] 朱劲. 超前地质预报新技术在铜锣山隧道的应用及综合分析研究 [D]. 成都：成都理工大学，2007.
[2] 肖宽怀. 隧道超前预报地球物理方法及应用研究 [D]. 成都：成都理工大学，2012.
[3] 郭有劲. 综合物探方法在隧道超前地质预报中的应用研究 [D]. 北京：中国地质大学，2010.
[4] 喻虹霖. TRT6000 在隧道超前地质预报中的应用研究 [D]. 重庆：重庆交通大学，2015.
[5] 王一莉. 瓦斯涌出量预测方法及其应用研究 [D]. 南京：南京工业大学，2005.
[6] 祝俊奇. 高速铁路隧道施工煤与瓦斯突出防治技术研究 [D]. 成都：西南交通大学，2016.
[7] 梁华珍. 工作面瓦斯涌出量预测的研究与应用 [D]. 淮南：安徽理工大学，2007.
[8] 张振强. 铁路瓦斯隧道分类及煤与瓦斯突出预测方法研究 [D]. 成都：西南交通大学，2015.
[9] 丁尧. 公路隧道瓦斯涌突机制与预测预警研究 [D]. 成都：成都理工大学，2011.
[10] 刘晟. 综采工作面瓦斯涌出预测及其突出危险性的研究 [D]. 太原：太原理工大学，2013.
[11] 张进. 矿井瓦斯涌出及瓦斯流动预测的统计研究 [D]. 西安：西安科技大学，2005.
[12] 谢泽华. 天然气成藏模式与勘探方法——以川西天然气藏为例 [J]. 石油与天然气地质，2000（02）：144-147.
[13] 廖军兆. 云桂铁路老石山隧道浅层天然气危害研究 [D]. 成都：西南石油大学，2013.
[14] 袁慧. 成德南高速公路瓦斯隧道瓦斯在围岩中的赋存与运移规律研究 [D]. 成都：西南交通大学，2014.
[15] 彭海游. 公路穿煤隧道的揭煤防突及施工通风 [D]. 重庆：重庆大学，2012.
[16] 张云龙. 成贵铁路白杨林高瓦斯隧道施安全关键技术研究 [D]. 成都：西南交通大学，2017.
[17] 熊鲲. 瓦斯隧道施工安全风险管理及应用研究 [D]. 成都：西南交通大学，2012.
[18] 周莹. 非煤系瓦斯隧道施工通风模拟及其瓦斯安全风险评价 [D]. 成都：西南交通大学，2013.
[19] 王江龙. 瓦斯隧道通风方案优化 [D]. 西安：长安大学，2014.
[20] 李波. 公路瓦斯隧道施工通风模拟及优化研究 [D]. 长沙：中南大学，2014.
[21] 先正平. 铁路客运专线非煤系瓦斯隧道施工技术与施工管理方案研究 [D]. 成都：西南交通大学，2016.
[22] 赵子成. 公路隧道管道压入式施工通风技术研究 [D]. 成都：西南交通大学，2013.
[23] 甘光元. 成渝客运专线油气储藏地质特征及隧道瓦斯危害性综合评价 [D]. 成都：西南交通大学，2014.
[24] 袁鑫. 马嘴隧道页岩气段的瓦斯等级划分及处治方案 [J]. 海峡科技与产业，2016（07）：113-114.
[25] 奂炯睿. 成贵铁路瓦斯隧道施工的建设管理 [J]. 中外建筑，2015（12）：129-130.
[26] 李海方. 国内外非常规油气勘探对大庆外围盆地的启示 [D]. 杭州：浙江大学，2012.
[27] 唐恩贤. 矿井瓦斯与油型气共生灾害防治技术在黄陵矿区的探索与实践 [J]. 矿业安全与环

保，2016，43（01）：81-84+88.
- [28] 凌超，厉彦君. 页岩气围岩条件下公路隧道工区分级评价［J］. 建筑安全，2017，32（06）：53-55.
- [29] 康小兵. 非煤系地层瓦斯隧道形成机制研究［J］. 现代隧道技术，2011，48（03）：35-39+45.
- [30] 谢衔光，许志忠，张博. 都汶公路高瓦斯隧道作业机械配置及防爆改装技术［J］. 现代隧道技术，2009，46（05）：76-81.
- [31] 王琪. 瓦斯隧道施工设备主动防御防爆技术研究［C］//中国土木工程学会年会. 2012：319.
- [32] 杜文，伍军，王勇. 双线铁路瓦斯长隧道快速施工设备配套及防爆改装探索［J］. 现代隧道技术，2011，48（02）：164-169+177.
- [33] 王学武，刘静，王小敏. 南大梁高速公路华蓥山高瓦斯隧道施工机械车辆防爆改装技术应用研究［J］. 现代隧道技术，2013，50（04）：197-202.
- [34] 胡宸浩. 天坪寨瓦斯隧道机械设备防爆改装浅谈［J］. 西南公路，2015（01）：76-78+83.
- [35] 廖波. 瓦斯隧道机械设备改装［J］. 四川建筑，2014，34（02）：191-192.
- [36] 王国良. 长大瓦斯隧道无轨运输设备及防爆改装技术［J］. 四川建筑，2015，35（06）：146-148.
- [37] 陈其学，何成，权晓亮. 非煤系地层隧道施工期瓦斯涌（突）出灾害分析研究［J］. 现代隧道技术，2016，53（03）：146-150.
- [38] 刘伟帮. 分区管理在天坪瓦斯隧道中的应用［J］. 公路交通技术，2016，32（05）：96-99.
- [39] 陈海锋. 区域突出措施在瓦斯突出隧道施工中的应用［J/OL］. 公路交通技术，2016（05）：1-10［2018-01-19］.
- [40] 葛江. 施工隧道瓦斯涌出风险评估研究［D］. 成都：西南交通大学，2014.
- [41] 苑郁林. 瓦斯隧道等级划分新证［J］. 铁道工程学报，2012，29（09）：65-70.
- [42] 傅鹤林，董辉，邓宗伟. 地铁安全施工技术手册［M］. 北京：人民交通出版社，2012.
- [43] 杨永敏，吴树东，周士杰. 公路隧道工程施工安全技术与风险控制［M］. 北京：中国铁道出版社，2016.
- [44] 丁睿. 瓦斯隧道建设关键技术［M］. 北京：人民交通出版社，2010.
- [45] 夏明耀，曾进伦. 地下工程设计施工手册［J］. 岩土力学，2015（2）：429-429.
- [46] 闫晓禾，耿永旺. 铁路隧道工程施工安全交底［M］. 北京：中国铁道出版社，2014.
- [47] 陈寿根，张恒. 长大隧道施工通风技术研究与实践［M］. 成都：西南交通大学出版社，2014.
- [48] 车轮飞. 公路隧道通风系统设计工程实录［M］. 北京：中国建筑工业出版社，2015.
- [49] 关宝树. 矿山法隧道关键技术［M］. 北京：人民交通出版社，2016.
- [50] 中华人民共和国铁道部. TB 10120—2002 铁路瓦斯隧道技术规范［S］. 北京：中国铁道出版社，2003.
- [51] 中华人民共和国铁道部. TB 10304—2009 铁路隧道工程施工安全技术规程［S］. 北京：中国铁道出版社，2009.
- [52] 重庆交通科研设计院. JTG D70—2004 公路隧道设计规范［S］. 北京：人民交通出版社，2004.
- [53] 贵州省公路工程集团有限公司. JTT 52/03—2014 贵州省高速公路瓦斯隧道施工技术指南［S］. 北京：人民交通出版社，2015.
- [54] 孙家驷. 重庆绕城高速公路立交规划布局研究［J］. 重庆交通大学学报（自然科学版），

2007, 26 (2): 64-66.

[55] 马恒勇. 解读《危险性较大的分部分项工程安全管理办法》[J]. 建设监理, 2009, 12 (8): 25-25.

[56] 陈沅江, 程刚. 瓦斯隧道施工安全标准化管理实施方案研究[J]. 中国安全科学学报, 2012, 22 (5): 140-146.

[57] 乔望.《国家公路网规划（2013年-2030年）》发布[J]. 交通世界, 2013 (7): 24-25.

[58] 郑厚发.《煤矿安全监控系统及检测仪器使用管理规范》解读[J]. 劳动保护, 2007 (9): 56-57.

[59] 四川省交通运输厅公路规划勘察设计研究院. DB51/T 2243—2016 公路瓦斯隧道技术规程[S]. 成都：西南交通大学出版社, 2016.

[60] 国家煤矿安全监察局行管司. 煤矿瓦斯检查作业[M]. 北京：中国矿业大学出版社, 2014.